U0940738

# 2022
# 北京区域统计年鉴

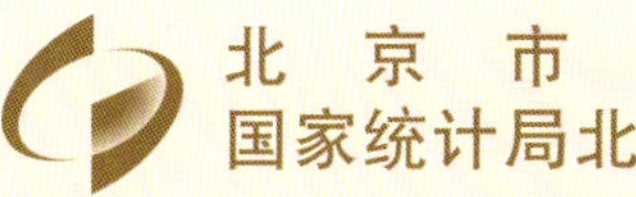

北京市统计局
国家统计局北京调查总队 编

图书在版编目（CIP）数据

北京区域统计年鉴. 2022 / 北京市统计局，国家统计局北京调查总队编. -- 北京：中国统计出版社，2022.11

ISBN 978-7-5230-0010-6

Ⅰ.①北… Ⅱ.①北… ②国… Ⅲ.①统计资料－北京－2022－年鉴 Ⅳ.①C832.1-54

中国版本图书馆CIP数据核字(2022)第206066号

北京区域统计年鉴2022

作　　者/北京市统计局　国家统计局北京调查总队
责任编辑/张　洁
封面设计/揽胜视觉
出版发行/中国统计出版社有限公司
通信地址/北京市丰台区西三环南路甲6号　邮政编码/100073
发行电话/邮购（010）63376909　书店（010）68783171
网　　址/http://www.zgtjcbs.com
印　　刷/北京力信诚印刷有限公司
经　　销/新华书店
开　　本/880mm×1230mm　1/16
字　　数/500千字
印　　张/15印张　彩插/ 2.25印张
版　　别/2022年11月第1版
版　　次/2022年11月第1次印刷
定　　价/260.00元

# 东城区

常住人口
70.8 万人

地区生产总值
3193.1亿元

一般公共
预算收入
195.50亿元

一般公共
预算支出
282.74亿元

固定资产投资增速
2.7%

社会消费品零售总额
1303.3亿元

实际利用外资
62578万美元

居民人均
可支配收入
89804元

中小学在校生数
11.17万人

专利授权量
9283件

执业（助理）医师数
10789人

参加基本医疗保险人数
128.0万人

地区生产总值（亿元）

| 2017 | 2018 | 2019 | 2020 | 2021 |
|---|---|---|---|---|
| 2508.3 | 2727.1 | 2910.4 | 2937.0 | 3193.1 |

一般公共预算收入（亿元）

| 2017 | 2018 | 2019 | 2020 | 2021 |
|---|---|---|---|---|
| 172.17 | 175.62 | 189.70 | 181.41 | 195.50 |

2021

**社会消费品零售总额（亿元）**

| 2017 | 2018 | 2019 | 2020 | 2021 |
|---|---|---|---|---|
| 1211.8 | 1257.1 | 1319.5 | 1213.5 | 1303.3 |

**居民人均可支配收入（元）**

| 2017 | 2018 | 2019 | 2020 | 2021 |
|---|---|---|---|---|
| 70289 | 75547 | 81592 | 83501 | 89804 |

# 西城区

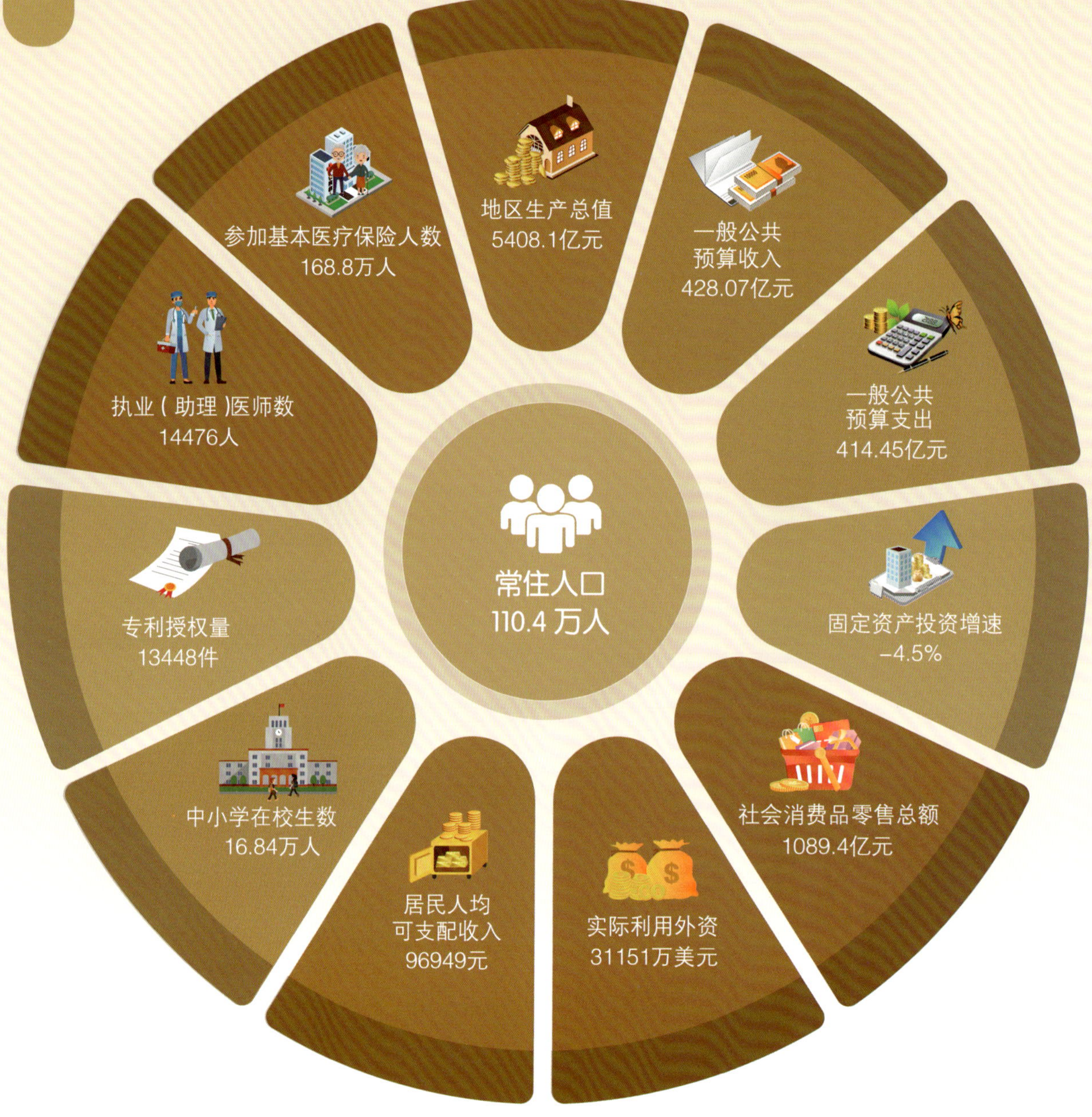

常住人口
110.4 万人

地区生产总值
5408.1亿元

一般公共
预算收入
428.07亿元

一般公共
预算支出
414.45亿元

固定资产投资增速
-4.5%

社会消费品零售总额
1089.4亿元

实际利用外资
31151万美元

居民人均
可支配收入
96949元

中小学在校生数
16.84万人

专利授权量
13448件

执业(助理)医师数
14476人

参加基本医疗保险人数
168.8万人

2021

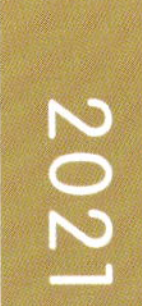

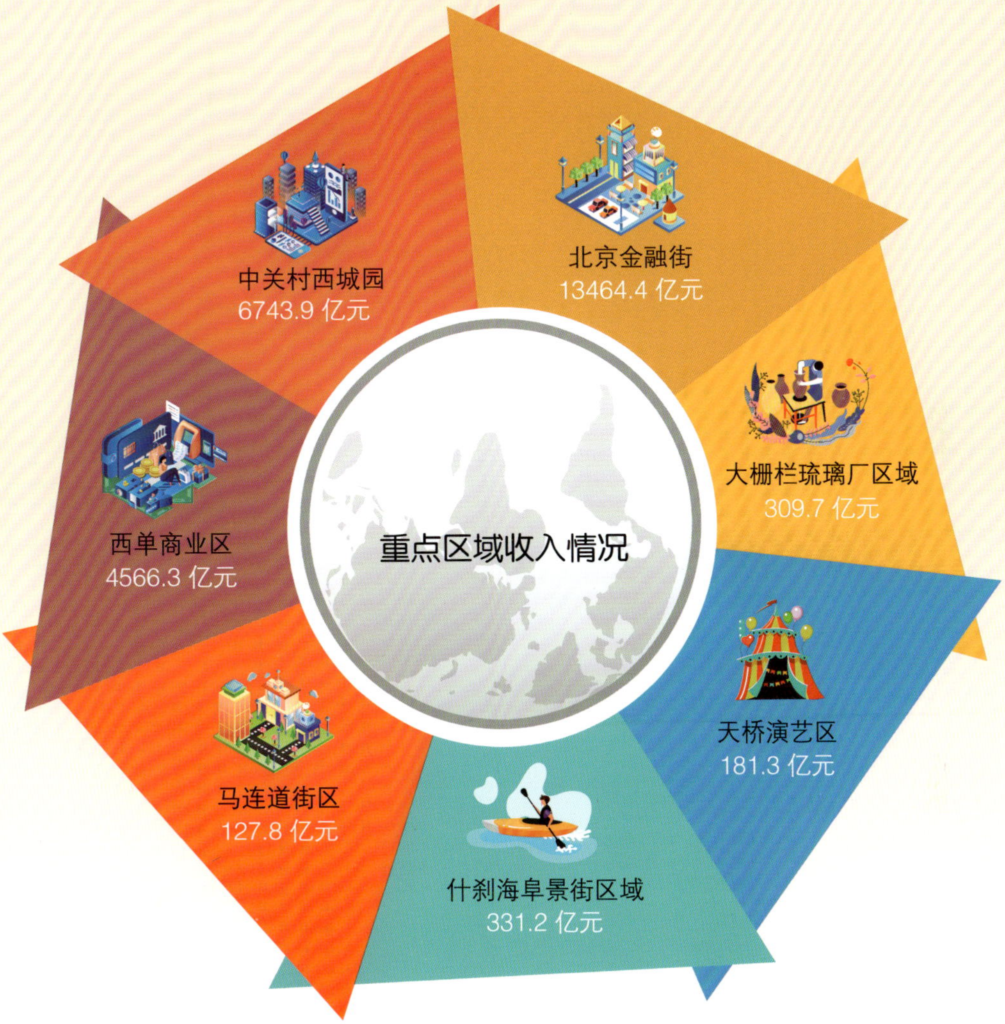
重点区域收入情况
北京金融街
13464.4 亿元
大栅栏琉璃厂区域
309.7 亿元
天桥演艺区
181.3 亿元
什刹海阜景街区域
331.2 亿元
马连道街区
127.8 亿元
西单商业区
4566.3 亿元
中关村西城园
6743.9 亿元

社会消费品零售总额（亿元）

1023.4
1053.7
1095.5
993.5
1089.4
2017
2018
2019
2020
2021

居民人均可支配收入（元）

76511
81678
88291
90286
96949
2017
2018
2019
2020
2021

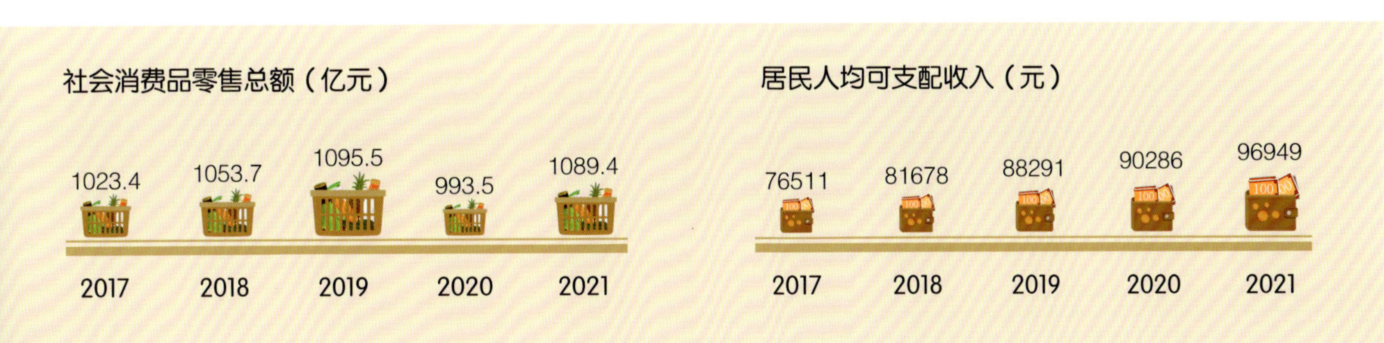

# 朝阳区

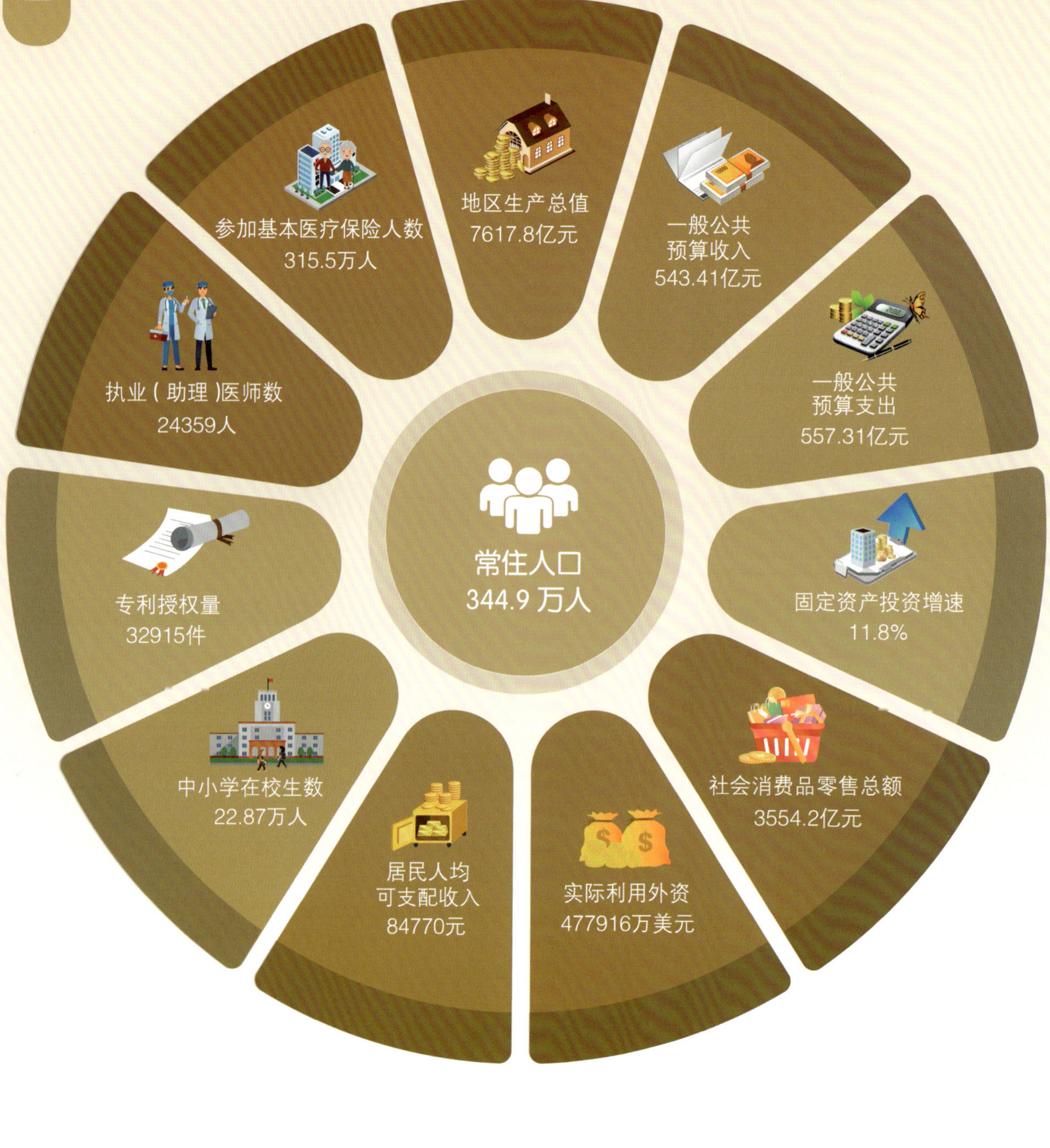
常住人口
344.9 万人
地区生产总值
7617.8亿元
一般公共
预算收入
543.41亿元
一般公共
预算支出
557.31亿元
固定资产投资增速
11.8%
社会消费品零售总额
3554.2亿元
实际利用外资
477916万美元
居民人均
可支配收入
84770元
中小学在校生数
22.87万人
专利授权量
32915件
执业（助理）医师数
24359人
参加基本医疗保险人数
315.5万人

地区生产总值（亿元）

6079.9
6668.2
7116.4
7037.1
7617.8
2017
2018
2019
2020
2021

一般公共预算收入（亿元）

508.17
533.68
535.55
511.64
543.41
2017
2018
2019
2020
2021

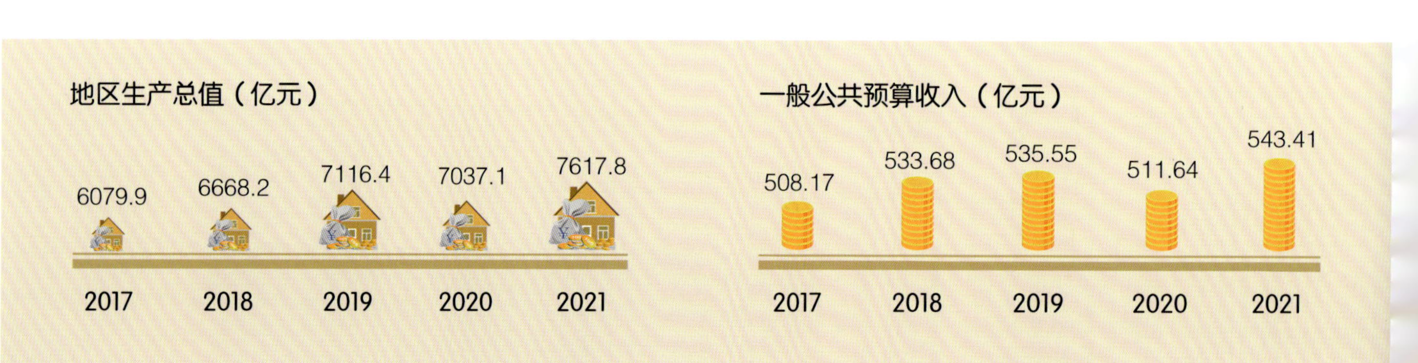

2021

规模以上
商务服务业
收入合计 4280.1 亿元
增长 20.0%

广告业
1193.9 亿元
增长 24.3%

人力资源服务
987.6 亿元
增长 30.2%

其他商务服务业
220.2 亿元
增长 2.0%

互联网和相关服务
827.9 亿元
增长 18.9%

软件和信息技术服务业
2178.3 亿元
增长 15.9%

规模以上
信息传输、软件
和信息技术服务业
收入合计 3220.4 亿元
增长 13.3%

研究开发
企业有效发明
专利量
74230 件
增长 1.1 倍

金融业
收入合计 5016.5 亿元
增长 24.2%

货币金融服务
1145.1 亿元
增长 69.8%

资本市场服务
367.5 亿元
增长 10.7%

其他金融业
353.0 亿元
增长 5.9%

保险业
3150.9 亿元
增长 16.7%

# 丰台区

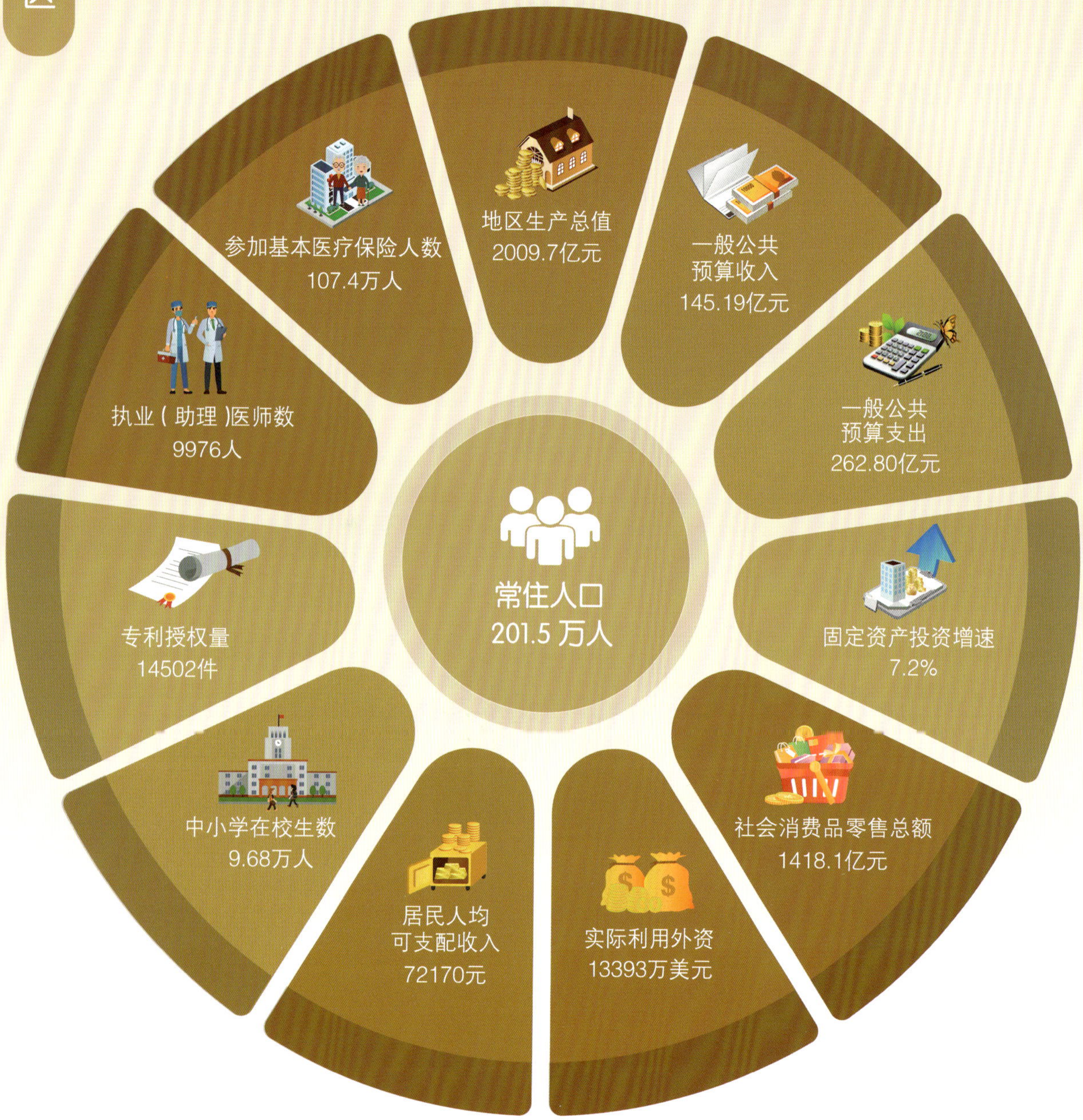
常住人口
201.5 万人
地区生产总值
2009.7亿元
一般公共
预算收入
145.19亿元
一般公共
预算支出
262.80亿元
固定资产投资增速
7.2%
社会消费品零售总额
1418.1亿元
实际利用外资
13393万美元
居民人均
可支配收入
72170元
中小学在校生数
9.68万人
专利授权量
14502件
执业（助理）医师数
9976人
参加基本医疗保险人数
107.4万人

地区生产总值（亿元）

1557.9
1710.9
1829.6
1848.5
2009.7
2017
2018
2019
2020
2021

一般公共预算收入（亿元）

113.11
121.60
127.70
129.88
145.19
2017
2018
2019
2020
2021

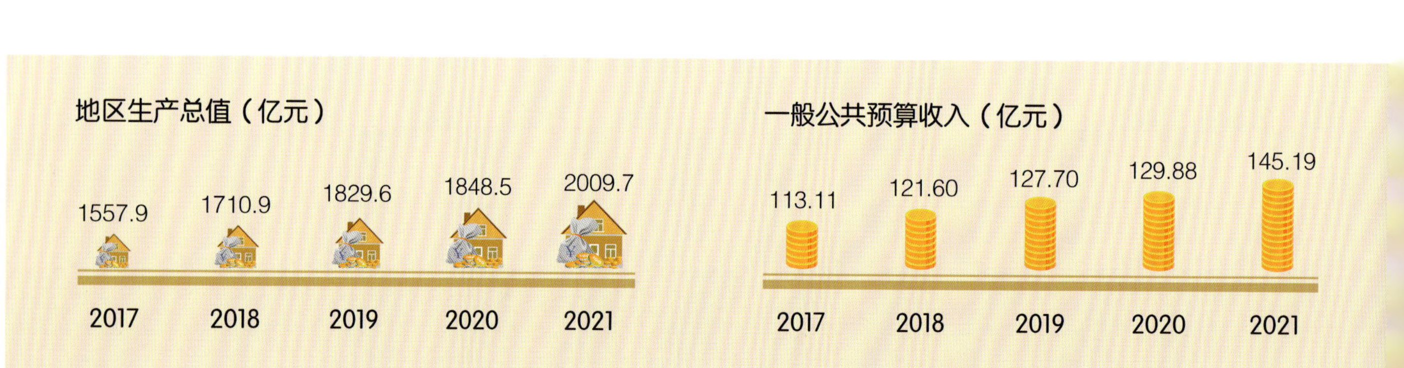

2021

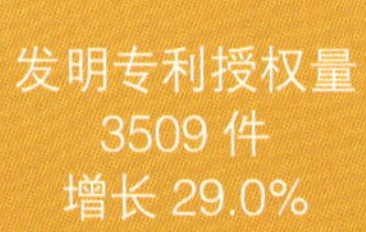

发明专利授权量
3509 件
增长 29.0%

有效发明专利量
16332 件
增长 24.6%

社会消费品零售总额（亿元）

| 2017 | 2018 | 2019 | 2020 | 2021 |
|---|---|---|---|---|
| 1349.3 | 1401.4 | 1463.9 | 1318.9 | 1418.1 |

居民人均可支配收入（元）

| 2017 | 2018 | 2019 | 2020 | 2021 |
|---|---|---|---|---|
| 55871 | 60144 | 65215 | 66799 | 72170 |

# 石景山区

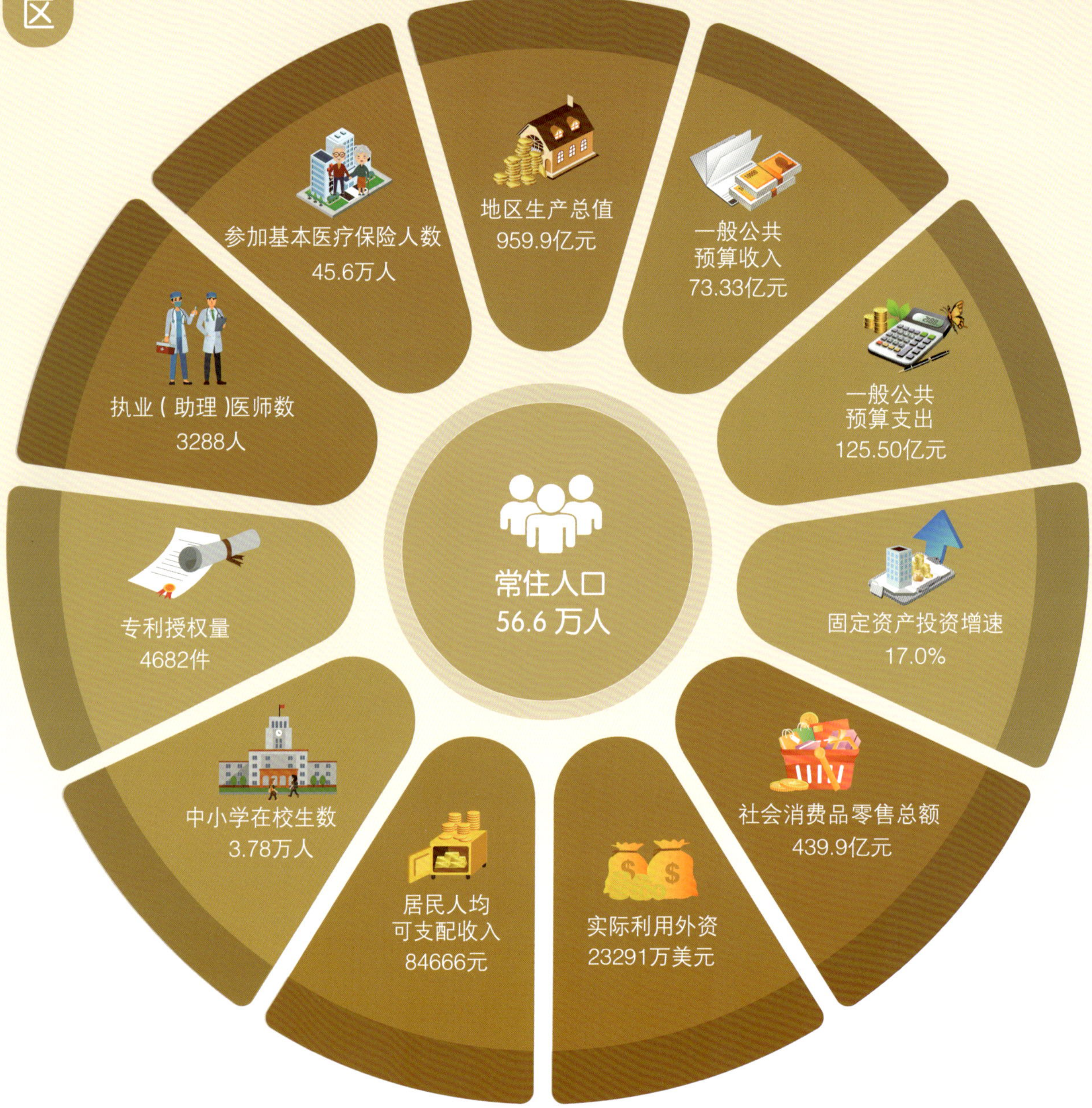
常住人口
56.6 万人
地区生产总值
959.9亿元
一般公共
预算收入
73.33亿元
一般公共
预算支出
125.50亿元
固定资产投资增速
17.0%
社会消费品零售总额
439.9亿元
实际利用外资
23291万美元
居民人均
可支配收入
84666元
中小学在校生数
3.78万人
专利授权量
4682件
执业（助理）医师数
3288人
参加基本医疗保险人数
45.6万人

地区生产总值（亿元）

667.3
748.8
808.0
862.6
959.9
2017
2018
2019
2020
2021

一般公共预算收入（亿元）

56.44
62.14
63.43
65.68
73.33
2017
2018
2019
2020
2021

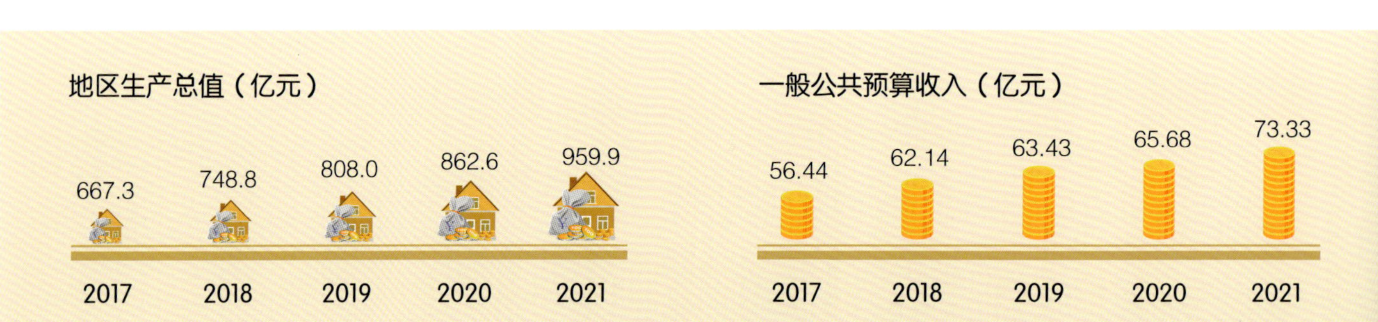

2021

## 中关村国家自主创新示范区石景山园

总收入
3644.7 亿元

研究开发费用合计
215.8 亿元

## 重点产业情况

信息传输、软件和信息技术服务业
收入合计 869.7 亿元
利润总额 164.2 亿元
从业人员 36142 人

金融业
收入合计 1211.4 亿元
利润总额 571.1 亿元
从业人员 21333 人

科学研究和技术服务业
收入合计 185.2 亿元
利润总额 5.0 亿元
从业人员 16342 人

社会消费品零售总额（亿元）

| 2017 | 2018 | 2019 | 2020 | 2021 |
|---|---|---|---|---|
| 400.1 | 416.3 | 435.7 | 399.5 | 439.9 |

居民人均可支配收入（元）

| 2017 | 2018 | 2019 | 2020 | 2021 |
|---|---|---|---|---|
| 66112 | 71244 | 76990 | 78656 | 84666 |

# 海淀区

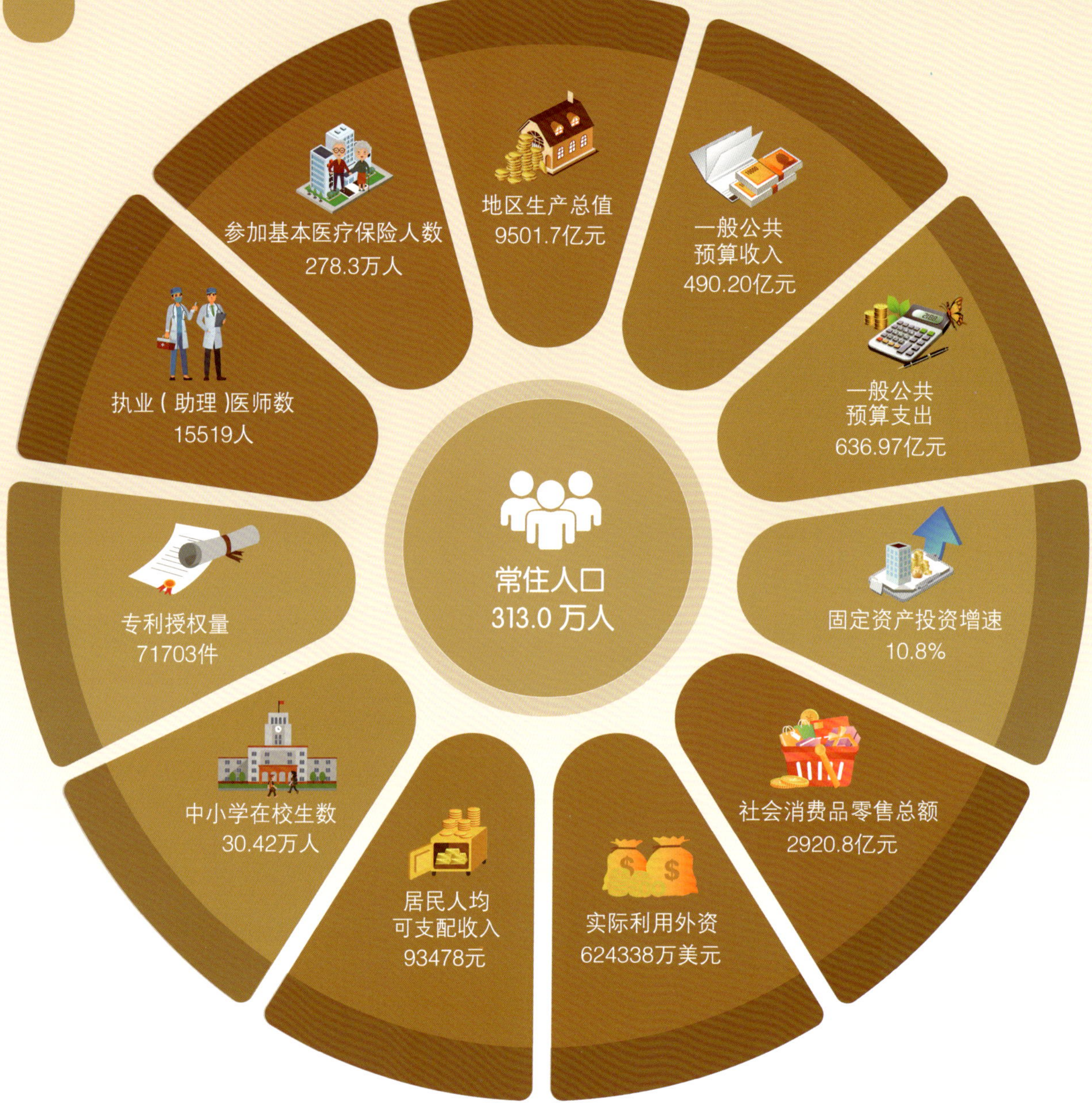
常住人口
313.0 万人
地区生产总值
9501.7亿元
一般公共
预算收入
490.20亿元
一般公共
预算支出
636.97亿元
固定资产投资增速
10.8%
社会消费品零售总额
2920.8亿元
实际利用外资
624338万美元
居民人均
可支配收入
93478元
中小学在校生数
30.42万人
专利授权量
71703件
执业（助理）医师数
15519人
参加基本医疗保险人数
278.3万人

地区生产总值（亿元）

6594.3
7369.1
7954.6
8492.0
9501.7
2017
2018
2019
2020
2021

一般公共预算收入（亿元）

416.92
446.01
446.50
453.87
490.20
2017
2018
2019
2020
2021

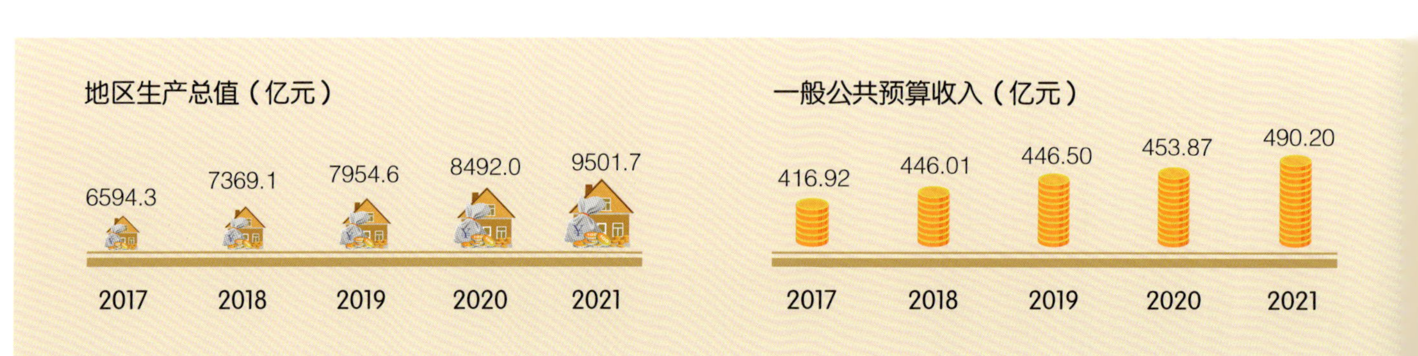

2021

社会消费品零售总额（亿元）

| 2017 | 2018 | 2019 | 2020 | 2021 |
| --- | --- | --- | --- | --- |
| 2813.3 | 2873.1 | 2972.6 | 2718.1 | 2920.8 |

居民人均可支配收入（元）

| 2017 | 2018 | 2019 | 2020 | 2021 |
| --- | --- | --- | --- | --- |
| 71986 | 78178 | 84733 | 86742 | 93478 |

# 门头沟区

常住人口
39.6 万人

地区生产总值
268.8亿元

一般公共预算收入
31.02亿元

一般公共预算支出
100.70亿元

固定资产投资增速
7.0%

社会消费品零售总额
113.0亿元

实际利用外资
7613万美元

居民人均可支配收入
59336元

中小学在校生数
2.19万人

专利授权量
1767件

执业（助理）医师数
1455人

参加基本医疗保险人数
24.0万人

地区生产总值（亿元）

| 2017 | 2018 | 2019 | 2020 | 2021 |
|---|---|---|---|---|
| 208.4 | 232.4 | 249.3 | 249.1 | 268.8 |

一般公共预算收入（亿元）

| 2017 | 2018 | 2019 | 2020 | 2021 |
|---|---|---|---|---|
| 29.63 | 31.58 | 33.65 | 32.06 | 31.02 |

2021

绿化覆盖面积
2153.98 公顷

国家级自然保护区面积
21743.1 公顷

森林覆盖率
48.26%

绿化覆盖率
50.70%

森林面积
69876.68 公顷

休闲农业与乡村旅游收入
8139.4 万元
增长 68.4%

精品民宿收入
3501.7 万元
增长 1 倍

休闲农业与乡村旅游接待人次
48.2 万人次
增长 46.0%

精品民宿接待人次
8.7 万人次
增长 2.1 倍

社会消费品零售总额（亿元）

| 2017 | 2018 | 2019 | 2020 | 2021 |
|---|---|---|---|---|
| 96.7 | 103.5 | 109.5 | 101.2 | 113.0 |

居民人均可支配收入（元）

| 2017 | 2018 | 2019 | 2020 | 2021 |
|---|---|---|---|---|
| 45881 | 49298 | 53743 | 55102 | 59336 |

# 房山区

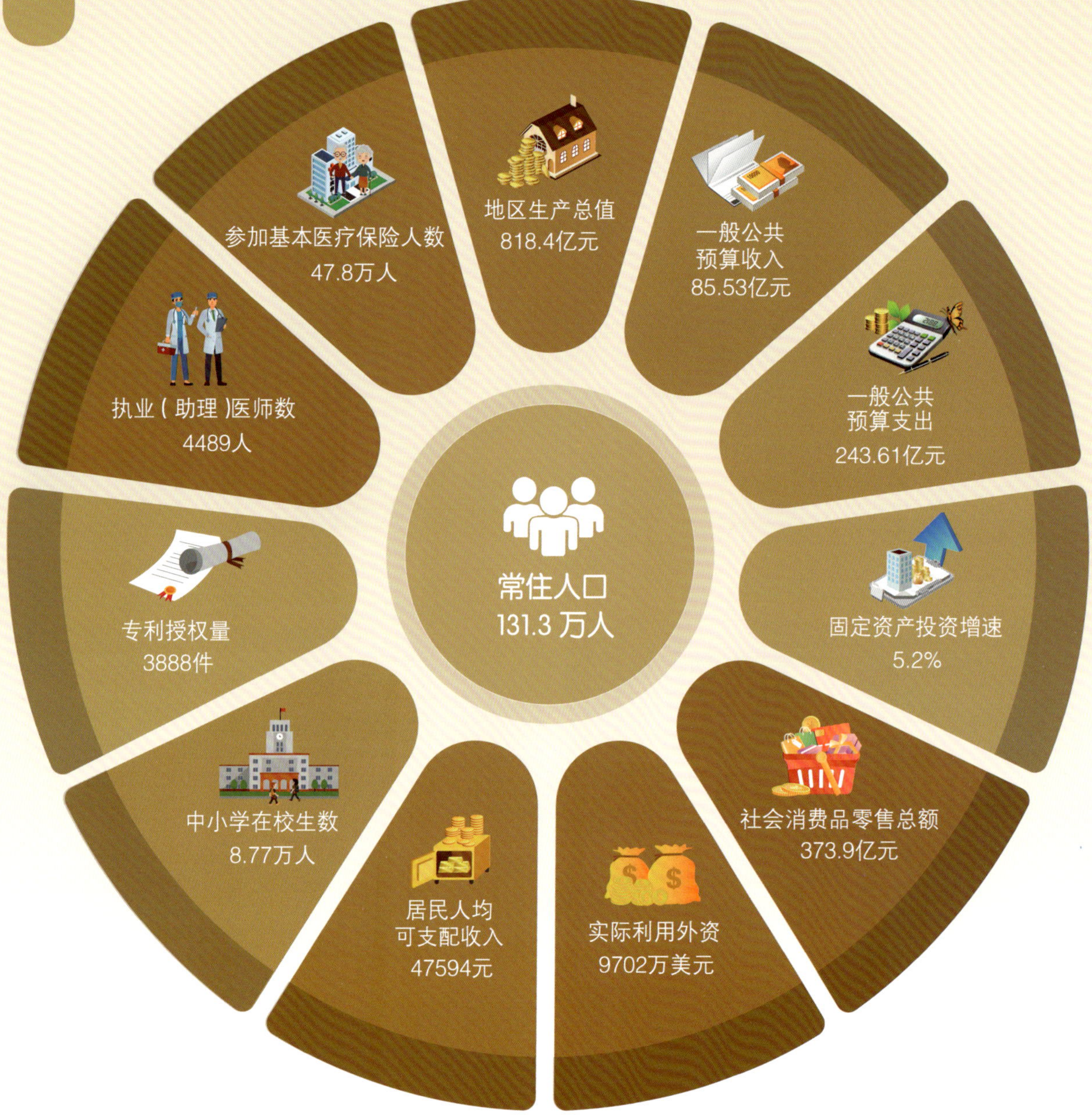

常住人口
131.3 万人

地区生产总值
818.4亿元

一般公共预算收入
85.53亿元

一般公共预算支出
243.61亿元

固定资产投资增速
5.2%

社会消费品零售总额
373.9亿元

实际利用外资
9702万美元

居民人均可支配收入
47594元

中小学在校生数
8.77万人

专利授权量
3888件

执业（助理）医师数
4489人

参加基本医疗保险人数
47.8万人

社会消费品零售总额（亿元）

| 2017 | 2018 | 2019 | 2020 | 2021 |
|---|---|---|---|---|
| 330.6 | 354.5 | 375.6 | 341.3 | 373.9 |

居民人均可支配收入（元）

| 2017 | 2018 | 2019 | 2020 | 2021 |
|---|---|---|---|---|
| 36289 | 39391 | 42823 | 44078 | 47594 |

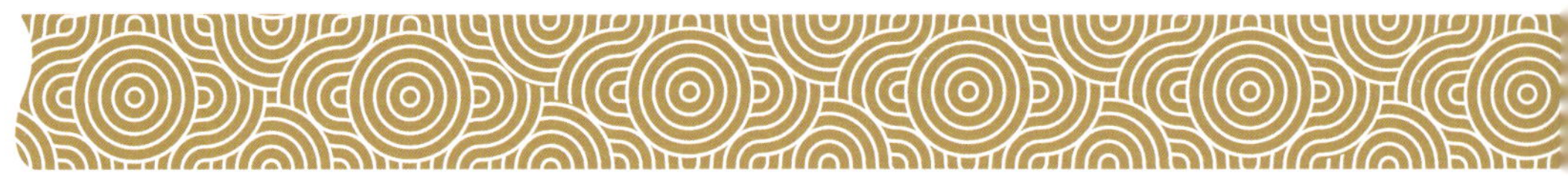

# 通州区

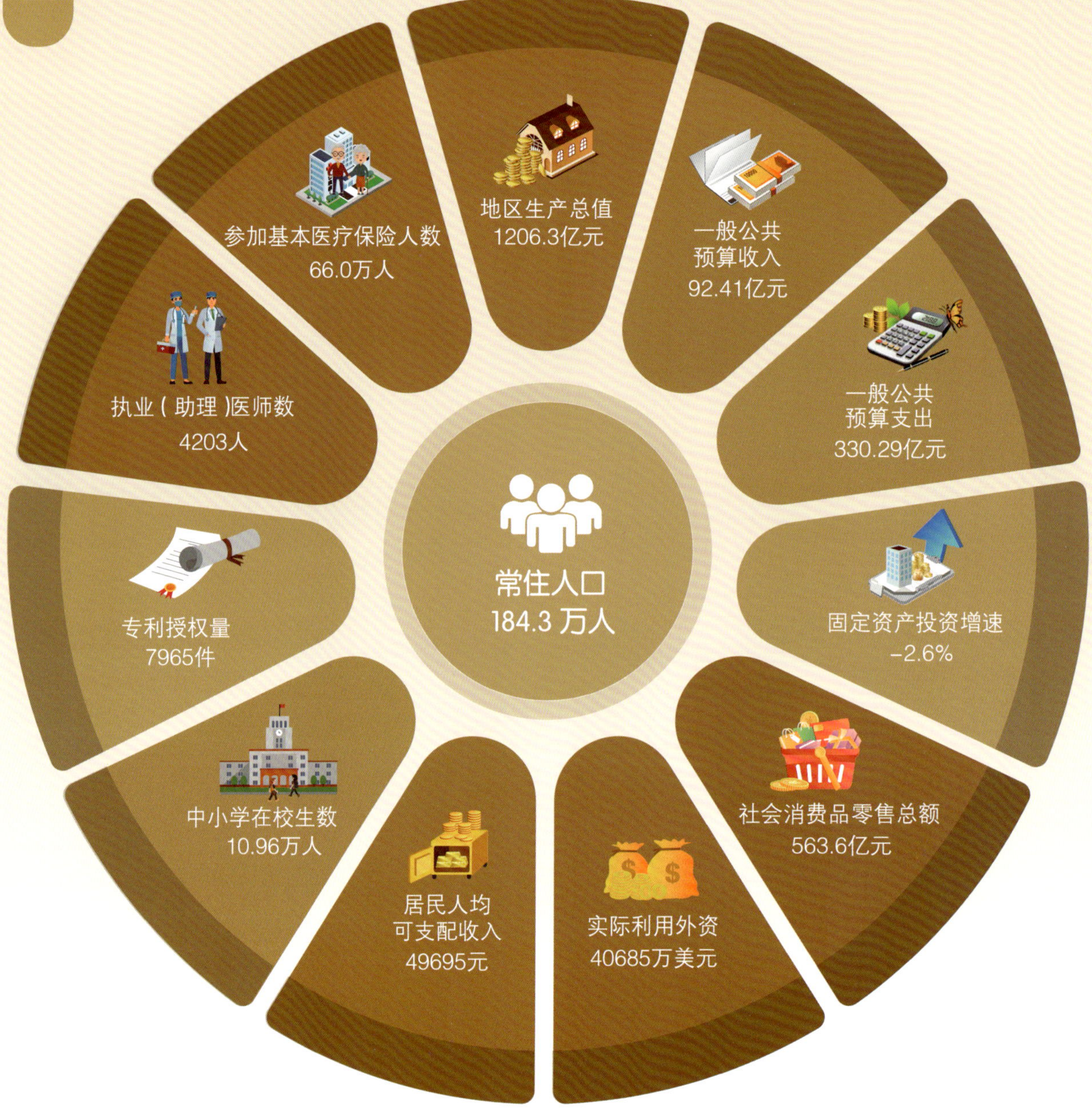
常住人口
184.3 万人
地区生产总值
1206.3亿元
一般公共
预算收入
92.41亿元
一般公共
预算支出
330.29亿元
固定资产投资增速
-2.6%
社会消费品零售总额
563.6亿元
实际利用外资
40685万美元
居民人均
可支配收入
49695元
中小学在校生数
10.96万人
专利授权量
7965件
执业（助理）医师数
4203人
参加基本医疗保险人数
66.0万人

地区生产总值（亿元）

852.2
986.7
1059.3
1110.5
1206.3
2017
2018
2019
2020
2021

一般公共预算收入（亿元）

79.23
83.07
88.73
78.73
92.41
2017
2018
2019
2020
2021

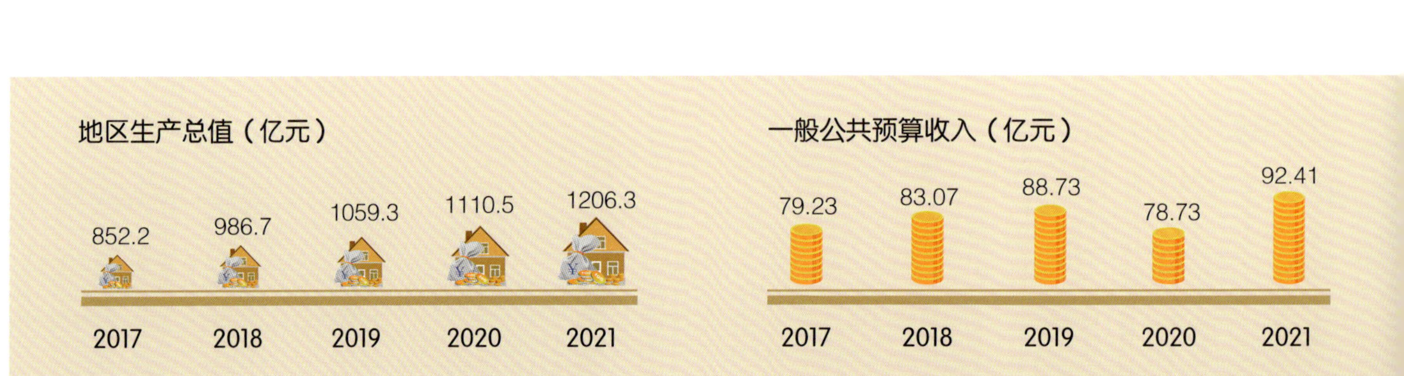

2021

城市绿化覆盖率
50.47%
公园
森林资源
公园绿地 500 米
服务半径覆盖率
87.33%
公园绿地面积
3331.3 公顷

细颗粒物 (PM2.5)
年均浓度值
36 微克 / 立方米
下降 2.7%
月平均降尘量
4.2 吨 / 平方公里
下降 22.2%
二氧化氮（NO2）
年均浓度值
33 微克 / 立方米
下降 2.9%
氨氮主要工程减排量
111 吨
增加 1.3 倍
二氧化硫（SO2）年均浓度值
3 微克 / 立方米
下降 25.0%
化学需氧量主要工程减排量
922 吨
增加 3.5 倍

社会消费品零售总额（亿元）
521.6
552.2
590.7
529.3
563.6
2017
2018
2019
2020
2021
居民人均可支配收入（元）
37209
40553
44190
45845
49695
2017
2018
2019
2020
2021

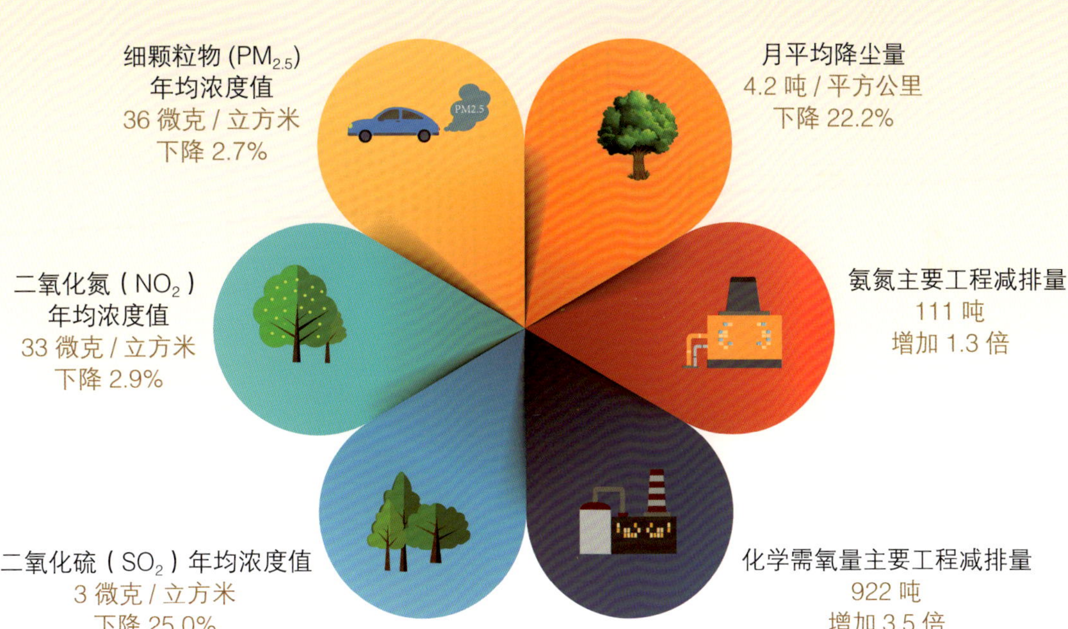

# 顺义区

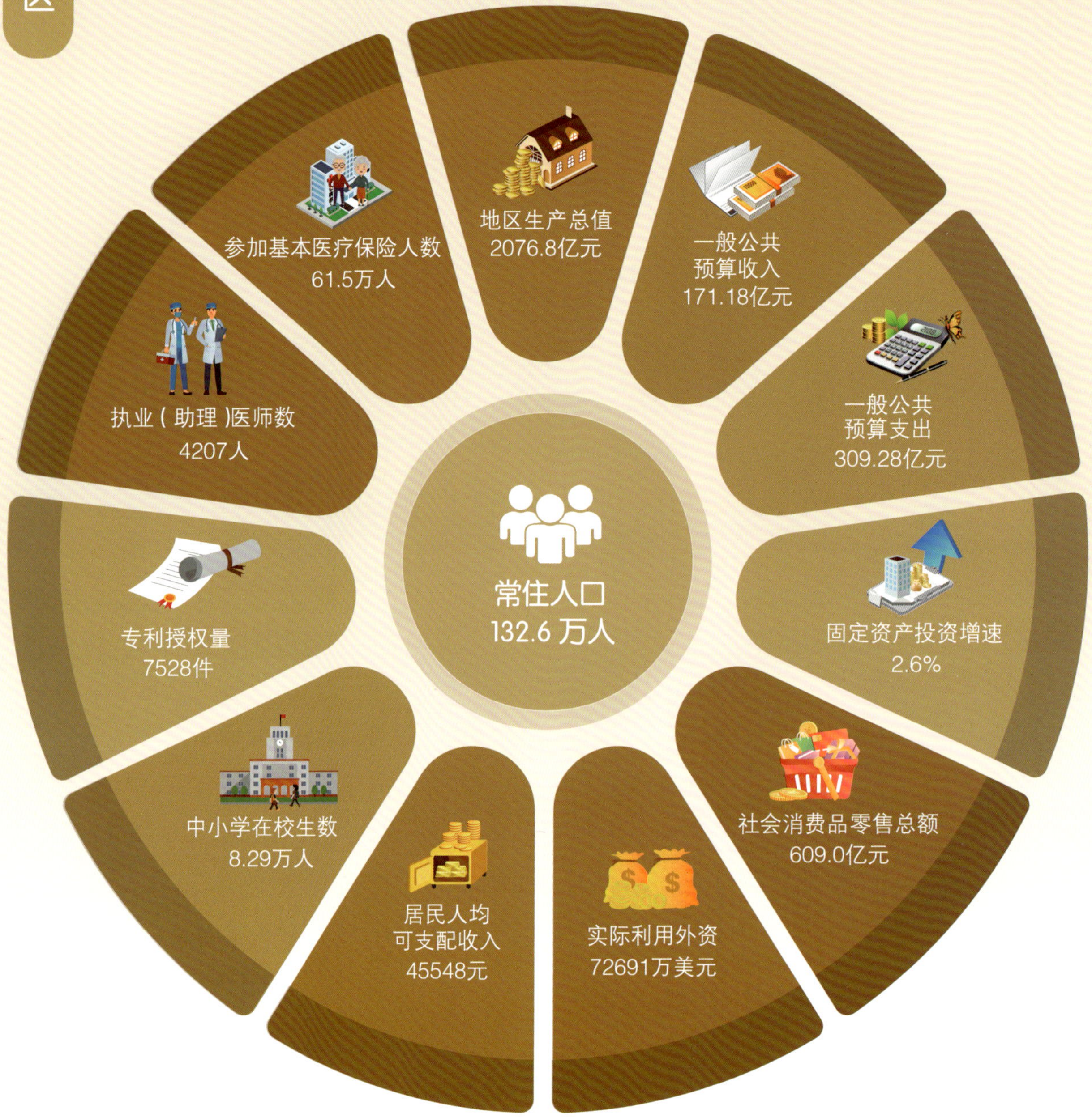
常住人口
132.6 万人
地区生产总值
2076.8亿元
一般公共
预算收入
171.18亿元
一般公共
预算支出
309.28亿元
固定资产投资增速
2.6%
社会消费品零售总额
609.0亿元
实际利用外资
72691万美元
居民人均
可支配收入
45548元
中小学在校生数
8.29万人
专利授权量
7528件
执业（助理）医师数
4207人
参加基本医疗保险人数
61.5万人

地区生产总值（亿元）

1715.9
1876.0
1993.0
1849.3
2076.8
2017
2018
2019
2020
2021

一般公共预算收入（亿元）

148.88
159.30
165.70
170.98
171.18
2017
2018
2019
2020
2021

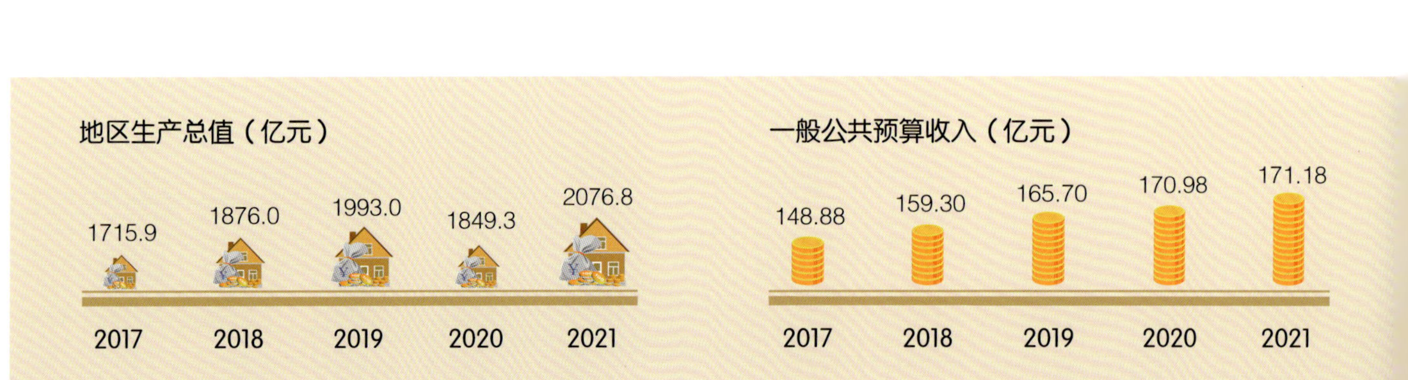

2021

道路运输业
资产总计 179.0 亿元
营业收入 214.9 亿元

航空运输业
资产总计 3168.9 亿元
营业收入 882.3 亿元

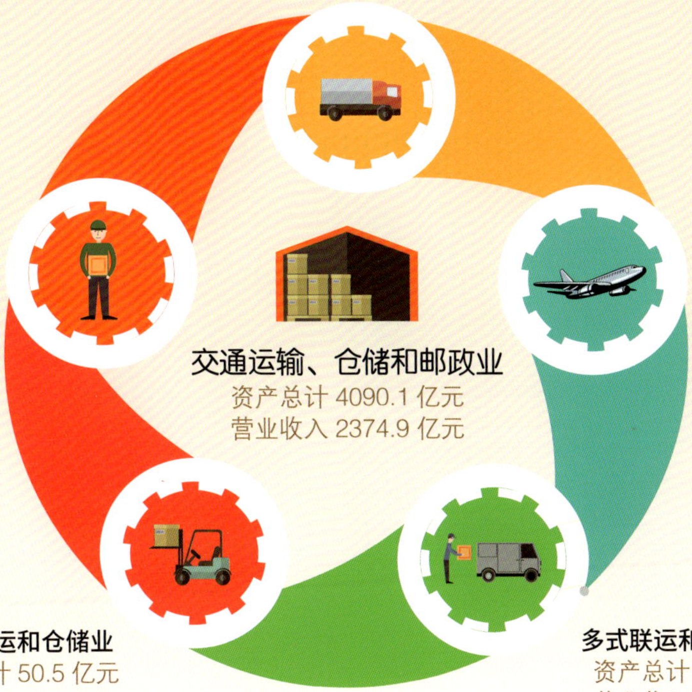

邮政业
资产总计 131.3 亿元
营业收入 367.6 亿元

交通运输、仓储和邮政业
资产总计 4090.1 亿元
营业收入 2374.9 亿元

装卸搬运和仓储业
资产总计 50.5 亿元
营业收入 35.9 亿元

多式联运和运输代理业
资产总计 560.3 亿元
营业收入 874.1 亿元

# 昌平区

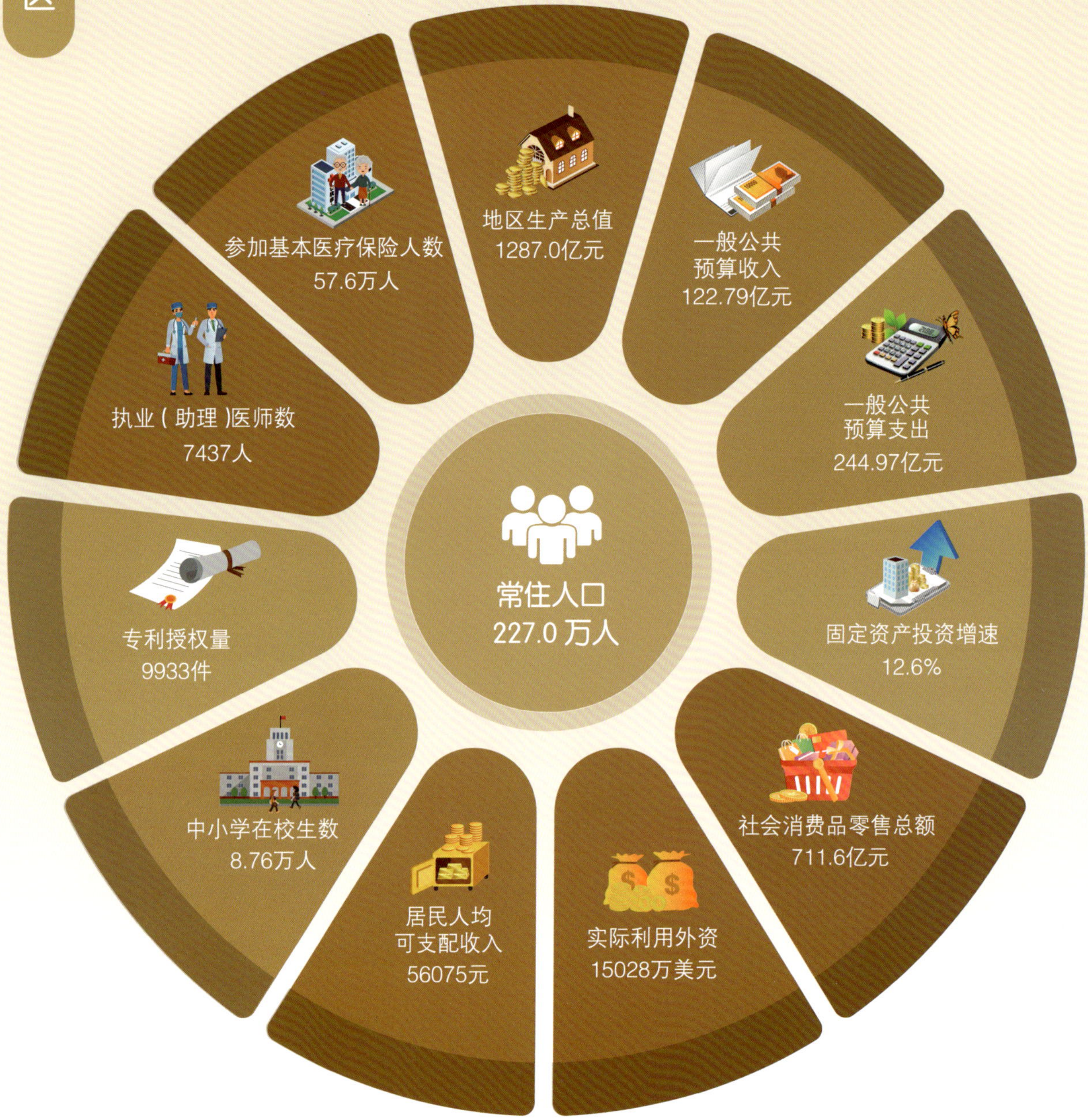
常住人口
227.0 万人
地区生产总值
1287.0亿元
一般公共
预算收入
122.79亿元
一般公共
预算支出
244.97亿元
固定资产投资增速
12.6%
社会消费品零售总额
711.6亿元
实际利用外资
15028万美元
居民人均
可支配收入
56075元
中小学在校生数
8.76万人
专利授权量
9933件
执业（助理）医师数
7437人
参加基本医疗保险人数
57.6万人

地区生产总值（亿元）

906.3
997.9
1082.5
1151.8
1287.0
2017
2018
2019
2020
2021

一般公共预算收入（亿元）

84.34
94.99
105.57
110.93
122.79
2017
2018
2019
2020
2021

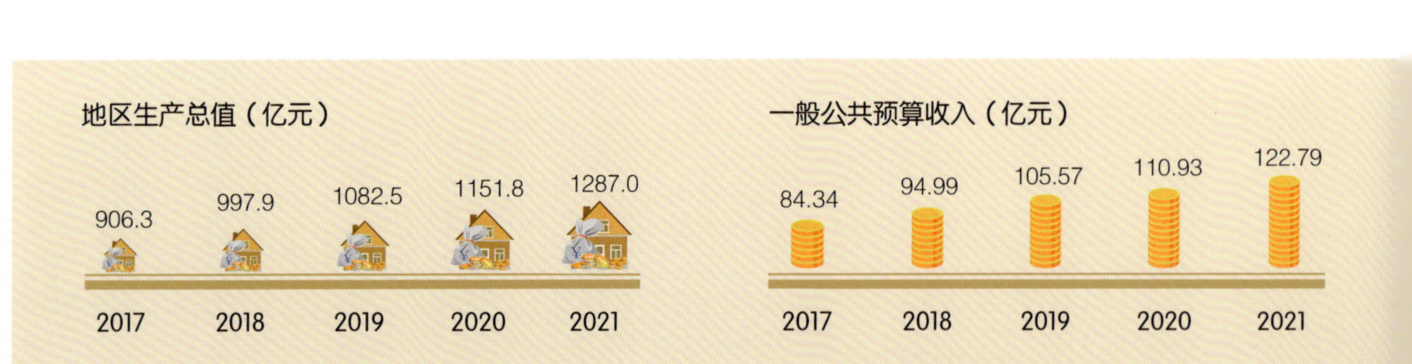

2021

医药
健康产业

收入 717.1 亿元
增长 22.0%

产值 281.7 亿元
增长 31.8%

先进能源产业

收入 2477.3 亿元
增长 36.5%

产值 366.8 亿元
增长 21.4%

社会消费品零售总额（亿元）

| 2017 | 2018 | 2019 | 2020 | 2021 |
|---|---|---|---|---|
| 677.1 | 708.5 | 743.7 | 670.0 | 711.6 |

居民人均可支配收入（元）

| 2017 | 2018 | 2019 | 2020 | 2021 |
|---|---|---|---|---|
| 41632 | 45399 | 49669 | 51587 | 56075 |

# 大兴区

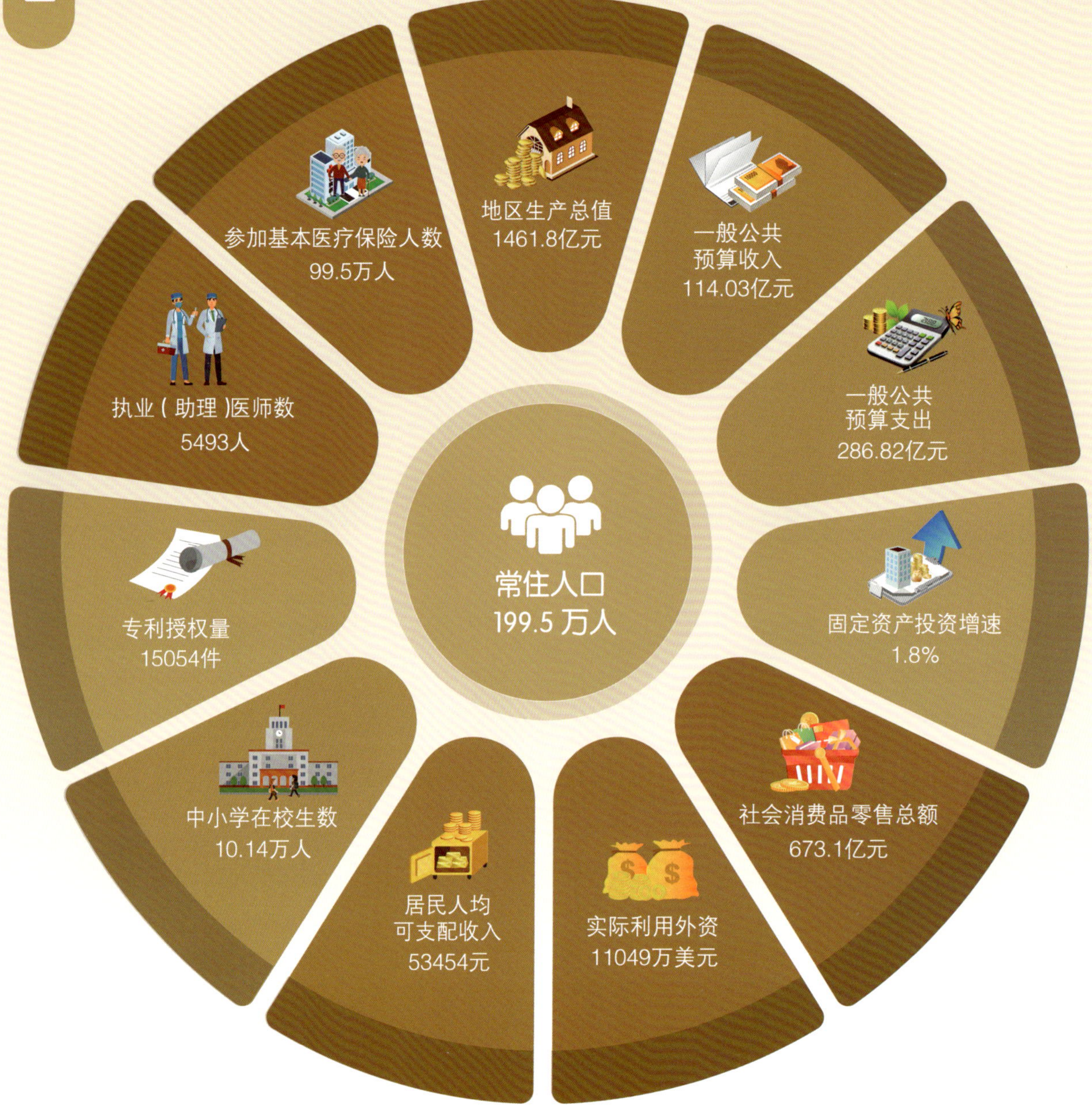
地区生产总值
1461.8亿元
一般公共
预算收入
114.03亿元
一般公共
预算支出
286.82亿元
固定资产投资增速
1.8%
社会消费品零售总额
673.1亿元
实际利用外资
11049万美元
居民人均
可支配收入
53454元
中小学在校生数
10.14万人
专利授权量
15054件
执业（助理）医师数
5493人
参加基本医疗保险人数
99.5万人
常住人口
199.5 万人

注：地区生产总值、固定资产投资增速、社会消费品零售总额不含北京经济技术开发区数据。

地区生产总值（亿元）

759.5
846.6
907.6
931.0
1461.8
2017
2018
2019
2020
2021

一般公共预算收入（亿元）

84.71
92.35
102.51
104.05
114.03
2017
2018
2019
2020
2021

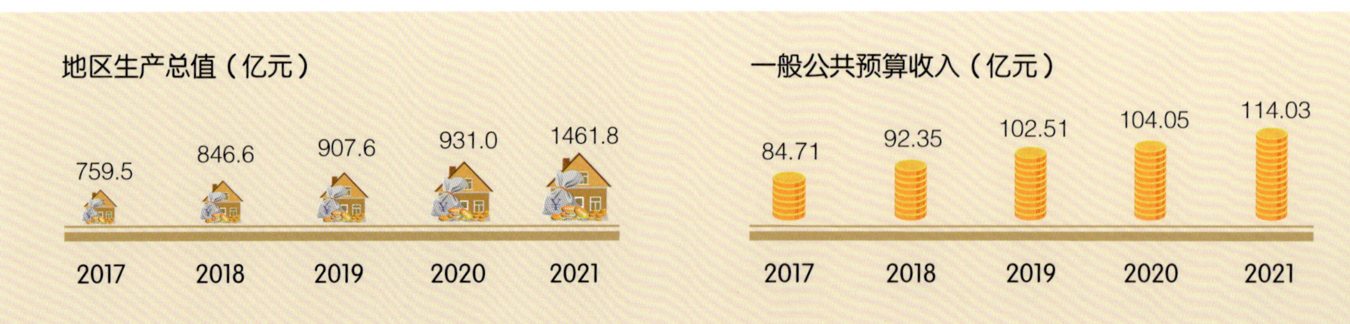

2021

社会消费品零售总额（亿元）

| 2017 | 2018 | 2019 | 2020 | 2021 |
|---|---|---|---|---|
| 598.4 | 643.6 | 684.0 | 618.6 | 673.1 |

居民人均可支配收入（元）

| 2017 | 2018 | 2019 | 2020 | 2021 |
|---|---|---|---|---|
| 39862 | 43464 | 47432 | 49206 | 53454 |

# 怀柔区

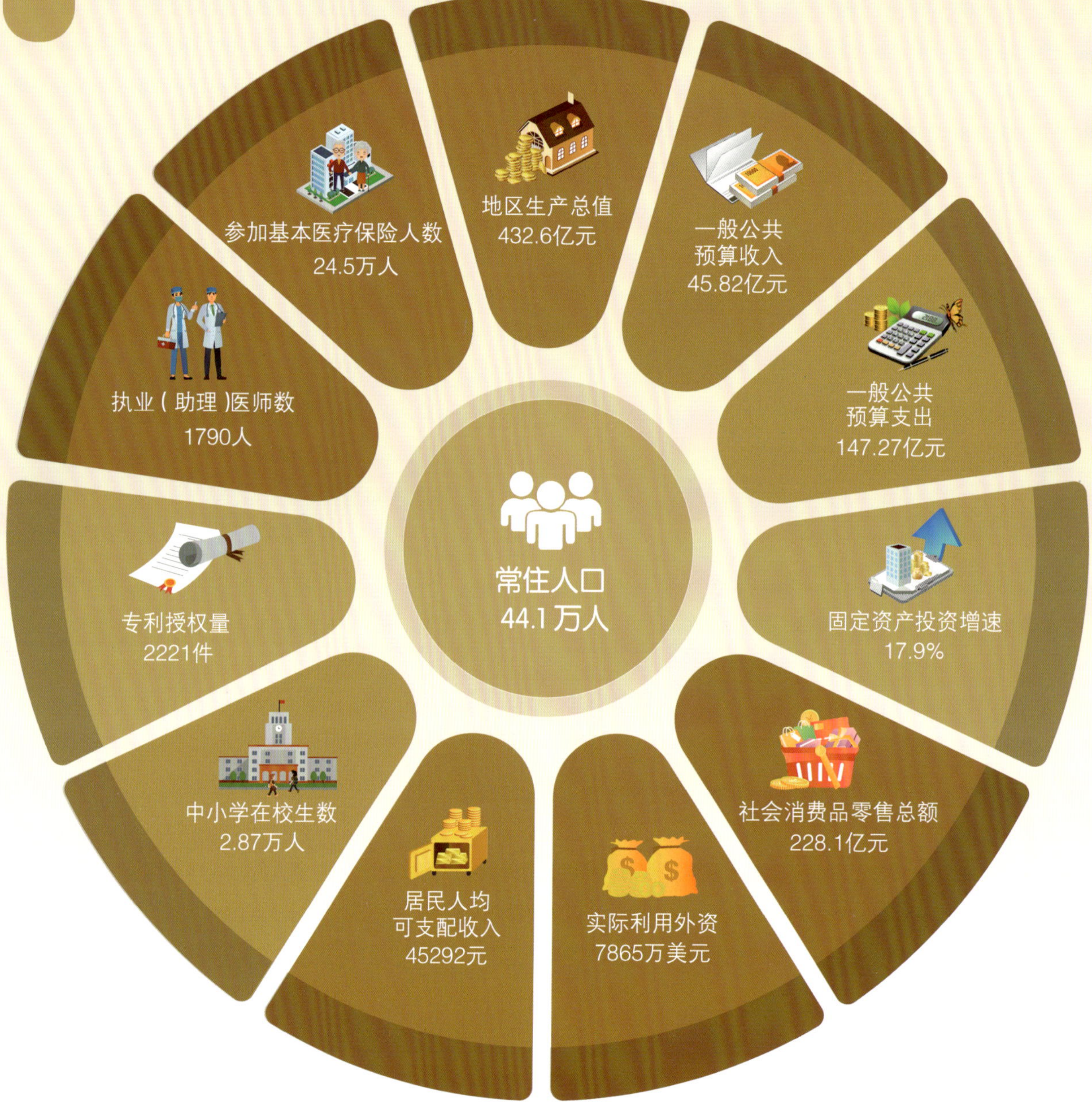
常住人口
44.1万人
地区生产总值
432.6亿元
一般公共
预算收入
45.82亿元
一般公共
预算支出
147.27亿元
固定资产投资增速
17.9%
社会消费品零售总额
228.1亿元
实际利用外资
7865万美元
居民人均
可支配收入
45292元
中小学在校生数
2.87万人
专利授权量
2221件
执业（助理）医师数
1790人
参加基本医疗保险人数
24.5万人

地区生产总值（亿元）

336.0
375.0
399.9
399.1
432.6
2017
2018
2019
2020
2021

一般公共预算收入（亿元）

37.98
40.48
43.11
43.43
45.82
2017
2018
2019
2020
2021

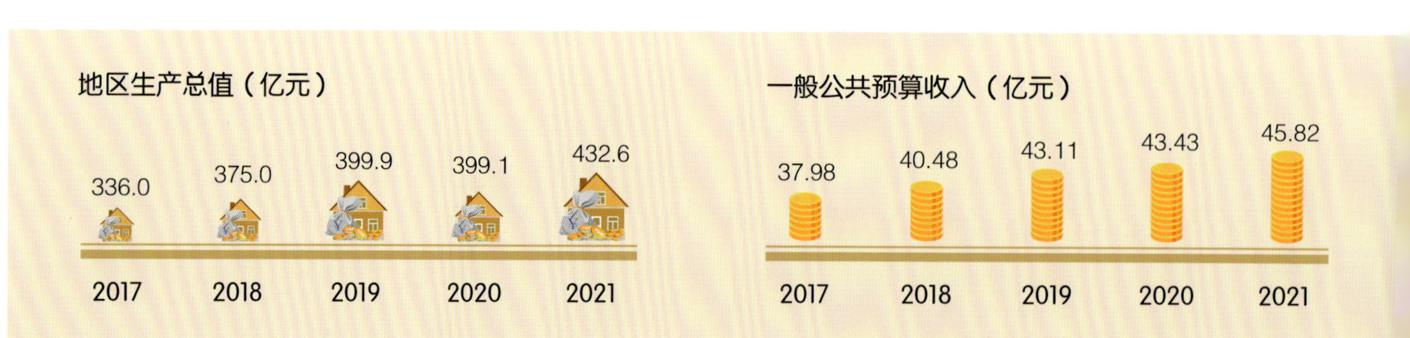

2021

固定资产投资
增长 7.8%
占全区比重 51.4%
单位数
282 个
占全区比重 32.6%
怀柔科学城
利润总额
46.8 亿元
增长 15.9%
占全区比重 63.3%
资产总计
880.2 亿元
增长 12.3%
占全区比重 37.0%

社会消费品零售总额（亿元）
193.9
208.2
220.2
203.1
228.1
2017
2018
2019
2020
2021
居民人均可支配收入（元）
33764
36797
40067
41779
45292
2017
2018
2019
2020
2021

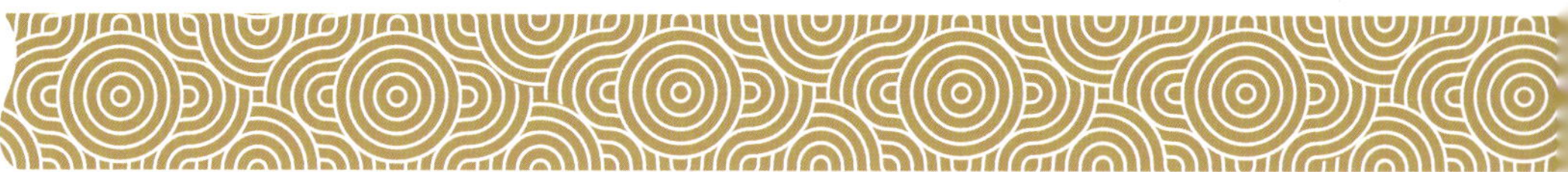

# 平谷区

常住人口
45.7 万人

地区生产总值
359.3亿元

一般公共预算收入
26.65亿元

一般公共预算支出
126.97亿元

固定资产投资增速
-28.7%

社会消费品零售总额
159.8亿元

实际利用外资
5080万美元

居民人均可支配收入
43602元

中小学在校生数
3.26万人

专利授权量
1441件

执业（助理）医师数
1839人

参加基本医疗保险人数
23.6万人

地区生产总值（亿元）

| 2017 | 2018 | 2019 | 2020 | 2021 |
|---|---|---|---|---|
| 252.5 | 276.3 | 293.6 | 321.9 | 359.3 |

一般公共预算收入（亿元）

| 2017 | 2018 | 2019 | 2020 | 2021 |
|---|---|---|---|---|
| 29.63 | 30.05 | 24.22 | 25.62 | 26.65 |

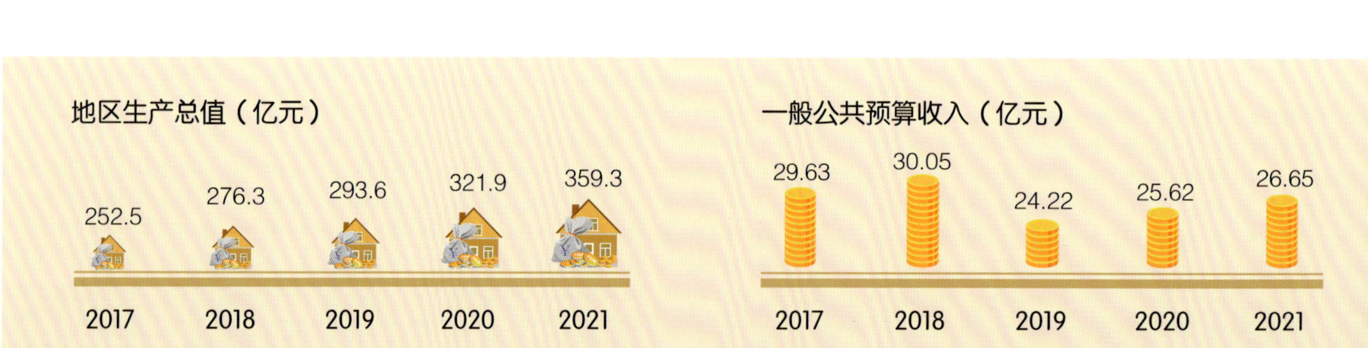

2021

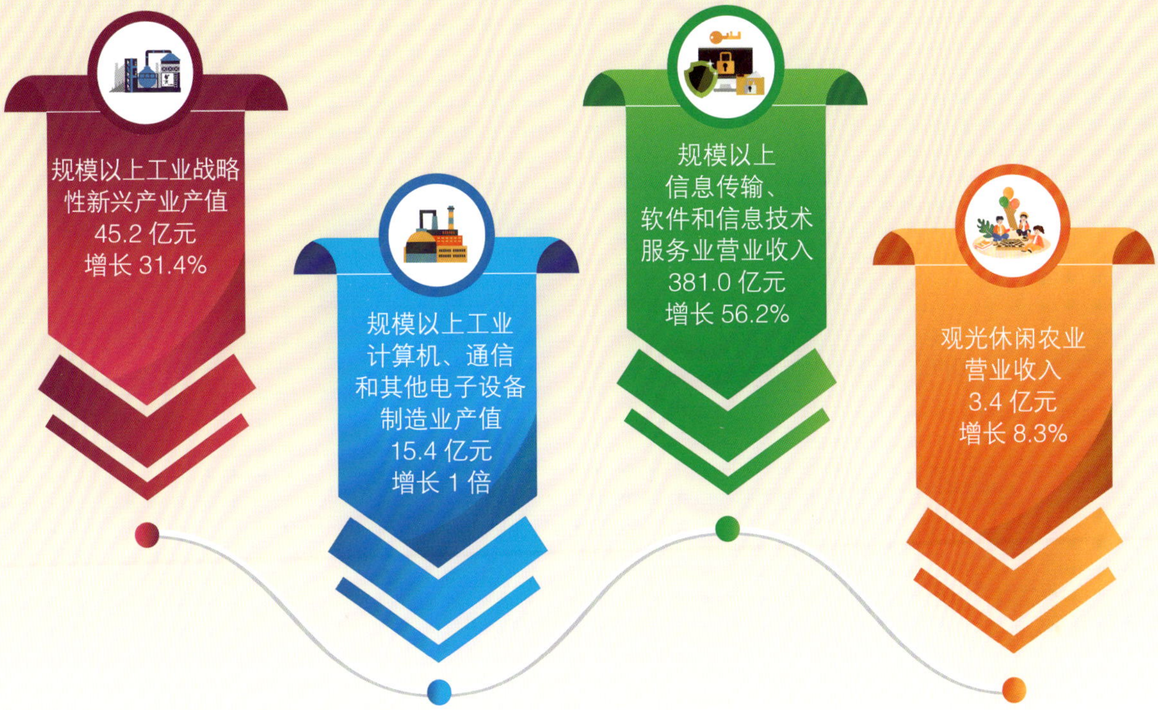

规模以上工业战略性新兴产业产值
45.2 亿元
增长 31.4%

规模以上工业计算机、通信和其他电子设备制造业产值
15.4 亿元
增长 1 倍

规模以上信息传输、软件和信息技术服务业营业收入
381.0 亿元
增长 56.2%

观光休闲农业营业收入
3.4 亿元
增长 8.3%

# 密云区

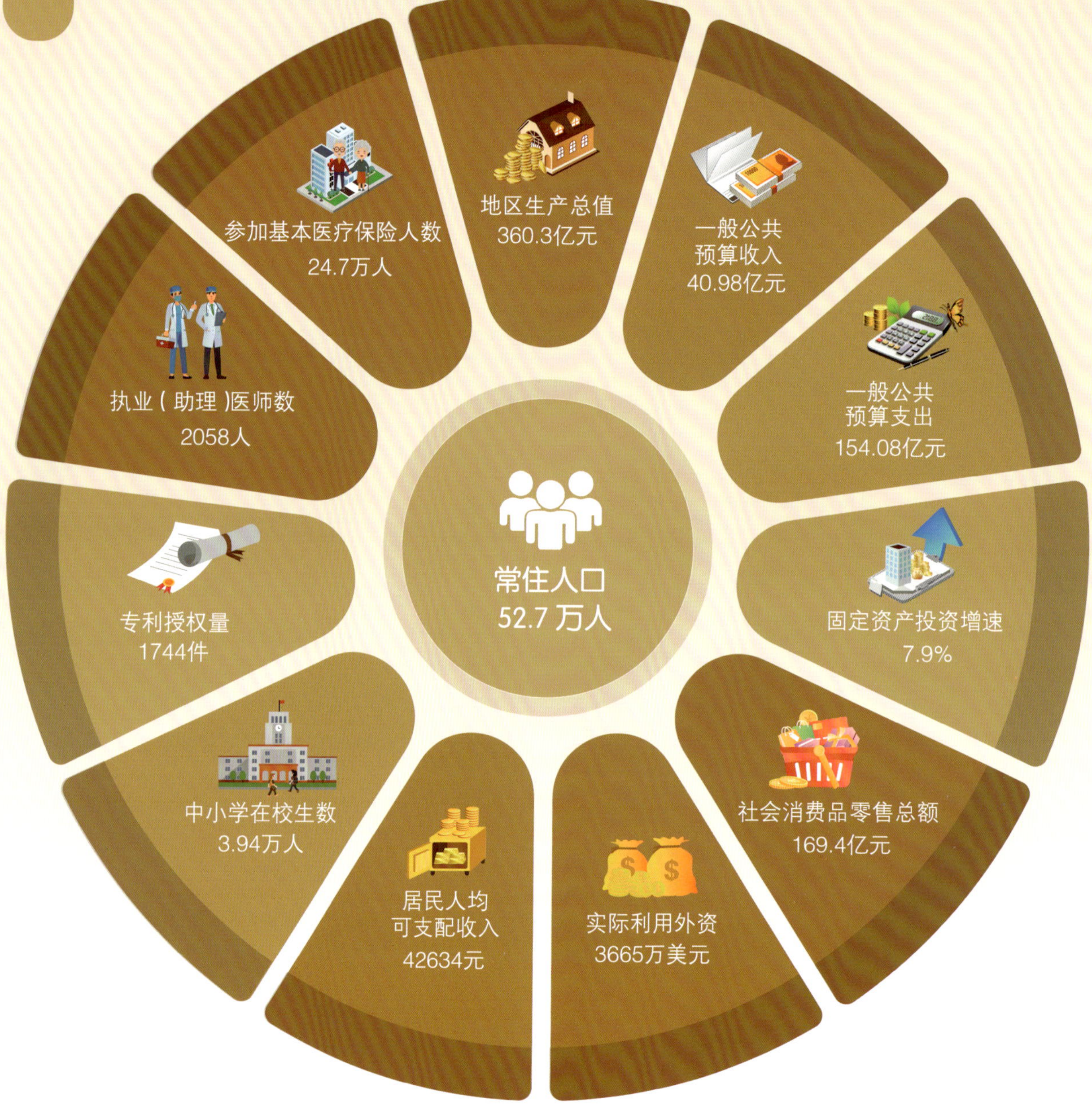
常住人口
52.7 万人
地区生产总值
360.3亿元
一般公共
预算收入
40.98亿元
一般公共
预算支出
154.08亿元
固定资产投资增速
7.9%
社会消费品零售总额
169.4亿元
实际利用外资
3665万美元
居民人均
可支配收入
42634元
中小学在校生数
3.94万人
专利授权量
1744件
执业（助理）医师数
2058人
参加基本医疗保险人数
24.7万人

地区生产总值（亿元）

287.8
317.5
341.0
333.4
360.3
2017
2018
2019
2020
2021

一般公共预算收入（亿元）

33.04
36.30
37.46
39.31
40.98
2017
2018
2019
2020
2021

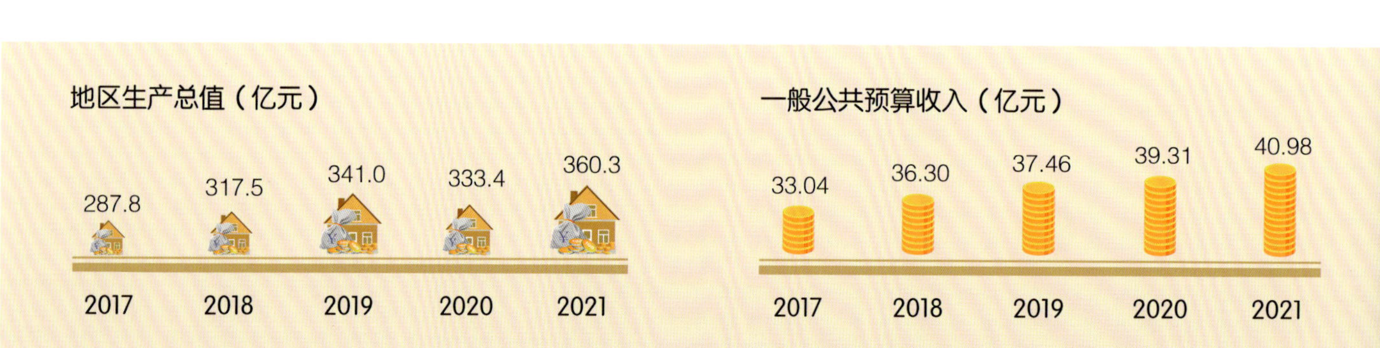

2021

人均公园绿地面积
15.2 平方米
增长 1.3%

森林覆盖率
70.13%
提高 1.67 个百分点

万元地区生产总值能耗
0.327 吨标准煤
下降 6.2%

休闲农业与
乡村旅游总收入
8.7 亿元
增长 36.2%

社会消费品零售总额（亿元）

| 2017 | 2018 | 2019 | 2020 | 2021 |
|---|---|---|---|---|
| 151.1 | 161.4 | 174.3 | 160.9 | 169.4 |

居民人均可支配收入（元）

| 2017 | 2018 | 2019 | 2020 | 2021 |
|---|---|---|---|---|
| 32165 | 34951 | 38004 | 39282 | 42634 |

# 延庆区

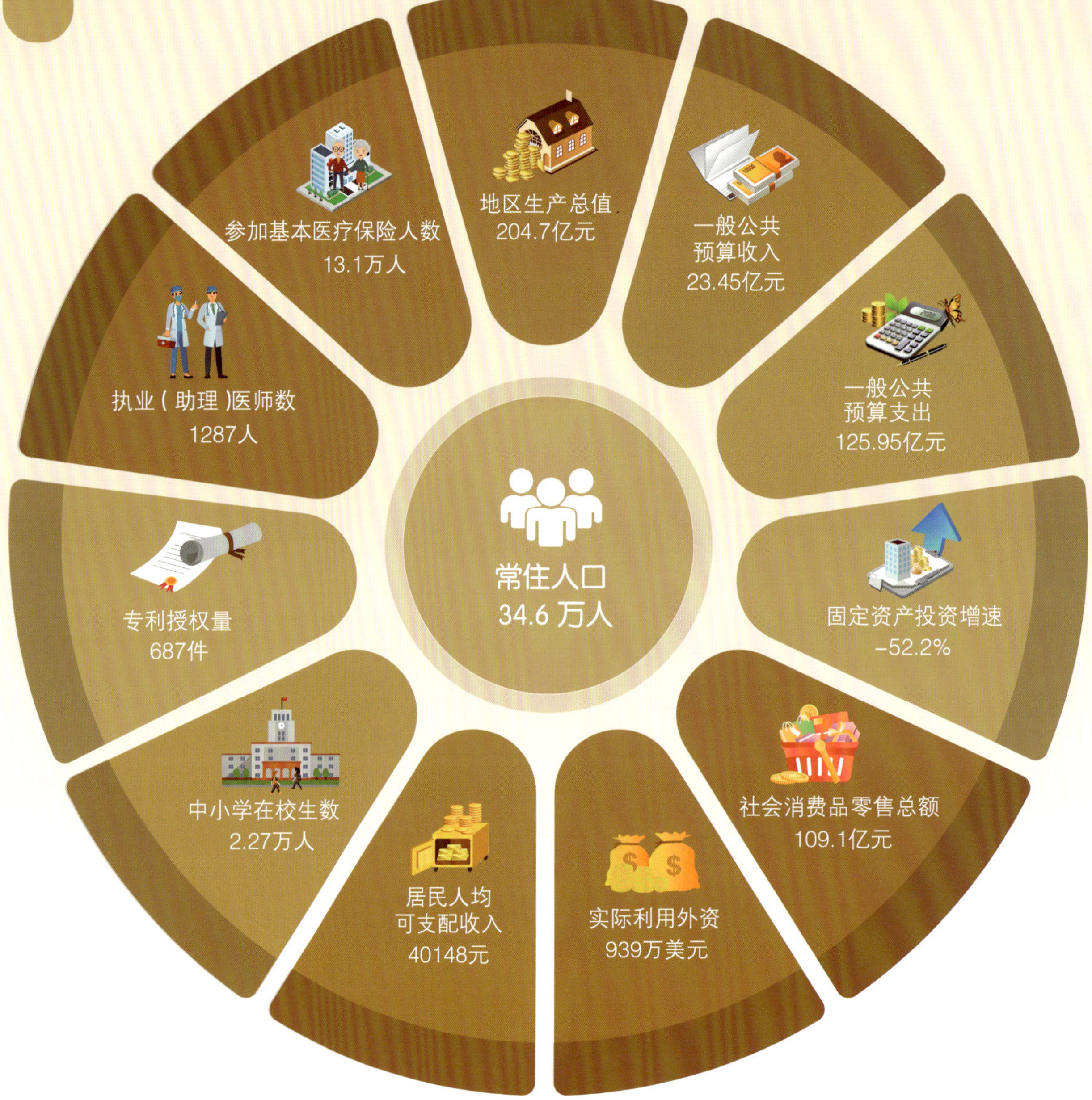
常住人口
34.6 万人
地区生产总值
204.7亿元
一般公共
预算收入
23.45亿元
一般公共
预算支出
125.95亿元
固定资产投资增速
-52.2%
社会消费品零售总额
109.1亿元
实际利用外资
939万美元
居民人均
可支配收入
40148元
中小学在校生数
2.27万人
专利授权量
687件
执业(助理)医师数
1287人
参加基本医疗保险人数
13.1万人

地区生产总值(亿元)

158.6
179.3
195.3
195.7
204.7
2017
2018
2019
2020
2021

一般公共预算收入(亿元)

16.16
19.17
21.45
22.76
23.45
2017
2018
2019
2020
2021

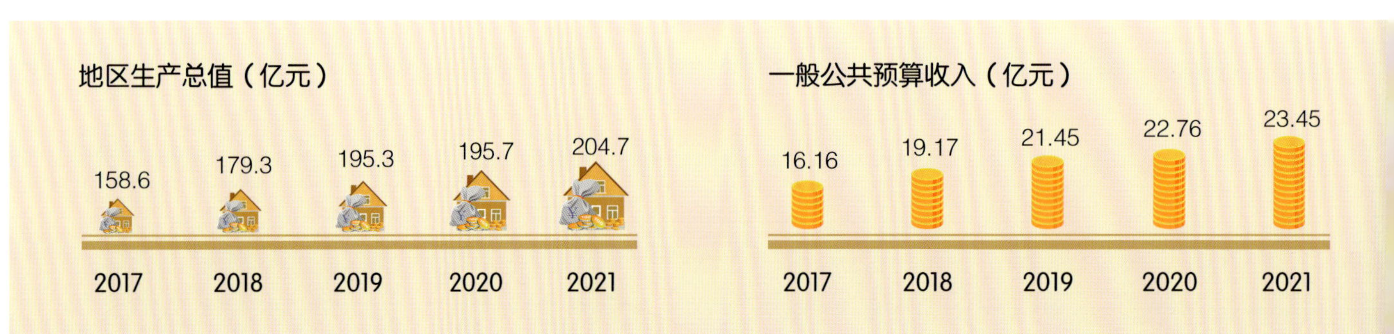

民俗旅游

| | 2017 | 2018 | 2019 | 2020 | 2021 |
|---|---|---|---|---|---|
| 接待人次 | 497.9 万人 | 446.5 万人 | 395.0 万人 | 166.0 万人 | 271.2 万人 |
| 总收入 | 3.12 亿元 | 2.87 亿元 | 2.99 亿元 | 1.54 亿元 | 2.60 亿元 |

社会消费品零售总额（亿元）

| 2017 | 2018 | 2019 | 2020 | 2021 |
|---|---|---|---|---|
| 94.8 | 100.2 | 108.0 | 99.7 | 109.1 |

居民人均可支配收入（元）

| 2017 | 2018 | 2019 | 2020 | 2021 |
|---|---|---|---|---|
| 31555 | 33887 | 36482 | 37385 | 40148 |

# 北京经济技术开发区

2021

地区生产总值
2666.0亿元

一般公共预算收入
333.2亿元

进出口总额
315.4亿美元

固定资产
投资增速
17.1%

社会消费品
零售总额
431.4亿元

实际利用外资
36440万美元

规模以上
工业总产值
5712.1亿元

建筑业总产值
574.3亿元

# 《北京区域统计年鉴2022》
## 编辑委员会及编辑工作人员

# 编 辑 说 明

《北京区域统计年鉴 2022》是一部全面、系统反映北京市各区 2021 年经济社会发展状况的年度资料，同时收录了四大直辖市、京津冀地区、长三角地区、珠三角地区 2021 年主要指标数据。

1. 全书共包括 8 个部分，分别为：全市主要数据，各区历史数据，各区主要数据，开发区主要数据，特色功能区主要数据，四大直辖市主要数据，京津冀、长三角、珠三角主要数据，北京与全国主要数据对比。

2. 与 2021 年版区域统计年鉴相比，对部分章节内容进行调整，在“全市主要数据”章节根据北京市“十四五”规划，增加“十四五”时期经济社会发展主要监测指标；对“四大直辖市主要数据”“京津冀、长三角、珠三角主要数据”“北京与全国主要数据对比”章节中的统计表内容进行了调整。

3. 分区资料除特殊说明外，全部为“在地”（即：法人经营地）口径。受统计口径和资料来源不同等因素影响，书内所列分区数据可能与区统计部门编印的统计资料不同，请读者在使用时加以注意。分区资料中若未单独列出北京经济技术开发区，则其数据包括在大兴区中。

4. 数据资料来源均在表下进行了注明，未注明资料来源的分区数据均由北京市统计局、国家统计局北京调查总队提供；全国及外省市统计资料摘自《中国统计年鉴》及相关省市统计年鉴，具体数据来源请参阅各章简要说明。

5. 书中使用的符号说明：“…”表示数据不足本表最小单位；“空格”表示该项指标数据不详或没有数据；“#”表示其中项目；“‖”表示不在同一分组类中的其中项。

6. 本年鉴配有电子光盘，辅助用户对数据进行加工处理。

7. 本年鉴中涉及的历史数据，均以最新出版的本年鉴数据为准；年鉴中部分数据合计数或相对数由于单位取舍不同而产生的计算误差，均未作机械调整。

# 目　　录

## 第一章　全市主要数据



## 第二章　各区历史数据

## 第三章　各区主要数据

## 第四章　开发区主要数据



## 第五章　特色功能区主要数据



## 第六章　四大直辖市主要数据



## 第七章　京津冀、长三角、珠三角主要数据

## 第八章　北京与全国主要数据对比



## 附　录　指标解释

2022

北京区域统计年鉴

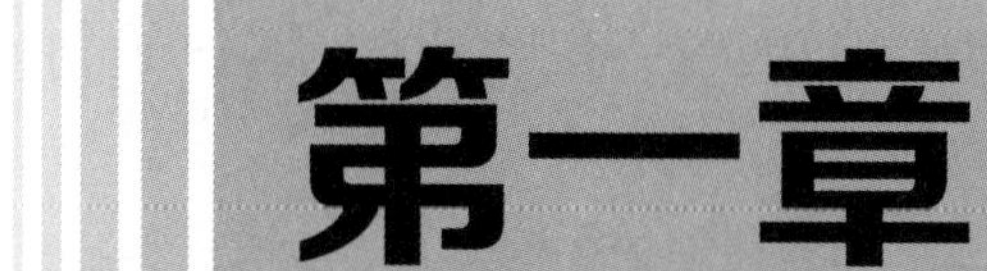


BEIJING AREA STATISTICAL YEARBOOK

# 全市主要数据

# 简要说明

**一、本章资料的主要内容**

本章主要包括反映北京市经济社会发展的主要总量、结构、效益指标及“十四五”时期监测指标等。

**二、本章资料的数据来源**

北京市经济社会主要指标及“十四五”时期主要监测指标资料由北京市统计局根据相关资料整理。

**三、有关统计标准变化和数据调整的说明**

为更好地反映我国三次产业的发展情况，满足国民经济核算、服务业统计及其他统计调查对三次产业划分的需求，根据《国民经济行业分类》（GB/T 4754—2011），国家统计局对2003年《三次产业划分规定》进行了修订。

根据国家统计局要求，自2015年起北京按照城乡住户调查一体化改革后新口径发布全市和分城乡的居民收支数据，增长速度为同口径增速。

2016年按照国家统计局统一部署，开始实施地区研发支出核算方法改革，并对全市1996年以来地区生产总值进行调整。

2018年北京市第四次全国经济普查后，根据普查结果对地区生产总值、能源消费、社会消费品零售总额、研究与试验等相关历史数据进行修订。

2020年北京市第七次全国人口普查后，根据普查结果对2011-2019年人口数据进行修订。

# 1-1 “十四五”时期经济社会发展主要监测指标

| 项　　目 | | “十四五”时期监测发展目标 | 2021 |
|---|---|---|---|
| 常住人口规模 | （万人） | ≤2300 | 2188.6 |
| 地区生产总值年均增速 | （%） | 5左右 | 8.5 |
| 城市副中心和平原新城增加值占地区生产总值比重 | （%） | >23 | 23.6 |
| 全员劳动生产率 | （万元/人） | 35左右 | 34.7 |
| 全社会研究与实验发展经费支出占地区生产总值比重 | （%） | 6左右 | 6.53 |
| 每万人口高价值发明专利拥有量 | （件） | 82左右 | 94.2 |
| 数字经济增加值年均增速（当年价格） | （%） | 7.5左右 | 13.1 |
| 全市居民可支配收入年均实际增速 | （%） | 与经济增长基本同步 | 6.8 |
| 实际利用外资规模 | （亿美元） | 累计830左右 | 144.3 |
| 生产生活用水总量 | （亿立方米） | <30 | 25.0 |
| 地表水质量达到或好于III类水体比例 | （%） | 达到国家要求 | 76 |
| 细颗粒物（$PM_{2.5}$）年均浓度 | （微克/立方米） | 达到国家要求 | 33 |
| 森林覆盖率 | （%） | 45 | 44.6 |
| 单位地区生产总值能耗降幅 | （%） | 达到国家要求 | 3.14 |
| 每千常住人口执业（助理）医师数 | （人） | 5.6左右 | 5.64 |
| 单位地区生产总值生产安全事故死亡率 | （人/百亿元） | <0.9 | 1.17 |
| 食品安全抽检合格率 | （%） | >98.5 | 98.52 |
| 药品抽验合格率 | （%） | >99 | 100.00 |

# 1-2 主要年份国民经济和社会发展总量指标

| 项　　目 | | 1990 | 1995 | 2000 |
|---|---|---|---|---|
| **人口与就业** | | | | |
| 年末全市常住人口 | （万人） | 1086.0 | 1251.1 | 1363.6 |
| #城镇人口 | | 798.0 | 946.2 | 1057.4 |
| 年末户籍人口 | （万人） | 1032.2 | 1070.3 | 1107.5 |
| 常住就业人口 | （万人） | | | |
| 城镇非私营单位在岗职工平均工资 | （元） | 2653 | 8144 | 15726 |
| 年末实有城镇登记失业人员 | （万人） | 1.67 | 2.19 | 3.32 |
| **国民经济核算** | | | | |
| 地区生产总值 | （亿元） | 500.8 | 1516.2 | 3277.8 |
| 人均地区生产总值 | （元） | 4635 | 12762 | 25014 |
| **价格指数（上年=100）** | | | | |
| 居民消费价格指数 | | 105.4 | 117.3 | 103.5 |
| 工业生产者出厂价格指数 | | 107.9 | 107.3 | 102.5 |
| **人民生活** | | | | |
| 全市居民人均可支配收入 | （元） | 1741 | 5501 | 9230 |
| 全市居民人均消费支出 | （元） | 1469 | 4366 | 7644 |
| **财　政** | | | | |
| 一般公共预算收入 | （亿元） | | | 345.0 |
| 一般公共预算支出 | （亿元） | | | 443.0 |
| **能源、资源和环境** | | | | |
| 能源消费总量 | （万吨标准煤） | 2709.7 | 3533.3 | 4144.0 |
| 水资源总量 | （亿立方米） | 36.9 | 30.3 | 16.9 |
| 城市绿化覆盖率 | （%） | 28.0 | 32.7 | 36.5 |
| **城市公用事业** | | | | |
| 全社会用电量 | （亿千瓦时） | 150.5 | 222.6 | 384.4 |
| 自来水销售总量 | （亿立方米） | 5.3 | 6.8 | 7.5 |
| 居民燃气用户 | （万户） | 176.1 | 219.8 | 291.9 |
| 公共交通客运量 | （亿人次） | 33.5 | 37.2 | 40.7 |
| 污水处理率 | （%） | 7.3 | 19.4 | 39.4 |

注：1. 2015年常住人口数据根据第七次人口普查结果进行了修订，下同。

2. 2014年以前年末实有登记失业人员为城镇口径，2014-2019年调整为全市口径。自2020年9月起，对城镇登记失业人员相关统计口径进行调整，将离校未就业高校毕业生、领取失业补助金人员和领取一次性生活补助农民工纳入登记失业人员范围，下同。

3. 2015年人均地区生产总值数据根据第七次人口普查结果进行了修订，2021年为初步核算数据，下同。

4. 全社会用电量中，2000年以前工业用电量不包含输配损失和发电企业自产自用电量。

5. 城镇非私营单位在岗职工平均工资2000年及以前数据为职工口径，职工包括在岗职工和不在岗职工；自2001年起调整为在岗职工口径。2007年及以前城镇单位在岗职工工资包括乡及乡以上独立核算法人单位，不包括乡镇企业和个体工商户；自2008年起不包括个体工商户的独立核算法人单位。

6. 自2012年起，自来水数据口径调整为城镇公共供水。

## 1-2 续表 1

| 2005 | 2010 | 2015 | 2020 | 2021 |
|---|---|---|---|---|
| 1538.0 | 1961.9 | 2188.3 | 2189.0 | 2188.6 |
| 1286.1 | 1686.4 | 1897.5 | 1916.4 | 1916.1 |
| 1180.7 | 1257.8 | 1345.2 | 1400.8 | 1413.5 |
| | 1067.3 | 1164.4 | 1163.8 | 1158.0 |
| 34191 | 65683 | 113073 | 185026 | 201504 |
| 10.57 | 7.73 | 9.16 | 29.02 | 37.19 |
| | | | | |
| 7149.8 | 14964.0 | 24779.1 | 35943.3 | 40269.6 |
| 47182 | 78307 | 113692 | 164158 | 183980 |
| | | | | |
| 101.5 | 102.4 | 101.8 | 101.7 | 101.1 |
| 101.3 | 102.2 | 96.9 | 99.1 | 101.1 |
| | | | | |
| 16853 | 29228 | 48458 | 69434 | 75002 |
| 13289 | 21834 | 33803 | 38903 | 43640 |
| | | | | |
| 919.2 | 2353.9 | 4723.9 | 5483.9 | 5932.3 |
| 1058.3 | 2717.3 | 5737.7 | 7116.2 | 7205.1 |
| | | | | |
| 5049.8 | 6359.5 | 6802.8 | 6762.1 | 7103.6 |
| 23.2 | 23.1 | 26.8 | 25.8 | 61.3 |
| 42.0 | 45.0 | 48.4 | 49.0 | 49.3 |
| | | | | |
| 570.5 | 809.9 | 952.7 | 1140.0 | 1232.9 |
| 7.2 | 8.9 | 10.4 | 11.2 | 12.1 |
| 462.6 | 634.2 | 885.7 | 902.2 | 950.4 |
| 51.8 | 69.0 | 73.8 | 41.2 | 53.9 |
| 62.4 | 81.0 | 87.9 | 95.0 | 95.8 |

# 1-2 续表2

| 项　　目 | | 1990 | 1995 | 2000 |
|---|---|---|---|---|
| **固定资产投资** | | | | |
| 固定资产投资 | （亿元） | 179.2 | 841.5 | 1297.4 |
| #基础设施投资 | | 31.6 | 156.1 | 351.9 |
| #房地产开发投资 | | 22.5 | 352.8 | 522.1 |
| **对外经济贸易** | | | | |
| 地区货物进出口总值 | （亿美元） | 236.4 | 370.4 | 494.0 |
| 地区货物进出口总值 | （亿元） | | 3108.2 | 4090.1 |
| 实际利用外商直接投资额 | （亿美元） | | | 16.8 |
| **农　业** | | | | |
| 农林牧渔业总产值（当年价格） | （亿元） | 70.2 | 164.4 | 188.6 |
| **工　业** | | | | |
| 规模以上工业总产值（当年价格） | （亿元） | 625.9 | 1493.3 | 2842.0 |
| 规模以上工业主要财务指标 | | | | |
| 资产总计 | （亿元） | 498.3 | 2582.6 | 4612.7 |
| 负债总额 | （亿元） | | 1528.8 | 2676.4 |
| 营业收入 | （亿元） | | | |
| 利润总额 | （亿元） | 48.9 | 85.3 | 127.1 |
| **建筑业** | | | | |
| 建筑业总产值 | （亿元） | 94.7 | 426.6 | 812.5 |
| 建筑业企业年末从业人员 | （万人） | 60.2 | 82.6 | 56.6 |
| **交通运输邮电业** | | | | |
| **运　输** | | | | |
| 货物周转量 | （亿吨公里） | 268.8 | 323.1 | 299.6 |
| 旅客周转量 | （亿人公里） | 119.8 | 207.7 | 314.0 |
| **邮　电** | | | | |
| 邮电业务总量 | （亿元） | 11.9 | 56.1 | 214.7 |
| 固定电话用户 | （万户） | 33.3 | 150.5 | 451.2 |
| 移动电话用户 | （万户） | 0.3 | 16.9 | 347.2 |
| **批发和零售业、住宿和餐饮业** | | | | |
| 社会消费品零售总额 | （亿元） | 345.1 | 971.8 | 1760.3 |
| **旅游业** | | | | |
| 入境游客人数 | （万人次） | 100.0 | 207.0 | 282.1 |
| 国内游客人数 | （万人次） | | 6320.0 | 10186.0 |
| 国际旅游收入 | （亿美元） | 6.6 | 21.8 | 27.7 |
| 国内旅游收入 | （亿元） | | 352.6 | 683.0 |

注：1. 自2011年起，固定资产投资统计起点由50万元调整至500万元。
2. 2018年及以前固定资产投资为全社会口径，自2019年起为不含农户口径。
3. 邮电业务总量2000年及以前按1990年不变价格计算，2001-2010年按2000年不变价格计算，2011-2016年按2010年不变价格计算。2017-2020年邮政业务量按2010年不变价格计算，电信业务量按2015年不变价格计算。自2021年起，邮政业务量按2020年不变价格计算，电信业务量按上年不变价格计算。
4. 2006年及以前邮政业务量统计范围为中国邮政集团公司北京分公司和中国邮政快递物流股份有限公司北京分公司。自2007年起，邮政业务总量统计范围为邮政企业、取得快递业务经营许可的企业及其备案分支机构。

# 1-2 续表3

| 2005 | 2010 | 2015 | 2020 | 2021 |
|---|---|---|---|---|
| 2827.2 | 5493.5 | 7990.9 | | |
| 610.7 | 1403.5 | 2174.5 | | |
| 1525.0 | 2901.1 | 4226.3 | | |
| 1255.1 | 3016.6 | 3194.2 | 3350.4 | 4710.2 |
| 10331.9 | 20478.2 | 19827.7 | 23215.9 | 30438.4 |
| 35.3 | 53.4 | 127.2 | 133.9 | 144.3 |
| 239.3 | 328.0 | 368.2 | 263.4 | 269.5 |
| 6946.2 | 13699.8 | 17449.6 | 20879.3 | 24988.1 |
| 12829.8 | 22750.6 | 38609.8 | 55167.0 | 61056.0 |
| 4706.7 | 11548.1 | 18102.4 | 24193.8 | 26371.6 |
| | 14807.1 | 19256.1 | 23849.0 | 28745.1 |
| 413.5 | 1028.3 | 1597.7 | 1729.5 | 3684.4 |
| 1894.0 | 5196.0 | 8436.7 | 12905.9 | 13987.7 |
| 67.2 | 59.9 | 59.0 | 52.7 | 56.8 |
| 457.7 | 513.7 | 623.7 | 842.8 | 880.4 |
| 838.1 | 1399.5 | 1747.7 | 1015.0 | 1047.2 |
| 413.0 | 1174.2 | 1181.9 | 3727.9 | 796.0 |
| 943.5 | 885.6 | 784.7 | 480.6 | 485.2 |
| 1459.8 | 2129.8 | 4051.6 | 3906.4 | 3972.0 |
| 3221.4 | 7273.0 | 12271.9 | 13716.4 | 14867.7 |
| 362.9 | 490.1 | 420.0 | 34.1 | 24.5 |
| 12500.0 | 17900.0 | 26859.0 | 18352.4 | 25488.3 |
| 36.2 | 50.4 | 46.1 | 4.8 | 4.3 |
| 1300.0 | 2425.1 | 4320.0 | 2880.9 | 4138.5 |

# 1-2 续表4

| 项　　目 | | 1990 | 1995 | 2000 |
|---|---|---|---|---|
| **金融业** | | | | |
| 金融机构（含外资）本外币存款余额 | （亿元） | | | 11526.0 |
| 金融机构（含外资）本外币贷款余额 | （亿元） | | | 6407.9 |
| 原保险保费收入 | （亿元） | | | 93.4 |
| 证券市场交易额 | （亿元） | | | 14727.2 |
| **科　技** | | | | |
| 研究与试验发展经费内部支出 | （亿元） | | | 155.7 |
| 技术合同成交总额 | （亿元） | 20.3 | 41.2 | 140.3 |
| 专利授权量 | （件） | 2268 | 4025 | 5905 |
| **教　育** | | | | |
| 在校生数 | （万人） | | 238.0 | 229.9 |
| 专任教师数 | （万人） | | 17.7 | 16.7 |
| **卫生及社会服务** | | | | |
| **卫　生** | | | | |
| 医疗卫生机构个数 | （个） | 4953 | 4955 | 6176 |
| 医疗机构实有床位数 | （万张） | 5.9 | 6.7 | 7.1 |
| 医疗卫生技术人员数 | （万人） | 11.2 | 11.6 | 11.6 |
| #执业（助理）医师 | | 5.1 | 5.4 | 5.2 |
| 注册护士 | | 3.5 | 3.7 | 4.0 |
| **婚　姻** | | | | |
| 登记结婚对数 | （万对） | 9.3 | 8.6 | 8.0 |
| 离婚对数 | （万对） | 1.5 | 2.0 | 2.7 |
| **文　化** | | | | |
| 公共图书馆总藏数 | （万册、万件） | 2205 | 2629 | 3020 |
| 博物馆及其他文物保护机构 | （个） | | 51 | 53 |
| 电影放映场次 | （万场次） | 20.7 | 9.2 | 12.2 |
| **社会保障** | | | | |
| 参加企业职工基本养老保险人数 | （万人） | | 261.1 | 391.6 |
| 参加职工基本医疗保险人数 | （万人） | | | |

注：1. 离婚对数包括在民政部门登记的对数和经法院调离或判离的对数。
2. 2010年及以前，医疗卫生机构数据均不含村卫生室及驻京部队医院情况。自2011年起，包含村卫生室情况。自2012年起，除床位数外均包含驻京部队医院数据，下同。
3. 博物馆及其他文物保护机构数据为北京市文物局系统内数据。
4. 自2016年起，对专利相关数据的统计范围进行调整。
5. 自2021年9月起，对参加职工基本医疗保险人数统计口径进行调整，去除6个月及以上未缴费人员，按调整后口径计算，2020年参加职工基本医疗保险人数为1450.7万人。

# 1-2 续表5

| 2005 | 2010 | 2015 | 2020 | 2021 |
|---|---|---|---|---|
| 28969.9 | 66584.6 | 128573.0 | 188081.6 | 199741.5 |
| 15335.5 | 36479.6 | 58559.4 | 84308.8 | 89032.9 |
| 498.2 | 966.5 | 1403.9 | 2302.9 | 2526.9 |
| 12930.0 | 129495.2 | 918064.8 | 1259914.7 | 1800772.3 |
| | | | | |
| 379.5 | 821.8 | 1384.0 | 2326.6 | 2629.3 |
| 434.4 | 1579.5 | 3452.6 | 6316.2 | 7005.7 |
| 10100 | 33511 | 94031 | 162824 | 198778 |
| | | | | |
| 226.4 | 330.0 | 373.4 | 403.9 | 399.7 |
| 17.5 | 20.7 | 22.6 | 25.7 | 26.6 |
| | | | | |
| 7536 | 9511 | 10425 | 11211 | 11727 |
| 7.9 | 9.3 | 11.2 | 12.7 | 13.0 |
| 12.0 | 17.1 | 25.7 | 30.4 | 31.8 |
| 5.1 | 6.6 | 9.6 | 11.9 | 12.4 |
| 4.3 | 6.7 | 11.4 | 13.5 | 14.2 |
| | | | | |
| 9.7 | 13.8 | 16.6 | 11.4 | 10.3 |
| 3.4 | 4.4 | 8.2 | 8.2 | 5.3 |
| | | | | |
| 3626 | 4613 | 5943 | 7241 | 7548 |
| 73 | 79 | 77 | 80 | 80 |
| 22.6 | 74.3 | 198.1 | 146.0 | 335.4 |
| | | | | |
| 520.0 | 982.5 | 1424.2 | 1679.9 | 1725.1 |
| 574.8 | 1063.7 | 1475.7 | 1741.6 | 1486.0 |

# 1–3 主要年份国民经济和社会发展结构指标

单位：%

| 项　　目 | 1990 | 1995 | 2000 | 2005 | 2010 | 2015 | 2020 | 2021 |
|---|---|---|---|---|---|---|---|---|
| **人口与就业** | | | | | | | | |
| **常住人口** | | | | | | | | |
| 按性别分 | | | | | | | | |
| 男 | 50.2 | 50.1 | 52.1 | 50.6 | 51.6 | 51.5 | 51.1 | 51.1 |
| 女 | 49.8 | 49.9 | 47.9 | 49.4 | 48.4 | 48.5 | 48.9 | 48.9 |
| 按城乡分 | | | | | | | | |
| 城　镇 | 73.5 | 75.6 | 77.5 | 83.6 | 86.0 | 86.7 | 87.5 | 87.5 |
| 乡　村 | 26.5 | 24.4 | 22.5 | 16.4 | 14.0 | 13.3 | 12.5 | 12.5 |
| **就　业** | | | | | | | | |
| 常住就业人口 | | | | | | | | |
| 第一产业 | | | | | 5.5 | 3.7 | 2.4 | 2.3 |
| 第二产业 | | | | | 23.6 | 18.9 | 16.7 | 16.7 |
| 第三产业 | | | | | 70.9 | 77.4 | 80.9 | 81.0 |
| **国民经济核算** | | | | | | | | |
| **地区生产总值** | | | | | | | | |
| 第一产业 | 8.7 | 4.8 | 2.4 | 1.2 | 0.8 | 0.6 | 0.3 | 0.3 |
| 第二产业 | 52.3 | 42.1 | 31.2 | 26.7 | 21.6 | 17.8 | 16.0 | 18.0 |
| 第三产业 | 39.0 | 53.1 | 66.4 | 72.1 | 77.6 | 81.6 | 83.7 | 81.7 |
| **人民生活** | | | | | | | | |
| **城镇居民人均消费支出** | | | | | | | | |
| #食品烟酒 | 54.2 | 48.5 | 35.8 | 29.4 | 26.8 | 22.1 | 21.0 | 20.8 |
| 衣　着 | 14.7 | 15.1 | 8.7 | 8.1 | 8.5 | 7.2 | 4.6 | 4.8 |
| 医疗保健 | 1.4 | 2.9 | 7.0 | 9.8 | 6.4 | 6.5 | 9.0 | 9.9 |
| 交通通信 | 1.5 | 4.7 | 7.0 | 13.1 | 13.7 | 13.3 | 9.4 | 9.3 |
| 教育文化娱乐 | 11.6 | 10.2 | 14.8 | 14.7 | 11.5 | 11.0 | 7.2 | 7.8 |
| **农村居民人均消费支出** | | | | | | | | |
| #食品烟酒 | 50.7 | 49.6 | 37.5 | 30.3 | 26.6 | 27.7 | 28.5 | 28.3 |
| 衣　着 | 9.5 | 10.9 | 7.0 | 6.4 | 5.9 | 6.3 | 5.0 | 5.4 |
| 医疗保健 | 3.8 | 4.8 | 7.3 | 9.4 | 8.4 | 8.4 | 9.4 | 9.4 |
| 交通通信 | 1.7 | 4.1 | 7.0 | 11.9 | 11.7 | 13.5 | 14.0 | 14.4 |
| 教育文化娱乐 | 6.6 | 10.6 | 13.6 | 12.9 | 7.5 | 7.2 | 5.5 | 5.6 |
| **财　政** | | | | | | | | |
| 一般公共预算收入 | | | | | | | | |
| #增值税 | | | 13.3 | 10.6 | 8.9 | 15.2 | 30.1 | 29.4 |
| 个人所得税 | | | 16.3 | 9.2 | 9.1 | 10.1 | 11.2 | 12.5 |
| 企业所得税 | | | 16.8 | 17.9 | 21.8 | 21.7 | 21.6 | 23.5 |

# 1-3 续表1

单位：%

| 项 目 | 1990 | 1995 | 2000 | 2005 | 2010 | 2015 | 2020 | 2021 |
|---|---|---|---|---|---|---|---|---|
| **能源消费总量** | | | | | | | | |
| 第一产业 | 3.9 | 3.4 | 2.5 | 1.7 | 1.5 | 1.2 | 0.8 | 0.7 |
| 第二产业 | 63.5 | 65.9 | 58.5 | 46.8 | 37.2 | 28.0 | 25.9 | 23.8 |
| 第三产业 | 19.0 | 17.9 | 26.1 | 35.1 | 41.7 | 48.7 | 48.0 | 49.8 |
| 生活消费 | 13.6 | 12.8 | 12.9 | 16.4 | 19.5 | 22.1 | 25.3 | 25.7 |
| **固定资产投资** | | | | | | | | |
| 固定资产投资资金来源 | | | | | | | | |
| 中央预算资金 | 25.3 | 7.7 | 7.4 | 2.8 | 1.2 | 1.7 | 1.1 | 1.1 |
| 国内贷款 | 16.7 | 13.4 | 26.0 | 23.2 | 26.6 | 22.2 | 22.2 | 14.8 |
| 利用外资 | 11.2 | 20.5 | 3.6 | 1.6 | 0.5 | 0.1 | 0.1 | 0.2 |
| 债券、自筹和其他资金 | 46.8 | 58.5 | 63.0 | 72.4 | 71.6 | 76.0 | 76.6 | 84.0 |
| **对外经济贸易** | | | | | | | | |
| 海关出口商品（以美元计价） | | | | | | | | |
| #一般贸易 | | 70.6 | 65.9 | 54.5 | 45.0 | 54.8 | 79.8 | 81.1 |
| 加工贸易 | | 21.3 | 29.6 | 39.6 | 42.1 | 28.0 | 5.4 | 5.1 |
| 海关进口商品（以美元计价） | | | | | | | | |
| #一般贸易 | | 84.4 | 87.3 | 85.2 | 88.7 | 85.7 | 87.8 | 88.1 |
| 加工贸易 | | 5.2 | 3.5 | 8.2 | 5.9 | 7.7 | 3.9 | 3.4 |
| **农 业** | | | | | | | | |
| 农林牧渔业产值 | | | | | | | | |
| 农 业 | 55.6 | 52.8 | 46.7 | 38.0 | 47.0 | 42.0 | 40.9 | 45.6 |
| 林 业 | 1.3 | 1.6 | 2.8 | 5.2 | 5.1 | 15.6 | 37.1 | 32.9 |
| 牧 业 | 39.9 | 41.8 | 46.4 | 50.5 | 42.6 | 36.9 | 17.2 | 17.2 |
| 渔 业 | 3.3 | 3.7 | 4.1 | 3.6 | 3.5 | 3.2 | 1.6 | 1.6 |
| 农林牧渔专业及辅助性活动 | | | | 2.7 | 1.8 | 2.4 | 3.3 | 2.6 |
| **工 业** | | | | | | | | |
| 规模以上工业总产值 | | | | | | | | |
| #医药制造业 | 1.8 | 1.5 | 2.1 | 1.9 | 2.7 | 4.2 | 6.3 | 15.7 |
| 汽车制造业 | 7.8 | 11.6 | 3.9 | 11.8 | 15.9 | 22.3 | 19.8 | 13.7 |
| 计算机、通信和其他电子设备制造业 | 6.0 | 10.4 | 32.9 | 25.6 | 16.3 | 12.1 | 13.8 | 15.0 |
| 电力、热力生产和供应业 | 2.6 | 2.8 | 2.9 | 8.6 | 15.5 | 23.4 | 26.8 | 24.7 |
| **建筑业** | | | | | | | | |
| 建筑业总产值 | | | | | | | | |
| 房屋建筑业 | | | | | | 51.3 | 54.2 | 54.4 |
| 土木工程建筑业 | | | | | | 32.7 | 33.6 | 32.2 |
| 建筑安装业 | | | | | | 7.9 | 6.3 | 6.5 |
| 建筑装饰和其他建筑业 | | | | | | 8.1 | 5.9 | 6.9 |
| **交通运输业** | | | | | | | | |
| 货运量（按运输方式分） | | | | | | | | |
| 铁 路 | 11.4 | 9.2 | 8.5 | 6.1 | 6.6 | 4.3 | 1.4 | 1.1 |
| 公 路 | 87.5 | 90.4 | 91.2 | 92.4 | 85.1 | 82.0 | 82.7 | 82.0 |
| 民 航 | 0.04 | 0.05 | 0.11 | 0.24 | 0.55 | 0.68 | 0.56 | 0.57 |
| 管 道 | 1.0 | 0.3 | 0.2 | 1.2 | 7.7 | 13.0 | 15.4 | 16.3 |

注：1. 自2017年起，将固定资产投资中原“国家预算内资金”调整为“中央预算资金”。

2. 根据《国民经济行业分类》（GB/T 4754-2017）标准，自2018年起将原“农林牧渔服务业”调整为“农林牧渔专业及辅助性活动”。

## 1-3 续表2

单位：%

| 项目 | 1990 | 1995 | 2000 | 2005 | 2010 | 2015 | 2020 | 2021 |
|---|---|---|---|---|---|---|---|---|
| 客运量（按运输方式分） | | | | | | | | |
| 铁　路 | 50.4 | 45.1 | 24.2 | 9.5 | 6.3 | 18.3 | 17.6 | 20.2 |
| 公　路 | 46.7 | 47.7 | 70.7 | 85.3 | 89.7 | 71.4 | 67.7 | 66.3 |
| 民　航 | 2.9 | 7.2 | 5.1 | 5.2 | 4.0 | 10.3 | 14.7 | 13.5 |
| **消　费** | | | | | | | | |
| 社会消费品零售总额 | | | | | | | | |
| 吃类商品 | 39.6 | 41.8 | 26.1 | 24.9 | 20.9 | 18.1 | 20.4 | 20.0 |
| 穿类商品 | 13.2 | 14.3 | 9.2 | 8.4 | 7.6 | 6.1 | 5.1 | 5.6 |
| 用类商品 | 44.8 | 42.0 | 59.7 | 59.0 | 64.9 | 71.4 | 71.2 | 70.4 |
| 烧类商品 | 2.3 | 1.9 | 5.0 | 7.7 | 6.6 | 4.5 | 3.3 | 4.0 |
| **入境旅游** | | | | | | | | |
| 接待海外旅游人数 | | | | | | | | |
| 外国人 | 63.8 | 80.4 | 84.4 | 85.9 | 86.0 | 85.1 | 77.4 | 71.2 |
| 港澳台同胞 | 34.7 | 17.5 | 15.6 | 14.1 | 14.0 | 14.9 | 22.6 | 28.8 |
| **科　技** | | | | | | | | |
| 研究与试验发展（R&D）人员折合全时当量 | | | | | | | | |
| 基础研究 | | | | 12.9 | 15.2 | 16.8 | 22.3 | 22.3 |
| 应用研究 | | | | 29.8 | 27.1 | 25.1 | 28.3 | 28.7 |
| 试验发展 | | | | 57.3 | 57.7 | 58.1 | 49.4 | 49.0 |
| 研究与试验发展（R&D）经费内部支出 | | | | | | | | |
| 基础研究 | | | | 10.1 | 11.6 | 13.8 | 16.0 | 16.1 |
| 应用研究 | | | | 27.8 | 26.4 | 23.0 | 24.5 | 25.0 |
| 试验发展 | | | | 53.1 | 62.0 | 63.2 | 59.4 | 58.9 |
| **教　育** | | | | | | | | |
| 在校学生 | | | | | | | | |
| #普通本专科 | | 7.7 | 12.3 | 23.7 | 17.5 | 15.9 | 14.6 | 14.9 |
| 中等教育 | | 35.1 | 42.3 | 37.9 | 22.1 | 15.7 | 14.0 | 15.0 |
| 小学教育 | | 42.3 | 32.3 | 21.8 | 19.8 | 22.8 | 24.6 | 25.9 |
| 专任教师 | | | | | | | | |
| #高等教育 | | 22.7 | 22.2 | 32.7 | 35.9 | 30.3 | 28.5 | 27.8 |
| 中等教育 | | 38.6 | 40.5 | 33.6 | 29.1 | 32.0 | 31.6 | 31.6 |
| 小学教育 | | 37.9 | 36.8 | 25.3 | 23.9 | 22.1 | 22.0 | 22.2 |
| **卫　生** | | | | | | | | |
| 卫生技术人员 | | | | | | | | |
| #执业（助理）医师 | 45.6 | 46.7 | 44.6 | 42.4 | 38.6 | 37.6 | 39.0 | 38.9 |
| 注册护士 | 31.0 | 31.7 | 34.5 | 35.7 | 39.3 | 44.6 | 44.3 | 44.6 |

# 1-4　国民经济和社会发展比例和效益指标

| 项　　目 | | 2021 | 2020 |
|---|---|---|---|
| **人口与就业** | | | |
| 出生率（常住人口） | (‰) | 6.35 | 6.98 |
| 死亡率（常住人口） | (‰) | 5.39 | 4.59 |
| 自然增长率（常住人口） | (‰) | 0.96 | 2.39 |
| 少儿抚养比（常住人口） | (%) | 16.42 | 15.81 |
| 老年抚养比（常住人口） | (%) | 19.33 | 17.77 |
| 城镇登记失业率 | (%) | 3.23 | 2.56 |
| **国民经济核算** | | | |
| 人均地区生产总值 | (元) | 183980 | 164158 |
| 社会劳动生产率 | (元/人) | 346882 | 306252 |
| 第一产业 | | 40487 | 36519 |
| 第二产业 | | 375638 | 283482 |
| 第三产业 | | 349927 | 319642 |
| **人民生活** | | | |
| 城镇与农村居民收入比例 | | | |
| （以农村居民人均可支配收入为1） | | 2.45 | 2.51 |
| **能源消费** | | | |
| 能源消费弹性系数 | | 0.60 | 0.00 |
| 电力消费弹性系数 | | 0.96 | 0.00 |
| 万元地区生产总值能耗（可比价格） | (吨标准煤) | 0.182 | 0.188 |
| 万元地区生产总值水耗（当年价格） | (立方米) | 10.13 | 11.30 |
| **对外经济贸易** | | | |
| 进出口总值与地区生产总值之比（按人民币计算） | (%) | 75.59 | 64.59 |

# 1-4 续表

| 项　　目 | | 2021 | 2020 |
|---|---|---|---|
| **工　业** | | | |
| 规模以上工业资产负债率 | （%） | 43.19 | 43.86 |
| 规模以上工业流动资产周转率 | （次） | 1.15 | 1.13 |
| 规模以上工业成本费用利润率 | （%） | 14.53 | 7.69 |
| **建筑业** | | | |
| 产值竣工率 | （%） | 44.1 | 39.1 |
| 面积竣工率 | （%） | 14.5 | 10.8 |
| **邮电通信业** | | | |
| 移动电话普及率 | （户/百人） | 181.5 | 178.5 |
| 固定电话主线普及率 | （线/百人） | 22.2 | 22.5 |
| **科　技** | | | |
| 研究与试验发展经费内部支出 | | | |
| 相当于地区生产总值比例 | （%） | 6.53 | 6.47 |
| **教　育** | | | |
| 平均每一专任教师负担学生数 | | | |
| #普通中学 | （人） | 8.6 | 8.3 |
| 小学学校 | （人） | 13.9 | 14.0 |
| **文　化** | | | |
| 每万人拥有公共图书馆 | （个） | 0.01 | 0.01 |
| 每万人拥有博物馆 | （个） | 0.09 | 0.09 |
| **卫　生** | | | |
| 每千常住人口医院床位数 | （张） | 5.59 | 5.45 |
| 每千常住人口执业（助理）医师数 | （人） | 5.64 | 5.41 |

# 1-5 北京一日

| 项　　目 | | 2021 | 2020 |
|---|---|---|---|
| **每日创造** | | | |
| 地区生产总值 | （万元/日） | 1103275.3 | 982056.0 |
| 第一产业 | | 3050.4 | 2958.5 |
| 第二产业 | | 199139.7 | 156805.7 |
| 第三产业 | | 901085.2 | 822291.8 |
| 一般公共预算收入 | （万元/日） | 162529.0 | 149833.0 |
| 一般公共预算支出 | （万元/日） | 197400.6 | 194431.0 |
| 发电量 | （万千瓦时/日） | 12575.2 | 12058.5 |
| 汽车生产量 | （辆/日） | 3712 | 4536 |
| 移动电话机生产量 | （台/日） | 318479 | 271272 |
| 显示器生产量 | （台/日） | 14197 | 15787 |
| 公共汽电车客运量 | （万人次/日） | 629.1 | 498.8 |
| 城市轨道交通客运量 | （万人次/日） | 846.6 | 626.8 |
| 铁路客运量 | （万人/日） | 23.4 | 17.4 |
| 公路客运量 | （万人/日） | 76.9 | 67.1 |
| 民航客运量 | （万人/日） | 15.6 | 14.6 |
| 国际旅游收入 | （万美元/日） | 118.1 | 131.3 |
| 国内旅游收入 | （万元/日） | 113382.6 | 78713.6 |
| 地区货物出口值 | （万元/日） | 167629.3 | 127184.3 |
| 地区货物进口值 | （万元/日） | 666298.6 | 507130.3 |
| 实际利用外商直接投资额 | （万美元/日） | 3954.6 | 3659.4 |
| **每日生活** | | | |
| 社会消费品零售总额 | （万元/日） | 407335.4 | 374764.9 |
| 吃类商品 | | 81267.9 | 76385.0 |
| 穿类商品 | | 22664.9 | 19062.1 |
| 用类商品 | | 286918.7 | 266834.9 |
| 烧类商品 | | 16483.8 | 12482.9 |
| 常住出生人口 | （人/日） | 381 | 418 |
| 常住死亡人口 | （人/日） | 323 | 274 |
| 登记结婚对数 | （对/日） | 283 | 311 |
| 离婚对数 | （对/日） | 144 | 224 |
| 全市居民人均可支配收入 | （元/日） | 205.5 | 189.7 |
| 全市居民人均消费支出 | （元/日） | 119.6 | 106.3 |
| 法人单位从业人员平均工资 | （元/日） | 456.2 | 413.6 |
| 电影放映场次 | （场次/日） | 9189 | 3989 |
| 特快专递业务量 | （万件/日） | 605.6 | 650.9 |
| 城乡居民生活用电量 | （万千瓦时/日） | 7846.2 | 7644.6 |
| 居民家庭用天然气销售量 | （万立方米/日） | 481.0 | 432.9 |
| 自来水销售总量 | （万立方米/日） | 332.4 | 306.8 |
| 污水处理量 | （万立方米/日） | 592.5 | 530.2 |
| 生活垃圾清运量 | （万吨/日） | 2.1 | 2.2 |

注：离婚对数包括在民政部门登记的对数和经法院调离或判离的对数。

2022

北京区域统计年鉴

BEIJING AREA STATISTICAL YEARBOOK

# 各区历史数据

# 简要说明

**一、本章资料的主要内容**

本章主要包括人口、地区生产总值、一般公共预算收支、固定资产投资、社会消费品零售总额、农林牧渔业总产值、规模以上工业总产值、建筑业总产值、外商投资、居民收支、在校学生和幼儿数、卫生、社会保险等指标的分区主要年份历史数据。

**二、本章资料的数据来源**

户籍人口数据来自北京市公安局；财政收支数据来自北京市财政局；外商投资数据来自北京市商务局；在校生和幼儿数据来自北京市教育委员会；卫生数据来自北京市卫生健康委员会；城乡居民收支数据来自国家统计局北京调查总队；社会保险数据来自北京市人力资源和社会保障局；其他数据来自北京市统计局。

**三、有关统计标准变化和调整的说明**

自2011年起，根据国家统计局规定，固定资产投资统计起点由50万元调整至500万元。

社会消费品零售总额数据2005年按照法人在地口径核算，自2009年起按产业在地口径核算。

规模以上工业总产值2005年为全部国有及年主营业务收入在500万元及以上非国有工业口径；2007年调整为年主营业务收入500万元及以上的全部工业法人企业；2011年及以后调整为年主营业务收入2000万元及以上的全部工业法人企业。

按照国家统计局要求，自2015年起北京根据城乡一体化改革后新口径发布全市和分城乡的居民收支数据。

2016年按照国家统计局统一部署，开始实施地区研发支出核算方法改革，将研发支出未计入地区生产总值部分进行补充核算。

**四、本章中关于历史数据调整的问题**

农林牧渔业总产值2005年数据根据北京市第二次全国农业普查进行修订。

2018年北京市第四次全国经济普查后，根据普查结果对地区生产总值、能源消费、社会消费品零售总额、研究与试验等相关历史数据进行修订。

2020年北京市第七次全国人口普查后，根据普查结果对2011-2019年人口数据进行修订。

# 2-1 主要年份常住人口

单位：万人

| 各　区 | 2005 | 2010 | 2015 | 2016 | 2017 | 2018 | 2019 | 2020 | 2021 |
|---|---|---|---|---|---|---|---|---|---|
| **全　市** | **1538.0** | **1961.9** | **2188.3** | **2195.4** | **2194.4** | **2191.7** | **2190.1** | **2189.0** | **2188.6** |
| 东城区 | 86.0 | 91.9 | 90.0 | 86.4 | 82.8 | 79.2 | 75.3 | 70.9 | 70.8 |
| 西城区 | 119.2 | 124.3 | 131.0 | 127.3 | 123.3 | 119.7 | 115.3 | 110.6 | 110.4 |
| 朝阳区 | 280.2 | 354.5 | 399.0 | 389.3 | 379.1 | 369.3 | 357.5 | 345.1 | 344.9 |
| 丰台区 | 156.8 | 211.2 | 238.4 | 232.4 | 225.8 | 219.0 | 211.1 | 201.9 | 201.5 |
| 石景山区 | 52.4 | 61.6 | 66.9 | 65.3 | 63.3 | 61.4 | 59.4 | 56.8 | 56.6 |
| 海淀区 | 258.6 | 328.1 | 372.1 | 364.0 | 352.4 | 341.5 | 329.0 | 313.2 | 313.0 |
| 门头沟区 | 27.7 | 29.0 | 32.2 | 32.8 | 34.2 | 35.7 | 37.3 | 39.3 | 39.6 |
| 房山区 | 87.0 | 94.5 | 104.0 | 108.9 | 114.5 | 118.5 | 124.8 | 131.3 | 131.3 |
| 通州区 | 86.7 | 118.4 | 139.4 | 145.9 | 154.5 | 163.3 | 173.2 | 184.0 | 184.3 |
| 顺义区 | 71.1 | 87.7 | 102.9 | 108.9 | 114.5 | 119.6 | 125.7 | 132.4 | 132.6 |
| 昌平区 | 78.2 | 166.1 | 196.5 | 202.2 | 207.6 | 213.6 | 219.5 | 226.9 | 227.0 |
| 大兴区 | 88.6 | 136.5 | 156.3 | 169.7 | 176.3 | 181.2 | 189.8 | 199.4 | 199.5 |
| 怀柔区 | 32.2 | 37.3 | 38.6 | 39.6 | 40.8 | 41.9 | 42.7 | 44.1 | 44.1 |
| 平谷区 | 41.4 | 41.6 | 41.9 | 42.5 | 43.3 | 44.2 | 44.5 | 45.7 | 45.7 |
| 密云区 | 43.9 | 46.8 | 48.6 | 48.9 | 49.7 | 50.6 | 51.5 | 52.8 | 52.7 |
| 延庆区 | 28.0 | 31.7 | 30.5 | 31.3 | 32.3 | 33.0 | 33.5 | 34.6 | 34.6 |

注：1. 2005年数据为1%人口抽样调查推算数；2015-2019年数据根据人口抽样调查数据推算，并根据2010年和2020年两次人口普查结果进行了修订；2020年为北京市第七次全国人口普查推算数；2021年为人口抽样调查推算数，下同。

2. 全市数据2010年为北京市第六次全国人口普查推算数，分区数据2010年为北京市第六次全国人口普查数据，普查标准时点为2010年11月1日零时（另：普查时点全市常住人口为1961.2万人）。

## 2-2 主要年份常住外来人口

单位：万人

| 各　区 | 2005 | 2010 | 2015 | 2016 | 2017 | 2018 | 2019 | 2020 | 2021 |
|---|---|---|---|---|---|---|---|---|---|
| **全　市** | **357.3** | **704.7** | **862.5** | **858.8** | **855.5** | **848.2** | **843.5** | **839.6** | **834.8** |
| 东 城 区 | 15.3 | 22.0 | 21.3 | 19.9 | 18.6 | 17.6 | 16.6 | 15.7 | 15.5 |
| 西 城 区 | 21.1 | 32.7 | 34.6 | 33.3 | 32.3 | 26.2 | 25.3 | 24.1 | 23.4 |
| 朝 阳 区 | 84.0 | 151.5 | 175.5 | 163.4 | 155.7 | 146.4 | 138.9 | 127.6 | 126.1 |
| 丰 台 区 | 36.6 | 81.3 | 86.1 | 82.6 | 78.2 | 74.1 | 69.3 | 64.2 | 63.6 |
| 石景山区 | 14.9 | 20.7 | 22.5 | 22.3 | 21.8 | 19.8 | 18.4 | 16.6 | 16.3 |
| 海 淀 区 | 73.7 | 125.6 | 143.1 | 132.5 | 120.0 | 117.3 | 117.5 | 108.4 | 107.1 |
| 门头沟区 | 4.1 | 4.7 | 6.2 | 7.5 | 7.9 | 8.8 | 10.2 | 11.5 | 11.6 |
| 房 山 区 | 11.9 | 19.5 | 32.1 | 34.0 | 37.5 | 39.6 | 41.2 | 44.0 | 44.1 |
| 通 州 区 | 19.7 | 43.5 | 64.4 | 67.7 | 73.2 | 83.0 | 82.9 | 90.4 | 89.9 |
| 顺 义 区 | 15.6 | 27.9 | 43.7 | 47.7 | 51.9 | 54.1 | 57.4 | 60.2 | 60.3 |
| 昌 平 区 | 21.9 | 84.7 | 112.7 | 116.3 | 120.2 | 126.1 | 126.1 | 131.8 | 132.1 |
| 大 兴 区 | 25.3 | 64.4 | 87.1 | 96.3 | 99.9 | 95.5 | 100.1 | 102.4 | 102.2 |
| 怀 柔 区 | 5.3 | 10.3 | 12.9 | 13.5 | 14.2 | 14.2 | 14.1 | 15.6 | 15.6 |
| 平 谷 区 | 2.4 | 4.9 | 7.2 | 7.8 | 8.6 | 8.1 | 7.8 | 7.8 | 7.8 |
| 密 云 区 | 3.5 | 6.9 | 8.3 | 8.6 | 9.3 | 10.1 | 10.5 | 11.2 | 11.1 |
| 延 庆 区 | 2.0 | 3.9 | 4.8 | 5.4 | 6.2 | 7.3 | 7.2 | 8.1 | 8.1 |

注：全市数据2010年为北京市第六次全国人口普查推算数，分区数据2010年为北京市第六次全国人口普查数据，普查标准时点为2010年11月1日零时（另：普查时点全市常住外来人口为704.5万人）。

# 2-3 主要年份户籍人口

单位：万人

| 各区 | 2005 | 2010 | 2015 | 2016 | 2017 | 2018 | 2019 | 2020 | 2021 |
|---|---|---|---|---|---|---|---|---|---|
| **全 市** | **1180.7** | **1257.8** | **1345.2** | **1362.9** | **1359.2** | **1375.8** | **1397.4** | **1400.8** | **1413.5** |
| 东城区 | 97.0 | 95.6 | 97.4 | 97.4 | 96.7 | 97.4 | 98.8 | 98.0 | 98.7 |
| 西城区 | 128.7 | 134.5 | 145.2 | 146.5 | 145.0 | 146.5 | 150.4 | 149.1 | 150.7 |
| 朝阳区 | 171.1 | 188.6 | 207.4 | 210.9 | 209.8 | 211.7 | 214.9 | 214.8 | 216.2 |
| 丰台区 | 97.4 | 106.3 | 113.7 | 115.3 | 113.9 | 115.0 | 116.6 | 117.1 | 118.1 |
| 石景山区 | 35.0 | 36.2 | 38.3 | 38.7 | 38.2 | 38.6 | 39.0 | 38.9 | 39.0 |
| 海淀区 | 191.8 | 219.6 | 239.5 | 240.2 | 235.4 | 238.8 | 241.1 | 240.9 | 244.1 |
| 门头沟区 | 23.8 | 24.6 | 24.9 | 25.1 | 24.9 | 25.1 | 25.4 | 25.5 | 25.7 |
| 房山区 | 75.4 | 76.8 | 79.9 | 81.3 | 81.9 | 83.0 | 84.1 | 84.5 | 84.7 |
| 通州区 | 62.9 | 66.3 | 71.8 | 74.7 | 76.9 | 78.7 | 80.8 | 82.0 | 83.5 |
| 顺义区 | 55.9 | 58.2 | 61.5 | 62.7 | 63.5 | 64.5 | 65.5 | 66.2 | 66.6 |
| 昌平区 | 48.2 | 53.3 | 59.5 | 61.1 | 61.9 | 63.5 | 65.0 | 66.5 | 67.4 |
| 大兴区 | 56.6 | 59.9 | 66.3 | 68.4 | 69.9 | 71.6 | 73.4 | 74.8 | 76.3 |
| 怀柔区 | 27.3 | 27.7 | 28.2 | 28.3 | 28.4 | 28.5 | 28.7 | 28.7 | 28.7 |
| 平谷区 | 39.5 | 39.5 | 40.1 | 40.2 | 40.4 | 40.6 | 40.9 | 40.9 | 40.8 |
| 密云区 | 42.5 | 42.8 | 43.3 | 43.6 | 43.7 | 43.8 | 44.1 | 44.1 | 44.1 |
| 延庆区 | 27.6 | 27.9 | 28.2 | 28.4 | 28.5 | 28.7 | 28.9 | 28.9 | 29.0 |

资料来源：北京市公安局。

## 2-4 主要年份地区生产总值

单位：亿元

| 各区 | 2005 | 2010 | 2015 | 2016 | 2017 | 2018 | 2019 | 2020 | 2021 |
|---|---|---|---|---|---|---|---|---|---|
| **全市** | **7149.8** | **14964.0** | **24779.1** | **27041.2** | **29883.0** | **33106.0** | **35445.1** | **35943.3** | **40269.6** |
| 东城区 | 656.1 | 1291.6 | 2099.2 | 2280.1 | 2508.3 | 2727.1 | 2910.4 | 2937.0 | 3193.1 |
| 西城区 | 1079.5 | 2086.4 | 3553.2 | 3881.8 | 4265.7 | 4692.3 | 5007.3 | 5002.7 | 5408.1 |
| 朝阳区 | 1357.0 | 2944.0 | 5073.0 | 5516.2 | 6079.9 | 6668.2 | 7116.4 | 7037.1 | 7617.8 |
| 丰台区 | 386.5 | 770.5 | 1283.7 | 1399.1 | 1557.9 | 1710.9 | 1829.6 | 1848.5 | 2009.7 |
| 石景山区 | 211.7 | 321.7 | 532.3 | 592.9 | 667.3 | 748.8 | 808.0 | 862.6 | 959.9 |
| 海淀区 | 1443.6 | 3097.9 | 5359.7 | 5908.0 | 6594.3 | 7369.1 | 7954.6 | 8492.0 | 9501.7 |
| 门头沟区 | 46.7 | 95.8 | 171.0 | 188.4 | 208.4 | 232.4 | 249.3 | 249.1 | 268.8 |
| 房山区 | 210.8 | 374.4 | 568.4 | 614.3 | 681.7 | 767.0 | 811.0 | 750.2 | 818.4 |
| 通州区 | 152.0 | 394.8 | 689.7 | 761.4 | 852.2 | 986.7 | 1059.3 | 1110.5 | 1206.3 |
| 顺义区 | 261.8 | 878.4 | 1471.5 | 1600.7 | 1715.9 | 1876.0 | 1993.0 | 1849.3 | 2076.8 |
| 昌平区 | 201.1 | 417.6 | 755.1 | 815.4 | 906.3 | 997.9 | 1082.5 | 1151.8 | 1287.0 |
| 大兴区 | 166.8 | 368.5 | 614.2 | 678.7 | 759.5 | 846.6 | 907.6 | 931.0 | 1461.8 |
| 怀柔区 | 85.7 | 160.7 | 281.3 | 304.9 | 336.0 | 375.0 | 399.9 | 399.1 | 432.6 |
| 平谷区 | 57.7 | 119.8 | 214.3 | 233.1 | 252.5 | 276.3 | 293.6 | 321.9 | 359.3 |
| 密云区 | 79.5 | 142.7 | 234.9 | 255.0 | 287.8 | 317.5 | 341.0 | 333.4 | 360.3 |
| 延庆区 | 40.5 | 73.8 | 127.4 | 139.5 | 158.6 | 179.3 | 195.3 | 195.7 | 204.7 |
| 北京经济技术开发区 | 266.1 | 782.6 | 1295.2 | 1409.6 | 1572.8 | 1793.5 | 1932.8 | 2040.3 | 2666.0 |

注：1. 表内数据按当年价格计算。

2. 地区生产总值分区数据之和不等于全市是由于各区中扣除了划归市一级核算的部分。

## 2-5　主要年份一般公共预算收入

单位：亿元

| 各　区 | 2005 | 2010 | 2015 | 2016 | 2017 | 2018 | 2019 | 2020 | 2021 |
|---|---|---|---|---|---|---|---|---|---|
| **全　市** | **919.21** | **2353.93** | **4723.86** | **5081.26** | **5430.79** | **5785.92** | **5817.10** | **5483.89** | **5932.31** |
| 东城区 | 49.15 | 80.08 | 164.56 | 166.34 | 172.17 | 175.62 | 189.70 | 181.41 | 195.50 |
| 西城区 | 71.08 | 161.05 | 451.41 | 413.81 | 422.12 | 430.85 | 431.11 | 413.84 | 428.07 |
| 朝阳区 | 84.49 | 231.34 | 447.98 | 477.13 | 508.17 | 533.68 | 535.55 | 511.64 | 543.41 |
| 丰台区 | 17.80 | 45.64 | 94.49 | 104.59 | 113.11 | 121.60 | 127.70 | 129.88 | 145.19 |
| 石景山区 | 10.26 | 18.85 | 45.09 | 52.07 | 56.44 | 62.14 | 63.43 | 65.68 | 73.33 |
| 海淀区 | 70.80 | 188.28 | 357.50 | 386.11 | 416.92 | 446.01 | 446.50 | 453.87 | 490.20 |
| 门头沟区 | 6.89 | 10.68 | 26.07 | 27.79 | 29.63 | 31.58 | 33.65 | 32.06 | 31.02 |
| 房山区 | 12.79 | 28.16 | 50.15 | 53.70 | 60.25 | 64.65 | 70.06 | 75.02 | 85.53 |
| 通州区 | 11.45 | 31.65 | 70.80 | 76.51 | 79.23 | 83.07 | 88.73 | 78.73 | 92.41 |
| 顺义区 | 16.45 | 58.44 | 124.76 | 137.86 | 148.88 | 159.30 | 165.70 | 170.98 | 171.18 |
| 昌平区 | 13.20 | 35.59 | 73.05 | 78.28 | 84.34 | 94.99 | 105.57 | 110.93 | 122.79 |
| 大兴区 | 10.93 | 30.14 | 71.25 | 77.72 | 84.71 | 92.35 | 102.51 | 104.05 | 114.03 |
| 怀柔区 | 7.43 | 18.24 | 33.38 | 35.65 | 37.98 | 40.48 | 43.11 | 43.43 | 45.82 |
| 平谷区 | 5.47 | 13.65 | 27.93 | 27.95 | 29.63 | 30.05 | 24.22 | 25.62 | 26.65 |
| 密云区 | 7.43 | 15.58 | 29.50 | 31.17 | 33.04 | 36.30 | 37.46 | 39.31 | 40.98 |
| 延庆区 | 2.77 | 7.10 | 13.50 | 13.61 | 16.16 | 19.17 | 21.45 | 22.76 | 23.45 |

注：各区财政收入为区级财政收入，故分区数据之和不等于全市。

资料来源：北京市财政局。

## 2-6 主要年份一般公共预算支出

单位：亿元

| 各　区 | 2005 | 2010 | 2015 | 2016 | 2017 | 2018 | 2019 | 2020 | 2021 |
|---|---|---|---|---|---|---|---|---|---|
| **全　市** | **1058.31** | **2717.32** | **5737.70** | **6406.77** | **6824.53** | **7471.43** | **7408.19** | **7116.18** | **7205.12** |
| 东城区 | 54.50 | 70.51 | 237.16 | 237.54 | 243.83 | 251.57 | 259.32 | 268.70 | 282.74 |
| 西城区 | 68.23 | 157.92 | 474.91 | 426.09 | 430.77 | 429.71 | 427.80 | 418.00 | 414.45 |
| 朝阳区 | 59.62 | 168.00 | 443.65 | 453.03 | 513.38 | 563.22 | 658.01 | 503.39 | 557.31 |
| 丰台区 | 32.40 | 84.56 | 207.93 | 194.11 | 227.41 | 247.75 | 252.70 | 279.65 | 262.80 |
| 石景山区 | 16.90 | 42.85 | 91.33 | 97.97 | 98.65 | 124.57 | 117.03 | 113.93 | 125.50 |
| 海淀区 | 81.10 | 216.09 | 496.71 | 577.40 | 619.07 | 659.32 | 697.03 | 612.67 | 636.97 |
| 门头沟区 | 19.57 | 45.75 | 93.31 | 87.52 | 95.21 | 106.34 | 110.91 | 106.89 | 100.70 |
| 房山区 | 31.28 | 80.23 | 183.57 | 224.20 | 217.71 | 258.73 | 249.40 | 253.99 | 243.61 |
| 通州区 | 25.22 | 74.22 | 198.31 | 338.44 | 320.65 | 405.40 | 359.80 | 306.89 | 330.29 |
| 顺义区 | 31.17 | 95.22 | 225.11 | 239.09 | 243.10 | 315.01 | 305.87 | 315.36 | 309.28 |
| 昌平区 | 25.68 | 73.59 | 185.74 | 160.29 | 184.70 | 192.03 | 223.29 | 265.16 | 244.97 |
| 大兴区 | 26.64 | 72.23 | 291.80 | 239.45 | 229.02 | 259.92 | 256.33 | 297.43 | 286.82 |
| 怀柔区 | 22.34 | 63.08 | 106.98 | 107.44 | 135.10 | 153.37 | 147.24 | 149.66 | 147.27 |
| 平谷区 | 20.61 | 52.33 | 107.25 | 121.23 | 131.17 | 132.31 | 127.06 | 119.53 | 126.97 |
| 密云区 | 23.93 | 61.73 | 110.21 | 113.51 | 150.92 | 180.68 | 163.68 | 171.29 | 154.08 |
| 延庆区 | 16.96 | 43.65 | 83.83 | 92.47 | 121.59 | 140.12 | 128.31 | 139.10 | 125.95 |

注：各区财政支出为区级财政支出，故分区数据之和不等于全市。

资料来源：北京市财政局。

# 2-7 主要年份固定资产投资

单位：亿元

| 各　区 | 2005 | 2010 | 2015 | 2016 | 2017 | 2018年增长速度（%） | 2019年增长速度（%） | 2020年增长速度（%） | 2021年增长速度（%） |
|---|---|---|---|---|---|---|---|---|---|
| **全　市** | **2827.2** | **5493.5** | **7990.9** | **8461.7** | **8948.1** | **-9.9** | **-2.4** | **2.2** | **4.9** |
| 东城区 | 242.2 | 180.7 | 235.2 | 264.6 | 284.7 | 1.2 | -8.8 | -15.3 | 2.7 |
| 西城区 | 280.2 | 181.7 | 246.0 | 252.7 | 296.8 | -20.4 | -20.1 | 62.0 | -4.5 |
| 朝阳区 | 729.5 | 1230.7 | 1238.7 | 1257.9 | 1356.1 | -7.5 | -8.6 | -18.3 | 11.8 |
| 丰台区 | 232.2 | 504.6 | 862.3 | 960.9 | 983.5 | -23.7 | -6.1 | 4.4 | 7.2 |
| 石景山区 | 76.5 | 154.5 | 201.3 | 225.6 | 271.0 | 1.1 | 6.1 | 20.8 | 17.0 |
| 海淀区 | 428.3 | 567.0 | 870.5 | 872.5 | 1005.7 | -5.9 | 2.1 | 7.2 | 10.8 |
| 门头沟区 | 22.8 | 94.8 | 292.1 | 338.3 | 380.2 | -65.1 | 1.9 | 11.7 | 7.0 |
| 房山区 | 127.0 | 403.8 | 532.3 | 536.9 | 547.9 | -34.4 | 15.0 | -19.5 | 5.2 |
| 通州区 | 112.3 | 364.7 | 800.8 | 939.9 | 1054.5 | -21.8 | 15.5 | 8.7 | -2.6 |
| 顺义区 | 133.8 | 413.7 | 465.2 | 485.0 | 516.2 | -10.3 | 2.2 | 3.9 | 2.6 |
| 昌平区 | 120.5 | 374.4 | 581.1 | 594.5 | 546.3 | -14.9 | 0.2 | 5.1 | 12.6 |
| 大兴区 | 87.1 | 422.7 | 811.3 | 827.3 | 818.7 | 25.4 | -14.5 | 10.7 | 1.8 |
| 怀柔区 | 54.9 | 103.6 | 130.9 | 121.1 | 141.6 | 5.8 | 15.6 | 25.5 | 17.9 |
| 平谷区 | 33.5 | 82.4 | 146.9 | 164.7 | 101.4 | 31.5 | -4.2 | 4.1 | -28.7 |
| 密云区 | 44.8 | 121.7 | 107.6 | 126.0 | 130.9 | 8.9 | -7.0 | -1.4 | 7.9 |
| 延庆区 | 16.7 | 55.7 | 71.2 | 107.2 | 154.1 | 77.1 | 7.3 | -30.8 | -52.2 |
| 北京经济技术开发区 | 84.8 | 236.6 | 397.6 | 386.7 | 358.5 | -6.4 | -6.6 | 25.4 | 17.1 |

注：1. 本表资料按项目所在建设地地址划分。
　　2. 2005-2018年为全社会固定资产投资口径，自2019年起增长速度为固定资产投资（不含农户）口径。

## 2-8 主要年份社会消费品零售总额

单位：亿元

| 各　区 | 2005 | 2010 | 2015 | 2016 | 2017 | 2018 | 2019 | 2020 | 2021 |
|---|---|---|---|---|---|---|---|---|---|
| **全　市** | **3221.4** | **7273.0** | **12271.9** | **13134.9** | **13933.7** | **14422.3** | **15063.7** | **13716.4** | **14867.7** |
| 东城区 | 310.9 | 640.9 | 1075.4 | 1146.3 | 1211.8 | 1257.1 | 1319.5 | 1213.5 | 1303.3 |
| 西城区 | 327.7 | 618.0 | 922.9 | 977.5 | 1023.4 | 1053.7 | 1095.5 | 993.5 | 1089.4 |
| 朝阳区 | 865.1 | 1947.3 | 3000.5 | 3182.5 | 3337.1 | 3407.2 | 3525.3 | 3221.7 | 3554.2 |
| 丰台区 | 352.5 | 796.9 | 1184.2 | 1269.3 | 1349.3 | 1401.4 | 1463.9 | 1318.9 | 1418.1 |
| 石景山区 | 141.4 | 178.4 | 344.1 | 374.9 | 400.1 | 416.3 | 435.7 | 399.5 | 439.9 |
| 海淀区 | 653.5 | 1481.5 | 2518.5 | 2674.7 | 2813.3 | 2873.1 | 2972.6 | 2718.1 | 2920.8 |
| 门头沟区 | 14.6 | 40.6 | 82.2 | 89.2 | 96.7 | 103.5 | 109.5 | 101.2 | 113.0 |
| 房山区 | 72.7 | 142.6 | 278.2 | 303.3 | 330.6 | 354.5 | 375.6 | 341.3 | 373.9 |
| 通州区 | 87.5 | 227.0 | 436.1 | 478.8 | 521.6 | 552.2 | 590.7 | 529.3 | 563.6 |
| 顺义区 | 76.3 | 222.7 | 484.5 | 526.6 | 568.8 | 603.6 | 637.8 | 562.5 | 609.0 |
| 昌平区 | 63.5 | 330.7 | 575.7 | 622.9 | 677.1 | 708.5 | 743.7 | 670.0 | 711.6 |
| 大兴区 | 71.0 | 204.9 | 502.3 | 550.6 | 598.4 | 643.6 | 684.0 | 618.6 | 673.1 |
| 怀柔区 | 36.7 | 80.1 | 160.7 | 177.0 | 193.9 | 208.2 | 220.2 | 203.1 | 228.1 |
| 平谷区 | 23.0 | 59.8 | 123.0 | 134.8 | 146.2 | 156.6 | 166.2 | 156.2 | 159.8 |
| 密云区 | 42.6 | 74.2 | 130.0 | 140.6 | 151.1 | 161.4 | 174.3 | 160.9 | 169.4 |
| 延庆区 | 38.4 | 49.1 | 81.7 | 88.1 | 94.8 | 100.2 | 108.0 | 99.7 | 109.1 |
| 北京经济技术开发区 | 44.1 | 178.2 | 371.9 | 398.0 | 419.6 | 421.1 | 441.1 | 408.3 | 431.4 |

注：各区社会消费品零售总额2005年按照法人在地口径核算，自2009年起按产业在地口径核算。

# 2-9 主要年份农林牧渔业总产值

单位：亿元

| 各　区 | 2005 | 2010 | 2015 | 2016 | 2017 | 2018 | 2019 | 2020 | 2021 |
|---|---|---|---|---|---|---|---|---|---|
| **全　市** | **239.3** | **328.0** | **368.2** | **338.1** | **308.3** | **296.8** | **281.7** | **263.4** | **269.5** |
| 朝阳区 | 3.9 | 4.1 | 3.5 | 3.2 | 3.3 | 5.0 | 7.5 | 6.1 | 6.3 |
| 丰台区 | 2.7 | 3.0 | 1.9 | 1.7 | 2.1 | 2.2 | 2.0 | 1.6 | 1.7 |
| 海淀区 | 3.4 | 4.0 | 5.3 | 5.2 | 4.4 | 4.3 | 4.3 | 3.9 | 4.3 |
| 门头沟区 | 2.1 | 3.9 | 2.4 | 2.5 | 2.7 | 7.6 | 6.8 | 4.8 | 3.7 |
| 房山区 | 31.4 | 42.6 | 40.2 | 38.2 | 35.7 | 33.8 | 33.3 | 33.3 | 32.1 |
| 通州区 | 28.9 | 39.8 | 50.1 | 42.4 | 40.8 | 39.6 | 30.3 | 30.8 | 31.1 |
| 顺义区 | 49.5 | 58.6 | 58.1 | 53.4 | 48.3 | 46.3 | 43.4 | 42.9 | 44.0 |
| 昌平区 | 10.1 | 16.8 | 22.1 | 20.7 | 20.3 | 18.9 | 23.2 | 20.3 | 18.3 |
| 大兴区 | 34.7 | 48.2 | 55.9 | 48.8 | 40.8 | 31.7 | 27.7 | 30.5 | 32.8 |
| 怀柔区 | 12.1 | 17.1 | 17.7 | 15.2 | 15.4 | 14.9 | 14.5 | 9.7 | 10.0 |
| 平谷区 | 17.6 | 29.4 | 46.7 | 45.0 | 39.8 | 39.5 | 35.8 | 32.9 | 35.0 |
| 密云区 | 24.0 | 39.2 | 41.9 | 40.9 | 35.8 | 32.7 | 33.2 | 30.3 | 33.5 |
| 延庆区 | 13.0 | 20.3 | 20.6 | 19.3 | 17.7 | 20.0 | 18.9 | 15.6 | 15.6 |

注：全市农林牧渔业总产值中包括远洋捕捞数据，各区不包括远洋捕捞数据，故分区数据之和不等于全市。

# 2-10 主要年份规模以上工业总产值

单位：亿元

| 各　区 | 2005 | 2010 | 2015 | 2016 | 2017 | 2018 | 2019 | 2020 | 2021 |
|---|---|---|---|---|---|---|---|---|---|
| **全　　市** | **6946.2** | **13699.8** | **17449.6** | **18087.3** | **18901.1** | **19669.0** | **20386.1** | **20879.3** | **24988.1** |
| 东 城 区 | 89.3 | 67.1 | 203.0 | 195.9 | 200.2 | 216.2 | 227.0 | 97.2 | 94.0 |
| 西 城 区 | 334.9 | 686.3 | 1067.2 | 1096.0 | 1145.7 | 583.1 | 575.9 | 544.5 | 592.5 |
| 朝 阳 区 | 707.7 | 1040.5 | 723.4 | 816.3 | 715.4 | 751.9 | 787.8 | 764.3 | 770.5 |
| 丰 台 区 | 268.9 | 433.5 | 452.5 | 446.5 | 437.6 | 453.2 | 468.4 | 519.9 | 545.0 |
| 石景山区 | 602.3 | 630.5 | 226.9 | 213.5 | 222.4 | 210.8 | 234.6 | 265.4 | 306.5 |
| 海 淀 区 | 850.4 | 1343.0 | 2216.5 | 2108.6 | 2387.6 | 2517.8 | 2577.0 | 2634.1 | 3440.8 |
| 门头沟区 | 48.4 | 78.7 | 86.5 | 77.0 | 84.3 | 76.8 | 55.5 | 54.6 | 54.8 |
| 房 山 区 | 611.1 | 949.6 | 833.0 | 751.2 | 895.2 | 1002.0 | 928.2 | 738.4 | 894.0 |
| 通 州 区 | 228.7 | 593.0 | 618.9 | 644.0 | 641.2 | 620.6 | 616.6 | 585.6 | 634.1 |
| 顺 义 区 | 864.3 | 1851.6 | 2828.4 | 3008.6 | 2192.1 | 1913.5 | 1659.2 | 1488.2 | 1569.6 |
| 昌 平 区 | 438.6 | 987.8 | 804.9 | 891.2 | 1099.1 | 1070.8 | 1205.0 | 1522.6 | 1316.0 |
| 大 兴 区 | 204.2 | 455.1 | 694.5 | 771.8 | 811.9 | 825.6 | 820.0 | 904.9 | 2271.6 |
| 怀 柔 区 | 120.0 | 484.8 | 451.4 | 491.9 | 636.0 | 612.4 | 576.3 | 686.0 | 610.5 |
| 平 谷 区 | 86.2 | 184.7 | 244.8 | 246.8 | 189.0 | 167.3 | 144.6 | 142.9 | 162.8 |
| 密 云 区 | 92.9 | 177.0 | 284.4 | 331.8 | 305.8 | 278.8 | 292.4 | 231.0 | 234.5 |
| 延 庆 区 | 19.0 | 51.4 | 53.9 | 71.5 | 79.0 | 90.6 | 110.2 | 144.3 | 138.2 |
| 北京经济技术开发区 | 1119.5 | 2228.1 | 2555.5 | 2842.5 | 3424.9 | 3713.7 | 4125.2 | 4467.9 | 5712.1 |

注：国家电网公司、国网冀北电力有限公司、国网北京市电力公司的工业总产值由北京市统计局统一核算，故分区数据之和不等于全市。

# 2-11 主要年份建筑业总产值

单位：亿元

| 各　区 | 2005 | 2010 | 2015 | 2016 | 2017 | 2018 | 2019 | 2020 | 2021 |
|---|---|---|---|---|---|---|---|---|---|
| **全　市** | **1894.0** | **5196.0** | **8436.7** | **8841.2** | **9736.7** | **10939.8** | **11999.4** | **12905.9** | **13987.7** |
| 东 城 区 | 137.3 | 350.3 | 552.8 | 628.4 | 674.8 | 809.6 | 896.3 | 947.6 | 998.1 |
| 西 城 区 | 190.2 | 389.3 | 584.1 | 646.3 | 736.1 | 692.8 | 750.7 | 799.6 | 842.8 |
| 朝 阳 区 | 285.0 | 703.7 | 1073.6 | 1155.1 | 1329.3 | 1556.9 | 1699.8 | 1892.1 | 2146.1 |
| 丰 台 区 | 174.3 | 622.1 | 1280.3 | 1516.3 | 1627.1 | 1917.1 | 2487.8 | 2301.9 | 2765.6 |
| 石景山区 | 80.0 | 311.5 | 454.5 | 429.4 | 471.8 | 519.8 | 605.1 | 826.9 | 906.9 |
| 海 淀 区 | 389.7 | 1132.6 | 1649.9 | 1610.8 | 1835.4 | 1970.0 | 1931.2 | 2025.2 | 1436.5 |
| 门头沟区 | 41.3 | 50.8 | 92.6 | 93.5 | 103.4 | 133.0 | 150.7 | 130.5 | 138.2 |
| 房 山 区 | 145.7 | 260.0 | 346.3 | 349.5 | 356.4 | 414.5 | 141.2 | 138.2 | 141.2 |
| 通 州 区 | 78.1 | 324.2 | 1016.6 | 1064.5 | 1175.4 | 1267.4 | 1414.4 | 1627.4 | 2011.6 |
| 顺 义 区 | 68.5 | 151.3 | 296.8 | 306.7 | 374.7 | 453.7 | 488.3 | 586.8 | 639.6 |
| 昌 平 区 | 68.5 | 197.2 | 179.3 | 184.9 | 189.7 | 206.6 | 240.5 | 177.1 | 282.7 |
| 大 兴 区 | 82.4 | 190.1 | 326.4 | 343.0 | 333.3 | 380.3 | 507.5 | 495.3 | 580.4 |
| 怀 柔 区 | 54.1 | 75.0 | 77.1 | 82.1 | 89.3 | 88.7 | 113.9 | 128.4 | 151.9 |
| 平 谷 区 | 25.4 | 44.1 | 74.3 | 82.9 | 68.0 | 76.3 | 82.3 | 83.5 | 99.1 |
| 密 云 区 | 35.5 | 71.0 | 117.0 | 94.5 | 109.2 | 133.3 | 170.2 | 174.0 | 230.0 |
| 延 庆 区 | 35.2 | 42.0 | 56.7 | 46.0 | 59.2 | 44.6 | 45.3 | 45.6 | 42.9 |
| 北京经济技术开发区 | 2.8 | 280.8 | 258.4 | 207.4 | 203.6 | 275.1 | 274.2 | 525.7 | 574.3 |

注：统计范围为施工总承包、专业承包建筑业企业。

## 2-12　实际利用外商直接投资额（2019-2021年）

单位：万美元

| 各　区 | 2019 | 2020 | 2021 |
|---|---|---|---|
| **全　市** | **1362385** | **1339335** | **1443424** |
| 东 城 区 | 62030 | 57829 | 62578 |
| 西 城 区 | 9731 | 22386 | 31151 |
| 朝 阳 区 | 409288 | 453713 | 477916 |
| 丰 台 区 | 10532 | 11463 | 13393 |
| 石景山区 | 41753 | 39075 | 23291 |
| 海 淀 区 | 609562 | 565202 | 624338 |
| 门头沟区 | 3462 | 4220 | 7613 |
| 房 山 区 | 764 | 2145 | 9702 |
| 通 州 区 | 60007 | 56527 | 40685 |
| 顺 义 区 | 73205 | 60754 | 72691 |
| 昌 平 区 | 10071 | 16195 | 15028 |
| 大 兴 区 |  | 4776 | 11049 |
| 怀 柔 区 | 7204 | 7119 | 7865 |
| 平 谷 区 | 5013 | 5002 | 5080 |
| 密 云 区 | 1290 | 1660 | 3665 |
| 延 庆 区 | 2799 | 304 | 939 |
| 北京经济技术开发区 | 55674 | 30965 | 36440 |

注：按照商务部2022年修订的《外商投资统计调查制度》要求，外商投资数据公布使用商务部反馈数据。

资料来源：北京市商务局。

# 2-13 居民人均可支配收入（2015-2021年）

单位：元

| 各　区 | 2015 | 2016 | 2017 | 2018 | 2019 | 2020 | 2021 |
|---|---|---|---|---|---|---|---|
| **全　市** | **48458** | **52530** | **57230** | **62361** | **67756** | **69434** | **75002** |
| 东 城 区 | 61764 | 66084 | 70289 | 75547 | 81592 | 83501 | 89804 |
| 西 城 区 | 67492 | 71863 | 76511 | 81678 | 88291 | 90286 | 96949 |
| 朝 阳 区 | 55450 | 60056 | 64841 | 70746 | 76936 | 78721 | 84770 |
| 丰 台 区 | 47127 | 51173 | 55871 | 60144 | 65215 | 66799 | 72170 |
| 石景山区 | 56304 | 60980 | 66112 | 71244 | 76990 | 78656 | 84666 |
| 海 淀 区 | 62325 | 67022 | 71986 | 78178 | 84733 | 86742 | 93478 |
| 门头沟区 | 39037 | 42293 | 45881 | 49298 | 53743 | 55102 | 59336 |
| 房 山 区 | 30656 | 33322 | 36289 | 39391 | 42823 | 44078 | 47594 |
| 通 州 区 | 31397 | 34097 | 37209 | 40553 | 44190 | 45845 | 49695 |
| 顺 义 区 | 28257 | 30808 | 33568 | 36575 | 39948 | 41803 | 45548 |
| 昌 平 区 | 35306 | 38350 | 41632 | 45399 | 49669 | 51587 | 56075 |
| 大 兴 区 | 33849 | 36718 | 39862 | 43464 | 47432 | 49206 | 53454 |
| 怀 柔 区 | 28595 | 30982 | 33764 | 36797 | 40067 | 41779 | 45292 |
| 平 谷 区 | 28367 | 30768 | 33414 | 36012 | 38949 | 40274 | 43602 |
| 密 云 区 | 27259 | 29490 | 32165 | 34951 | 38004 | 39282 | 42634 |
| 延 庆 区 | 26975 | 29157 | 31555 | 33887 | 36482 | 37385 | 40148 |

# 2-14 居民人均消费支出（2015-2021年）

单位：元

| 各　区 | 2015 | 2016 | 2017 | 2018 | 2019 | 2020 | 2021 |
|---|---|---|---|---|---|---|---|
| **全　市** | **33803** | **35416** | **37425** | **39843** | **43038** | **38903** | **43640** |
| 东 城 区 | 40865 | 43923 | 46154 | 49026 | 52715 | 46190 | 51918 |
| 西 城 区 | 43595 | 45329 | 46668 | 49642 | 53437 | 51466 | 57396 |
| 朝 阳 区 | 39660 | 40034 | 41579 | 44849 | 48174 | 44682 | 48922 |
| 丰 台 区 | 34240 | 37831 | 38127 | 40927 | 43468 | 38472 | 43334 |
| 石景山区 | 36789 | 38547 | 40767 | 43286 | 45904 | 40096 | 44790 |
| 海 淀 区 | 44626 | 46630 | 49458 | 52910 | 56630 | 51198 | 57482 |
| 门头沟区 | 28364 | 31083 | 31820 | 33805 | 36054 | 31889 | 35396 |
| 房 山 区 | 19955 | 21918 | 23180 | 24363 | 26134 | 25307 | 28108 |
| 通 州 区 | 22508 | 24505 | 26550 | 28696 | 31004 | 29697 | 33413 |
| 顺 义 区 | 18231 | 19716 | 21371 | 23118 | 25024 | 25743 | 29035 |
| 昌 平 区 | 25675 | 27842 | 30046 | 32469 | 35178 | 34962 | 39183 |
| 大 兴 区 | 23402 | 24976 | 26365 | 28564 | 30933 | 30123 | 33663 |
| 怀 柔 区 | 19569 | 21383 | 23088 | 25035 | 27070 | 27247 | 29889 |
| 平 谷 区 | 18990 | 20578 | 21670 | 23021 | 24712 | 24310 | 27270 |
| 密 云 区 | 18792 | 19538 | 20306 | 21772 | 23321 | 24264 | 27288 |
| 延 庆 区 | 18202 | 19732 | 21449 | 23023 | 24652 | 24770 | 26574 |

# 2-15 城镇居民人均可支配收入（2015-2021年）

单位：元

| 各　区 | 2015 | 2016 | 2017 | 2018 | 2019 | 2020 | 2021 |
|---|---|---|---|---|---|---|---|
| **全　市** | **52859** | **57275** | **62406** | **67990** | **73849** | **75602** | **81518** |
| 东 城 区 | 61764 | 66084 | 70289 | 75547 | 81592 | 83501 | 89804 |
| 西 城 区 | 67492 | 71863 | 76511 | 81678 | 88291 | 90286 | 96949 |
| 朝 阳 区 | 55450 | 60056 | 64841 | 70746 | 76936 | 78721 | 84770 |
| 丰 台 区 | 47127 | 51173 | 55871 | 60144 | 65215 | 66799 | 72170 |
| 石景山区 | 56304 | 60980 | 66112 | 71244 | 76990 | 78656 | 84666 |
| 海 淀 区 | 62325 | 67022 | 71986 | 78178 | 84733 | 86742 | 93478 |
| 门头沟区 | 42350 | 45872 | 49682 | 53227 | 57892 | 59360 | 63940 |
| 房 山 区 | 36317 | 39486 | 42992 | 46503 | 50644 | 52288 | 56366 |
| 通 州 区 | 37608 | 40845 | 44607 | 48682 | 53088 | 55113 | 59674 |
| 顺 义 区 | 33394 | 36448 | 39736 | 43437 | 47496 | 49749 | 54193 |
| 昌 平 区 | 38794 | 42149 | 45735 | 49778 | 54248 | 56305 | 61137 |
| 大 兴 区 | 40598 | 43932 | 47572 | 51800 | 56450 | 58425 | 63257 |
| 怀 柔 区 | 33247 | 36013 | 39272 | 42853 | 46706 | 48663 | 52665 |
| 平 谷 区 | 35117 | 38080 | 41130 | 44402 | 48195 | 49782 | 53794 |
| 密 云 区 | 33878 | 36631 | 40031 | 43512 | 47231 | 48860 | 52875 |
| 延 庆 区 | 35603 | 38442 | 41599 | 44916 | 48701 | 50476 | 54214 |

# 2-16 城镇居民人均消费支出（2015-2021年）

单位：元

| 各　区 | 2015 | 2016 | 2017 | 2018 | 2019 | 2020 | 2021 |
|---|---|---|---|---|---|---|---|
| **全　市** | **36642** | **38256** | **40346** | **42926** | **46358** | **41726** | **46776** |
| 东城区 | 40865 | 43923 | 46154 | 49026 | 52715 | 46190 | 51918 |
| 西城区 | 43595 | 45329 | 46668 | 49642 | 53437 | 51466 | 57396 |
| 朝阳区 | 39660 | 40034 | 41579 | 44849 | 48174 | 44682 | 48922 |
| 丰台区 | 34240 | 37831 | 38127 | 40927 | 43468 | 38472 | 43334 |
| 石景山区 | 36789 | 38547 | 40767 | 43286 | 45904 | 40096 | 44790 |
| 海淀区 | 44626 | 46630 | 49458 | 52910 | 56630 | 51198 | 57482 |
| 门头沟区 | 30012 | 32977 | 33910 | 36063 | 38100 | 33785 | 37504 |
| 房山区 | 22742 | 25105 | 26368 | 28337 | 30589 | 29447 | 32723 |
| 通州区 | 26944 | 29238 | 31701 | 34361 | 37187 | 34532 | 38857 |
| 顺义区 | 22174 | 23810 | 25928 | 28301 | 30627 | 31813 | 35842 |
| 昌平区 | 27340 | 29892 | 32030 | 34558 | 37335 | 36732 | 41431 |
| 大兴区 | 26798 | 28166 | 29710 | 32033 | 34663 | 34271 | 38306 |
| 怀柔区 | 21720 | 23633 | 25415 | 27642 | 29886 | 31708 | 34577 |
| 平谷区 | 22519 | 24539 | 25225 | 27182 | 29424 | 28187 | 31609 |
| 密云区 | 22741 | 23020 | 23849 | 25575 | 27620 | 29046 | 32665 |
| 延庆区 | 22882 | 24809 | 27109 | 29238 | 31422 | 30767 | 33016 |

## 2-17　主要年份普通中学在校生数

单位：万人

| 各　区 | 2005 | 2010 | 2015 | 2016 | 2017 | 2018 | 2019 | 2020 | 2021 |
|---|---|---|---|---|---|---|---|---|---|
| **全　市** | **59.99** | **50.83** | **45.28** | **43.14** | **43.04** | **43.44** | **46.16** | **49.06** | **52.57** |
| 东城区 | 5.97 | 4.56 | 3.81 | 3.62 | 3.60 | 3.56 | 3.73 | 3.92 | 4.24 |
| 西城区 | 6.92 | 5.36 | 4.65 | 4.41 | 4.50 | 4.62 | 4.99 | 5.45 | 6.03 |
| 朝阳区 | 5.29 | 5.00 | 5.15 | 4.90 | 4.83 | 4.88 | 5.40 | 6.02 | 6.58 |
| 丰台区 | 3.11 | 3.09 | 2.80 | 2.49 | 2.23 | 2.21 | 2.42 | 2.72 | 2.98 |
| 石景山区 | 1.42 | 1.46 | 1.30 | 1.20 | 1.13 | 1.08 | 1.13 | 1.20 | 1.29 |
| 海淀区 | 9.27 | 9.95 | 9.78 | 9.54 | 9.90 | 10.03 | 10.62 | 11.01 | 11.76 |
| 门头沟区 | 1.01 | 0.82 | 0.69 | 0.68 | 0.67 | 0.68 | 0.70 | 0.74 | 0.77 |
| 房山区 | 4.52 | 3.14 | 2.58 | 2.46 | 2.45 | 2.50 | 2.65 | 2.75 | 2.84 |
| 通州区 | 4.06 | 3.06 | 2.55 | 2.50 | 2.49 | 2.55 | 2.72 | 2.94 | 3.19 |
| 顺义区 | 4.05 | 3.04 | 2.68 | 2.61 | 2.59 | 2.58 | 2.64 | 2.69 | 2.74 |
| 昌平区 | 1.98 | 2.19 | 2.25 | 2.13 | 2.10 | 2.13 | 2.24 | 2.31 | 2.41 |
| 大兴区 | 3.42 | 2.87 | 2.52 | 2.31 | 2.27 | 2.30 | 2.42 | 2.62 | 2.83 |
| 怀柔区 | 1.63 | 1.38 | 1.03 | 0.98 | 0.95 | 0.95 | 0.97 | 1.04 | 1.11 |
| 平谷区 | 3.14 | 1.70 | 1.09 | 1.04 | 1.05 | 1.07 | 1.12 | 1.16 | 1.20 |
| 密云区 | 2.40 | 1.95 | 1.41 | 1.37 | 1.41 | 1.45 | 1.55 | 1.59 | 1.64 |
| 延庆区 | 1.81 | 1.27 | 0.97 | 0.90 | 0.86 | 0.85 | 0.86 | 0.90 | 0.95 |

注：1. 自2007年起，普通中学、小学、专门学校、特殊教育、学前教育在校生数包括非本市户籍学生（下同）。

2. 普通中学统计范围为普通高中和普通初中。

资料来源：北京市教育委员会。

# 2–18　主要年份小学在校生数

单位：万人

| 各　区 | 2005 | 2010 | 2015 | 2016 | 2017 | 2018 | 2019 | 2020 | 2021 |
|---|---|---|---|---|---|---|---|---|---|
| **全　市** | **49.45** | **65.33** | **85.03** | **86.84** | **87.58** | **91.32** | **94.16** | **99.50** | **103.66** |
| 东城区 | 3.99 | 4.57 | 5.30 | 5.46 | 5.56 | 5.93 | 6.16 | 6.55 | 6.94 |
| 西城区 | 4.13 | 4.99 | 6.93 | 7.38 | 7.75 | 8.50 | 9.06 | 9.92 | 10.82 |
| 朝阳区 | 4.78 | 8.41 | 13.29 | 13.57 | 13.70 | 14.25 | 14.70 | 15.58 | 16.29 |
| 丰台区 | 3.27 | 6.43 | 6.91 | 6.75 | 6.55 | 6.51 | 6.47 | 6.66 | 6.70 |
| 石景山区 | 1.33 | 2.07 | 2.38 | 2.35 | 2.28 | 2.31 | 2.35 | 2.41 | 2.49 |
| 海淀区 | 8.25 | 12.08 | 15.56 | 16.13 | 16.34 | 17.02 | 17.31 | 17.96 | 18.66 |
| 门头沟区 | 1.07 | 1.19 | 1.17 | 1.19 | 1.20 | 1.26 | 1.32 | 1.38 | 1.42 |
| 房山区 | 3.78 | 3.71 | 4.82 | 4.89 | 4.97 | 5.22 | 5.43 | 5.77 | 5.93 |
| 通州区 | 2.87 | 4.79 | 6.21 | 6.36 | 6.45 | 6.73 | 6.97 | 7.49 | 7.77 |
| 顺义区 | 2.50 | 3.21 | 4.28 | 4.45 | 4.64 | 4.89 | 5.04 | 5.37 | 5.55 |
| 昌平区 | 2.22 | 3.50 | 5.39 | 5.28 | 5.23 | 5.40 | 5.66 | 6.08 | 6.35 |
| 大兴区 | 3.11 | 4.01 | 5.93 | 6.09 | 6.01 | 6.26 | 6.57 | 6.97 | 7.31 |
| 怀柔区 | 1.65 | 1.48 | 1.70 | 1.70 | 1.69 | 1.72 | 1.73 | 1.76 | 1.76 |
| 平谷区 | 2.41 | 1.59 | 1.73 | 1.78 | 1.79 | 1.84 | 1.90 | 2.01 | 2.06 |
| 密云区 | 2.46 | 1.97 | 2.21 | 2.23 | 2.21 | 2.23 | 2.22 | 2.28 | 2.30 |
| 延庆区 | 1.61 | 1.32 | 1.23 | 1.23 | 1.23 | 1.25 | 1.27 | 1.32 | 1.32 |

资料来源：北京市教育委员会。

# 2-19 主要年份幼儿园在园幼儿数

单位：人

| 各区 | 2005 | 2010 | 2015 | 2016 | 2017 | 2018 | 2019 | 2020 | 2021 |
|---|---|---|---|---|---|---|---|---|---|
| **全市** | **202301** | **276994** | **394121** | **416982** | **445535** | **450645** | **467595** | **525878** | **566735** |
| 东城区 | 11908 | 11877 | 14464 | 15628 | 16720 | 17012 | 17981 | 19582 | 19790 |
| 西城区 | 12639 | 15174 | 17127 | 17483 | 19398 | 20721 | 21962 | 23498 | 25061 |
| 朝阳区 | 33662 | 48324 | 66518 | 72166 | 78764 | 82723 | 84489 | 88926 | 96383 |
| 丰台区 | 19481 | 31410 | 41724 | 43421 | 44323 | 42431 | 41797 | 45012 | 45752 |
| 石景山区 | 6703 | 9879 | 14853 | 15238 | 15514 | 14430 | 14544 | 15361 | 17158 |
| 海淀区 | 40121 | 47036 | 60442 | 62569 | 65545 | 66379 | 67482 | 72439 | 78210 |
| 门头沟区 | 4285 | 5229 | 5943 | 6302 | 7101 | 7509 | 8318 | 9624 | 10755 |
| 房山区 | 14136 | 22466 | 30280 | 27281 | 31537 | 31758 | 32673 | 33921 | 35580 |
| 通州区 | 8951 | 13514 | 28817 | 30371 | 26721 | 26938 | 29797 | 51553 | 57823 |
| 顺义区 | 8112 | 12545 | 22749 | 25246 | 28880 | 29234 | 29963 | 32365 | 34870 |
| 昌平区 | 10076 | 16069 | 25854 | 29707 | 32005 | 32959 | 37551 | 44238 | 46533 |
| 大兴区 | 8279 | 15545 | 28370 | 32082 | 35029 | 35620 | 36995 | 41995 | 46399 |
| 怀柔区 | 4874 | 6190 | 9523 | 10125 | 10956 | 10431 | 10641 | 10988 | 11931 |
| 平谷区 | 6451 | 6448 | 9098 | 10235 | 12028 | 12140 | 12586 | 14608 | 16043 |
| 密云区 | 6564 | 9473 | 11316 | 11762 | 13151 | 13010 | 13206 | 13910 | 15436 |
| 延庆区 | 6059 | 5815 | 7043 | 7366 | 7863 | 7350 | 7610 | 7858 | 9011 |

资料来源：北京市教育委员会。

# 2-20 主要年份医疗卫生机构数

单位：个

| 各 区 | 2005 | 2010 | 2015 | 2016 | 2017 | 2018 | 2019 | 2020 | 2021 |
|---|---|---|---|---|---|---|---|---|---|
| **全 市** | **7536** | **9511** | **10425** | **10637** | **10986** | **11100** | **11340** | **11211** | **11727** |
| 东城区 | 458 | 484 | 570 | 576 | 579 | 554 | 554 | 548 | 544 |
| 西城区 | 644 | 589 | 646 | 660 | 664 | 695 | 702 | 699 | 700 |
| 朝阳区 | 798 | 1185 | 1362 | 1438 | 1513 | 1641 | 1751 | 1729 | 1809 |
| 丰台区 | 248 | 482 | 554 | 550 | 539 | 527 | 535 | 548 | 556 |
| 石景山区 | 203 | 192 | 212 | 223 | 221 | 233 | 233 | 223 | 221 |
| 海淀区 | 816 | 914 | 1053 | 1080 | 1126 | 1182 | 1257 | 1253 | 1361 |
| 门头沟区 | 117 | 110 | 259 | 252 | 247 | 257 | 265 | 266 | 272 |
| 房山区 | 227 | 472 | 984 | 971 | 991 | 1007 | 1038 | 1047 | 1044 |
| 通州区 | 205 | 257 | 611 | 609 | 609 | 616 | 616 | 599 | 609 |
| 顺义区 | 165 | 275 | 707 | 745 | 763 | 771 | 778 | 779 | 847 |
| 昌平区 | 284 | 517 | 907 | 958 | 1046 | 1068 | 1112 | 1089 | 1141 |
| 大兴区 | 228 | 480 | 778 | 803 | 843 | 871 | 823 | 779 | 914 |
| 怀柔区 | 146 | 175 | 481 | 484 | 482 | 488 | 483 | 479 | 480 |
| 平谷区 | 68 | 113 | 437 | 427 | 427 | 271 | 274 | 268 | 261 |
| 密云区 | 106 | 208 | 589 | 585 | 597 | 589 | 574 | 566 | 595 |
| 延庆区 | 105 | 86 | 256 | 257 | 320 | 318 | 333 | 326 | 360 |

注：自2011年起，卫生机构中包含村卫生室。自2012年起，北京市卫生机构数中包含驻京部队医院，分区数据中不包含驻京部队医院，故分区数据之和不等于全市。

资料来源：北京市卫生健康委员会。

## 2-21 主要年份医疗机构实有床位数

单位：张

| 各 区 | 2005 | 2010 | 2015 | 2016 | 2017 | 2018 | 2019 | 2020 | 2021 |
|---|---|---|---|---|---|---|---|---|---|
| **全 市** | **79067** | **92871** | **111555** | **116963** | **120530** | **123508** | **127111** | **127143** | **130259** |
| 东 城 区 | 10904 | 10106 | 11046 | 11175 | 11296 | 9947 | 9938 | 10049 | 10008 |
| 西 城 区 | 12170 | 13819 | 15604 | 15608 | 15867 | 16368 | 17411 | 17259 | 17623 |
| 朝 阳 区 | 12064 | 15709 | 20133 | 22222 | 23176 | 23669 | 24487 | 23644 | 25350 |
| 丰 台 区 | 6158 | 7876 | 9534 | 10045 | 10554 | 12317 | 12622 | 12738 | 13168 |
| 石景山区 | 2897 | 3529 | 4636 | 4595 | 4755 | 4770 | 4868 | 4873 | 4820 |
| 海 淀 区 | 9624 | 9832 | 11238 | 12351 | 12999 | 13261 | 13546 | 13521 | 13761 |
| 门头沟区 | 2381 | 2651 | 2858 | 2863 | 2953 | 2990 | 2981 | 2989 | 3082 |
| 房 山 区 | 4569 | 6077 | 6362 | 6641 | 6633 | 6329 | 6489 | 6469 | 6456 |
| 通 州 区 | 2351 | 2608 | 3494 | 3651 | 3737 | 3802 | 4113 | 4155 | 4425 |
| 顺 义 区 | 2259 | 3149 | 3372 | 3516 | 3669 | 3870 | 3909 | 4420 | 4317 |
| 昌 平 区 | 5885 | 7457 | 10147 | 10882 | 11475 | 11817 | 12237 | 12295 | 12247 |
| 大 兴 区 | 3038 | 4434 | 6780 | 7012 | 6999 | 7603 | 7501 | 7592 | 7854 |
| 怀 柔 区 | 1284 | 1377 | 1683 | 1681 | 1711 | 1931 | 1982 | 2037 | 2017 |
| 平 谷 区 | 1229 | 1900 | 2020 | 2007 | 1979 | 1984 | 2123 | 2149 | 2077 |
| 密 云 区 | 1182 | 1270 | 1666 | 1700 | 1695 | 1748 | 1802 | 1834 | 1874 |
| 延 庆 区 | 1072 | 1077 | 982 | 1014 | 1032 | 1102 | 1102 | 1119 | 1180 |

注：本表数据不含驻京部队医院。

资料来源：北京市卫生健康委员会。

# 2-22 主要年份执业（助理）医师数

单位：人

| 各　区 | 2005 | 2010 | 2015 | 2016 | 2017 | 2018 | 2019 | 2020 | 2021 |
|---|---|---|---|---|---|---|---|---|---|
| **全　市** | **50913** | **66165** | **96445** | **100878** | **105732** | **109376** | **115771** | **118541** | **123503** |
| 东城区 | 8571 | 8487 | 9790 | 10123 | 10518 | 9817 | 10245 | 10446 | 10789 |
| 西城区 | 8594 | 9940 | 11992 | 12303 | 12795 | 13121 | 13966 | 14205 | 14476 |
| 朝阳区 | 8069 | 12723 | 17888 | 18610 | 19774 | 21167 | 22190 | 22650 | 24359 |
| 丰台区 | 3619 | 4823 | 6509 | 6975 | 7572 | 9158 | 9536 | 9621 | 9976 |
| 石景山区 | 1644 | 2181 | 2848 | 3009 | 3008 | 3113 | 3209 | 3206 | 3288 |
| 海淀区 | 6618 | 9281 | 10761 | 11440 | 12687 | 13182 | 14314 | 14749 | 15519 |
| 门头沟区 | 907 | 1040 | 1170 | 1221 | 1225 | 1263 | 1357 | 1389 | 1455 |
| 房山区 | 1839 | 2364 | 3516 | 3644 | 3804 | 3945 | 4158 | 4269 | 4489 |
| 通州区 | 1739 | 2381 | 3362 | 3593 | 3787 | 3789 | 3933 | 4062 | 4203 |
| 顺义区 | 1587 | 2107 | 3127 | 3291 | 3386 | 3862 | 3916 | 4012 | 4207 |
| 昌平区 | 1743 | 3106 | 4810 | 5260 | 5659 | 6220 | 6687 | 7255 | 7437 |
| 大兴区 | 1781 | 2942 | 4021 | 4268 | 4374 | 4824 | 5076 | 5155 | 5493 |
| 怀柔区 | 972 | 1158 | 1387 | 1437 | 1453 | 1642 | 1691 | 1659 | 1790 |
| 平谷区 | 1085 | 1316 | 1530 | 1549 | 1546 | 1602 | 1723 | 1761 | 1839 |
| 密云区 | 1082 | 1286 | 1580 | 1666 | 1724 | 1908 | 2053 | 2104 | 2058 |
| 延庆区 | 792 | 819 | 941 | 1035 | 1062 | 1113 | 1194 | 1234 | 1287 |

注：本表数据为医疗卫生机构范围。全市数据包含驻京部队医院情况，分区数据不包含驻京部队医院，故分区数据之和不等于全市。

资料来源：北京市卫生健康委员会。

## 2-23　主要年份注册护士数

单位：人

| 各　区 | 2005 | 2010 | 2015 | 2016 | 2017 | 2018 | 2019 | 2020 | 2021 |
|---|---|---|---|---|---|---|---|---|---|
| **全　市** | **42897** | **67308** | **114294** | **117760** | **123158** | **123589** | **131314** | **134656** | **141685** |
| 东城区 | 7566 | 8404 | 10303 | 10575 | 10836 | 10440 | 10731 | 11058 | 11349 |
| 西城区 | 8744 | 12025 | 15338 | 15296 | 15992 | 16292 | 17487 | 17740 | 18357 |
| 朝阳区 | 7279 | 13351 | 19085 | 20418 | 21544 | 22234 | 24486 | 24638 | 26858 |
| 丰台区 | 2990 | 5150 | 7664 | 7989 | 8237 | 9185 | 9586 | 10721 | 11202 |
| 石景山区 | 1386 | 2332 | 3349 | 3315 | 3404 | 3577 | 3708 | 3837 | 3915 |
| 海淀区 | 5286 | 9692 | 12660 | 12859 | 14670 | 15251 | 16274 | 16908 | 17810 |
| 门头沟区 | 872 | 1151 | 1440 | 1476 | 1499 | 1502 | 1647 | 1608 | 1708 |
| 房山区 | 1709 | 2213 | 3768 | 3855 | 4069 | 4264 | 4378 | 4529 | 4741 |
| 通州区 | 1207 | 2058 | 3380 | 3609 | 3771 | 3642 | 3894 | 4241 | 4359 |
| 顺义区 | 943 | 1726 | 2693 | 2886 | 2986 | 3350 | 3419 | 3427 | 3689 |
| 昌平区 | 1517 | 3023 | 5938 | 6419 | 6840 | 7405 | 7898 | 8418 | 8626 |
| 大兴区 | 1231 | 2639 | 4313 | 4629 | 4735 | 5159 | 5427 | 5524 | 5924 |
| 怀柔区 | 513 | 867 | 1130 | 1129 | 1159 | 1259 | 1329 | 1360 | 1611 |
| 平谷区 | 504 | 1104 | 1479 | 1498 | 1499 | 1535 | 1605 | 1638 | 1654 |
| 密云区 | 668 | 956 | 1204 | 1188 | 1172 | 1143 | 1263 | 1284 | 1273 |
| 延庆区 | 482 | 617 | 882 | 905 | 947 | 995 | 1054 | 1074 | 1103 |

注：本表数据为医疗卫生机构范围。全市数据包含驻京部队医院情况，分区数据不包含驻京部队医院，故分区数据之和不等于全市。

资料来源：北京市卫生健康委员会。

## 2-24 主要年份参加企业职工基本养老保险人数

单位：万人

| 各区 | 2010 | 2015 | 2016 | 2017 | 2018 | 2019 | 2020 | 2021 |
|---|---|---|---|---|---|---|---|---|
| **全市** | **982.5** | **1424.2** | **1459.1** | **1514.3** | **1591.5** | **1651.6** | **1679.9** | **1725.1** |
| 东城区 | 102.3 | 137.6 | 142.7 | 143.9 | 148.2 | 151.7 | 154.1 | 156.1 |
| 西城区 | 152.0 | 191.6 | 192.8 | 193.8 | 195.5 | 198.2 | 195.2 | 195.5 |
| 朝阳区 | 194.3 | 301.4 | 312.5 | 326.9 | 348.9 | 363.9 | 372.8 | 384.5 |
| 丰台区 | 59.9 | 87.4 | 89.4 | 93.3 | 98.3 | 101.9 | 106.7 | 111.2 |
| 石景山区 | 31.4 | 41.6 | 42.4 | 44.2 | 46.1 | 47.7 | 47.6 | 48.5 |
| 海淀区 | 159.7 | 248.8 | 257.7 | 270.3 | 285.8 | 297.6 | 305.9 | 317.2 |
| 门头沟区 | 15.9 | 21.1 | 21.4 | 22.1 | 23.2 | 24.3 | 25.2 | 25.6 |
| 房山区 | 24.9 | 35.2 | 35.0 | 36.5 | 38.8 | 40.6 | 42.2 | 45.2 |
| 通州区 | 26.9 | 45.8 | 47.4 | 50.8 | 55.4 | 59.2 | 61.7 | 65.5 |
| 顺义区 | 34.9 | 57.5 | 58.3 | 61.3 | 65.3 | 68.2 | 70.1 | 72.9 |
| 昌平区 | 28.2 | 44.0 | 42.8 | 46.0 | 50.1 | 53.1 | 55.6 | 58.4 |
| 大兴区 | 30.3 | 49.5 | 49.4 | 51.8 | 54.9 | 58.7 | 59.0 | 60.5 |
| 怀柔区 | 12.8 | 20.2 | 20.0 | 20.9 | 22.2 | 23.4 | 24.1 | 25.2 |
| 平谷区 | 11.8 | 19.0 | 19.3 | 20.3 | 21.5 | 22.4 | 23.0 | 24.2 |
| 密云区 | 11.8 | 18.6 | 18.9 | 20.1 | 21.4 | 22.6 | 23.3 | 24.4 |
| 延庆区 | 6.5 | 8.9 | 9.0 | 9.4 | 9.8 | 10.2 | 10.5 | 11.1 |
| 北京经济技术开发区 | 19.3 | 38.2 | 39.2 | 42.1 | 46.0 | 48.7 | 49.6 | 53.4 |
| 其他 | 59.5 | 58.0 | 60.9 | 60.6 | 59.9 | 59.2 | 53.5 | 45.7 |

注：表中“其他”分组指社会保险代办机构。

资料来源：北京市人力资源和社会保障局。

## 2-25 主要年份参加职工基本医疗保险人数

单位：万人

| 各　区 | 2010 | 2015 | 2016 | 2017 | 2018 | 2019 | 2020 | 2021 |
|---|---|---|---|---|---|---|---|---|
| **全　市** | **1063.7** | **1475.7** | **1517.6** | **1569.2** | **1628.9** | **1682.5** | **1741.6** | **1486.0** |
| 东城区 | 130.6 | 159.8 | 160.5 | 161.8 | 163.0 | 164.0 | 164.7 | 128.0 |
| 西城区 | 169.7 | 213.4 | 213.0 | 214.2 | 213.8 | 214.8 | 211.7 | 168.8 |
| 朝阳区 | 213.5 | 317.2 | 327.6 | 346.4 | 370.9 | 382.2 | 386.7 | 315.5 |
| 丰台区 | 69.3 | 97.1 | 99.6 | 102.8 | 106.6 | 110.5 | 116.2 | 107.4 |
| 石景山区 | 33.5 | 44.4 | 46.2 | 48.1 | 49.5 | 50.5 | 51.2 | 45.6 |
| 海淀区 | 186.0 | 279.5 | 288.8 | 299.5 | 313.4 | 323.0 | 336.8 | 278.3 |
| 门头沟区 | 17.7 | 21.2 | 22.6 | 23.3 | 23.9 | 25.1 | 27.7 | 24.0 |
| 房山区 | 26.8 | 37.4 | 38.2 | 39.4 | 42.2 | 45.2 | 49.3 | 47.8 |
| 通州区 | 30.2 | 47.9 | 50.3 | 52.8 | 55.1 | 62.2 | 69.0 | 66.0 |
| 顺义区 | 38.6 | 56.1 | 57.6 | 59.5 | 61.0 | 63.1 | 68.1 | 61.5 |
| 昌平区 | 31.6 | 47.3 | 49.4 | 51.7 | 56.7 | 59.0 | 63.5 | 57.6 |
| 大兴区 | 34.1 | 49.3 | 52.8 | 54.3 | 55.2 | 58.4 | 61.7 | 52.0 |
| 怀柔区 | 14.3 | 20.7 | 21.4 | 22.1 | 22.0 | 24.2 | 26.0 | 24.5 |
| 平谷区 | 13.8 | 20.3 | 20.9 | 21.6 | 22.7 | 22.7 | 24.8 | 23.6 |
| 密云区 | 14.6 | 20.4 | 21.7 | 22.3 | 22.8 | 24.5 | 26.2 | 24.7 |
| 延庆区 | 8.4 | 10.9 | 11.8 | 12.1 | 12.3 | 12.6 | 13.3 | 13.1 |
| 北京经济技术开发区 | 23.0 | 32.9 | 35.2 | 37.1 | 37.6 | 40.6 | 44.8 | 47.5 |
| 其　他 | 8.0 | | | 0.1 | 0.1 | | | |

注：1. 表中“其他”分组指社会保险代办机构。

2. 自2021年9月起，对参加职工基本医疗保险人数统计口径进行调整，去除6个月及以上未缴费人员，按调整后口径计算，2020年全市参加职工基本医疗保险人数为1450.7万人。

资料来源：北京市人力资源和社会保障局。

## 2-26 四次经济普查法人单位基本情况

| 各 区 | 法人单位数（个） | | | | 资产总计（亿元） | | | |
|---|---|---|---|---|---|---|---|---|
| | 2004 | 2008 | 2013 | 2018 | 2004 | 2008 | 2013 | 2018 |
| **全 市** | **220947** | **267890** | **630545** | **988619** | **216316.9** | **646673.0** | **1220785.2** | **2119561.6** |
| 东城区 | 18524 | 18027 | 38710 | 44119 | 20050.4 | 62829.6 | 131958.4 | 321810.1 |
| 西城区 | 25040 | 24472 | 43087 | 45638 | 127595.6 | 438689.8 | 739974.3 | 1216229.0 |
| 朝阳区 | 45416 | 57759 | 141018 | 215001 | 26934.9 | 44294.2 | 119208.9 | 195629.6 |
| 丰台区 | 18182 | 22310 | 62130 | 88766 | 4742.3 | 9533.6 | 21462.0 | 43711.8 |
| 石景山区 | 5327 | 6235 | 18672 | 29856 | 1149.6 | 3013.4 | 8830.9 | 21622.0 |
| 海淀区 | 55164 | 65767 | 128917 | 159040 | 26735.2 | 69990.4 | 140979.8 | 150902.1 |
| 门头沟区 | 3043 | 3657 | 8795 | 20663 | 230.0 | 391.6 | 1951.7 | 4703.5 |
| 房山区 | 6862 | 7305 | 22823 | 51332 | 982.0 | 1506.0 | 4924.7 | 9581.9 |
| 通州区 | 7390 | 12604 | 33809 | 55685 | 1108.1 | 2012.7 | 7662.1 | 13992.9 |
| 顺义区 | 5643 | 7923 | 20450 | 37492 | 2094.6 | 5248.4 | 14024.5 | 27087.2 |
| 昌平区 | 8246 | 11546 | 34342 | 56695 | 1363.5 | 2658.1 | 9658.9 | 18866.0 |
| 大兴区 | 9721 | 15544 | 30829 | 49079 | 963.0 | 1887.9 | 6354.0 | 14722.9 |
| 怀柔区 | 3509 | 3991 | 13845 | 48177 | 479.6 | 648.6 | 2055.4 | 5610.4 |
| 平谷区 | 2667 | 3535 | 9736 | 30103 | 265.6 | 665.1 | 1993.3 | 4260.0 |
| 密云区 | 2950 | 3548 | 13576 | 32308 | 492.7 | 696.8 | 1994.8 | 6024.6 |
| 延庆区 | 2182 | 2136 | 4707 | 9131 | 175.6 | 268.4 | 951.6 | 6857.3 |
| 北京经济技术开发区 | 1077 | 1531 | 5099 | 15534 | 948.5 | 2338.3 | 6800.0 | 19160.1 |
| 外 埠 | 4 | | | | 5.6 | | | |

注：2004年、2008年，东城区数据包括原行政区划的东城区和崇文区，西城区数据包括原行政区划中的西城区和宣武区；2018年，除法人单位数外，其他指标全市数据包括铁路部门数据，各区数据不含，故分区数据之和不等于全市（下表同）。

# 2-26 续表1

| 各　　区 | 年末从业人员（万人） | | | |
|---|---|---|---|---|
| | 2004 | 2008 | 2013 | 2018 |
| **全　　市** | **705.2** | **816.9** | **1111.3** | **1361.0** |
| 东 城 区 | 63.7 | 65.5 | 85.7 | 94.4 |
| 西 城 区 | 98.2 | 98.0 | 117.0 | 119.7 |
| 朝 阳 区 | 129.6 | 155.2 | 228.5 | 294.7 |
| 丰 台 区 | 62.3 | 79.3 | 93.4 | 111.4 |
| 石景山区 | 20.0 | 19.5 | 31.2 | 38.2 |
| 海 淀 区 | 137.2 | 184.8 | 242.6 | 281.8 |
| 门头沟区 | 8.5 | 8.6 | 10.4 | 16.2 |
| 房 山 区 | 24.3 | 19.3 | 27.6 | 36.2 |
| 通 州 区 | 26.0 | 29.4 | 40.3 | 47.7 |
| 顺 义 区 | 29.6 | 40.5 | 59.9 | 70.6 |
| 昌 平 区 | 29.4 | 29.5 | 46.5 | 59.5 |
| 大 兴 区 | 26.6 | 30.1 | 43.5 | 51.8 |
| 怀 柔 区 | 11.3 | 11.3 | 16.1 | 28.0 |
| 平 谷 区 | 10.9 | 10.2 | 13.7 | 22.9 |
| 密 云 区 | 12.8 | 12.2 | 16.9 | 26.4 |
| 延 庆 区 | 6.2 | 5.9 | 9.1 | 10.8 |
| 北京经济技术开发区 | 7.8 | 17.4 | 29.1 | 42.5 |
| 外　　埠 | 1.0 | | | |

# 2-26 续表2

| 各区 | 收入总计（亿元） | | | | 企业营业收入（亿元） | | | |
|---|---|---|---|---|---|---|---|---|
| | 2004 | 2008 | 2013 | 2018 | 2004 | 2008 | 2013 | 2018 |
| **全市** | **30942.0** | **66702.8** | **140828.4** | **199152.1** | **28776.3** | **61085.3** | **136698.9** | **183103.4** |
| 东城区 | 2929.9 | 5266.6 | 16964.8 | 20546.5 | 2636.9 | 4475.4 | 16592.5 | 19127.0 |
| 西城区 | 7307.5 | 12345.2 | 21960.6 | 31103.8 | 6889.2 | 11351.0 | 21344.2 | 27899.5 |
| 朝阳区 | 6376.0 | 13214.0 | 33007.0 | 41599.1 | 6067.0 | 12393.0 | 32397.2 | 39613.8 |
| 丰台区 | 1672.8 | 3692.2 | 7136.6 | 10765.4 | 1549.3 | 3319.6 | 6717.4 | 9541.0 |
| 石景山区 | 768.5 | 1588.2 | 3149.6 | 5334.0 | 725.2 | 1397.6 | 3088.1 | 4930.9 |
| 海淀区 | 6509.6 | 17350.1 | 30065.7 | 39884.0 | 5839.5 | 15804.6 | 28673.8 | 35406.0 |
| 门头沟区 | 112.8 | 235.9 | 573.9 | 1472.8 | 94.9 | 194.6 | 509.6 | 1311.7 |
| 房山区 | 931.4 | 1647.5 | 3095.3 | 4242.3 | 892.2 | 1532.8 | 3033.3 | 3903.4 |
| 通州区 | 474.7 | 1304.1 | 3061.7 | 5593.4 | 437.3 | 1206.0 | 2986.2 | 4921.5 |
| 顺义区 | 1105.1 | 2912.6 | 6453.7 | 8733.2 | 1065.4 | 2774.5 | 6388.4 | 8357.0 |
| 昌平区 | 858.9 | 1511.9 | 4470.6 | 6717.5 | 806.2 | 1358.8 | 4336.6 | 6227.8 |
| 大兴区 | 552.5 | 1134.7 | 2846.7 | 4763.1 | 514.6 | 1034.9 | 2735.0 | 4305.2 |
| 怀柔区 | 222.9 | 554.2 | 1164.7 | 2143.8 | 205.3 | 506.4 | 1133.3 | 1932.2 |
| 平谷区 | 161.6 | 382.1 | 708.1 | 1315.3 | 139.6 | 332.9 | 671.1 | 1145.1 |
| 密云区 | 201.4 | 394.1 | 889.2 | 1633.6 | 180.9 | 335.5 | 876.7 | 1443.3 |
| 延庆区 | 77.1 | 148.0 | 281.3 | 666.3 | 58.6 | 110.2 | 245.3 | 450.3 |
| 北京经济技术开发区 | 674.0 | 3021.4 | 4998.9 | 11810.0 | 671.4 | 2957.4 | 4970.1 | 11759.7 |
| 外埠 | 5.4 | | | | 2.8 | | | |

## 2-26 续表3

| 各 区 | 企业利润总额（亿元） | | | |
|---|---|---|---|---|
| | 2004 | 2008 | 2013 | 2018 |
| **全 市** | **1989.0** | **5488.1** | **20566.8** | **24842.9** |
| 东城区 | 133.2 | 996.0 | 7777.3 | 5999.8 |
| 西城区 | 774.5 | 2071.6 | 5898.9 | 9928.7 |
| 朝阳区 | 414.5 | 1228.9 | 3438.7 | 3639.4 |
| 丰台区 | 43.9 | 181.7 | 306.3 | 514.6 |
| 石景山区 | 21.3 | 25.5 | 215.8 | 329.0 |
| 海淀区 | 341.2 | 553.8 | 1649.1 | 2098.5 |
| 门头沟区 | 6.6 | 17.1 | 16.8 | 33.6 |
| 房山区 | 53.1 | -29.2 | -1.5 | 59.2 |
| 通州区 | 11.5 | 29.3 | 102.3 | 106.7 |
| 顺义区 | 60.7 | 16.1 | 469.9 | 673.4 |
| 昌平区 | 38.1 | 59.1 | 257.2 | 356.1 |
| 大兴区 | 12.1 | 21.4 | 64.4 | 114.0 |
| 怀柔区 | 6.2 | 13.8 | 43.0 | 40.8 |
| 平谷区 | 5.7 | 14.6 | 22.6 | -5.5 |
| 密云区 | 6.6 | 17.7 | 21.9 | -30.4 |
| 延庆区 | 2.1 | 0.2 | 18.1 | 21.0 |
| 北京经济技术开发区 | 57.7 | 270.3 | 266.0 | 606.1 |
| 外 埠 | | | | |

注：2018年企业利润总额数据为企业营业利润口径。

2022

北京区域统计年鉴

BEIJING AREA STATISTICAL YEARBOOK

# 各区主要数据

# 简要说明

**一、本章资料的主要内容**

本章各区数据主要涉及人口与就业、国民经济核算、财政、税收、投资、房地产、能源、农业、工业、建筑业、消费、利用外资、金融、居民收支、教育、文化、科技、卫生、体育、社会保障、法律、城市安全、环境、城市公用事业等多个领域的主要情况，重点反映主要指标的总量和增速。

**二、本章资料的数据来源**

各区数据主要来源于三个方面：

一是来源于北京市统计局，主要包括常住人口、国民经济核算、产业、投资、房地产、消费、能源消费等指标。

二是来源于国家统计局北京调查总队，主要包括城乡居民收入支出、粮食播种面积、主要畜禽产品产量等指标。

三是来源于其他相关部门，主要包括行政区划、户籍人口、财政、税收、利用外资、金融、教育、文化、技术合同、专利、卫生、体育、社会保障、法律、城市安全、环境、城市公用事业等方面指标，具体来源见表下的说明。

**三、本章有关数据说明**

本章行业划分执行《国民经济行业分类(GB/T 4754-2017)》标准。

2020 年地区生产总值数据为最终核实数据，2021 年地区生产总值数据为初步核算数据。

2020 年常住人口数据为北京市第七次全国人口普查推算数，2021 年为人口抽样调查推算数。

# 3-1 行政区划（2021年）

单位：个

| 各区 | 街道办事处 | 建制镇 | 建制乡 | 社区居委会 | 村民委员会 |
| --- | --- | --- | --- | --- | --- |
| **全市** | **165** | **143** | **35** | **3422** | **3784** |
| 东城区 | 17 | | | 168 | |
| 西城区 | 15 | | | 263 | |
| 朝阳区 | 24 | | 19 | 544 | 144 |
| 丰台区 | 24 | 2 | | 352 | 57 |
| 石景山区 | 9 | | | 151 | |
| 海淀区 | 22 | 7 | | 587 | 53 |
| 门头沟区 | 4 | 9 | | 117 | 178 |
| 房山区 | 8 | 14 | 6 | 191 | 459 |
| 通州区 | 11 | 10 | 1 | 155 | 470 |
| 顺义区 | 6 | 19 | | 152 | 426 |
| 昌平区 | 8 | 14 | | 255 | 298 |
| 大兴区 | 8 | 14 | | 254 | 437 |
| 怀柔区 | 2 | 12 | 2 | 36 | 284 |
| 平谷区 | 2 | 14 | 2 | 49 | 272 |
| 密云区 | 2 | 17 | 1 | 96 | 330 |
| 延庆区 | 3 | 11 | 4 | 52 | 376 |

资料来源：中共北京市委社会工作委员会北京市民政局。

# 3-2 规模（限额）以上法人单位情况（2021年）

单位：个

| 各　区 | 法人单位数合计 | #企业法人 |
|---|---|---|
| **全　市** | **46382** | **42295** |
| 东 城 区 | 2907 | 2495 |
| 西 城 区 | 3590 | 2849 |
| 朝 阳 区 | 12924 | 12343 |
| 丰 台 区 | 2991 | 2739 |
| 石景山区 | 1204 | 1084 |
| 海 淀 区 | 9406 | 8633 |
| 门头沟区 | 469 | 394 |
| 房 山 区 | 1267 | 1089 |
| 通 州 区 | 1413 | 1257 |
| 顺 义 区 | 2442 | 2253 |
| 昌 平 区 | 2095 | 1935 |
| 大 兴 区 | 1125 | 1011 |
| 怀 柔 区 | 836 | 762 |
| 平 谷 区 | 689 | 621 |
| 密 云 区 | 767 | 684 |
| 延 庆 区 | 317 | 246 |
| 北京经济技术开发区 | 1940 | 1900 |

# 3-3 常住人口及常住人口密度

单位：万人

| 各区 | 常住人口 | | #常住外来人口 | |
|---|---|---|---|---|
| | 2021 | 2020 | 2021 | 2020 |
| **全市** | **2188.6** | **2189.0** | **834.8** | **839.6** |
| 东城区 | 70.8 | 70.9 | 15.5 | 15.7 |
| 西城区 | 110.4 | 110.6 | 23.4 | 24.1 |
| 朝阳区 | 344.9 | 345.1 | 126.1 | 127.6 |
| 丰台区 | 201.5 | 201.9 | 63.6 | 64.2 |
| 石景山区 | 56.6 | 56.8 | 16.3 | 16.6 |
| 海淀区 | 313.0 | 313.2 | 107.1 | 108.4 |
| 门头沟区 | 39.6 | 39.3 | 11.6 | 11.5 |
| 房山区 | 131.3 | 131.3 | 44.1 | 44.0 |
| 通州区 | 184.3 | 184.0 | 89.9 | 90.4 |
| 顺义区 | 132.6 | 132.4 | 60.3 | 60.2 |
| 昌平区 | 227.0 | 226.9 | 132.1 | 131.8 |
| 大兴区 | 199.5 | 199.4 | 102.2 | 102.4 |
| 怀柔区 | 44.1 | 44.1 | 15.6 | 15.6 |
| 平谷区 | 45.7 | 45.7 | 7.8 | 7.8 |
| 密云区 | 52.7 | 52.8 | 11.1 | 11.2 |
| 延庆区 | 34.6 | 34.6 | 8.1 | 8.1 |

注：本表数据2021年为人口抽样调查推算数，2020年为北京市第七次全国人口普查推算数（下同）。

## 3-3 续表1

单位：万人

| 各　区 | 常住人口按城乡分 | | | | 常住人口按性别分 | | | |
|---|---|---|---|---|---|---|---|---|
| | 城镇人口 | | 乡村人口 | | 男 | | 女 | |
| | 2021 | 2020 | 2021 | 2020 | 2021 | 2020 | 2021 | 2020 |
| **全　市** | **1916.1** | **1916.4** | **272.5** | **272.6** | **1117.7** | **1119.4** | **1070.9** | **1069.6** |
| 东 城 区 | 70.8 | 70.9 | | | 34.3 | 34.4 | 36.5 | 36.5 |
| 西 城 区 | 110.4 | 110.6 | | | 53.4 | 53.6 | 57.0 | 57.0 |
| 朝 阳 区 | 344.9 | 345.1 | | | 169.8 | 170.6 | 175.1 | 174.5 |
| 丰 台 区 | 200.2 | 200.4 | 1.3 | 1.5 | 99.6 | 99.9 | 101.9 | 102.0 |
| 石景山区 | 56.6 | 56.8 | | | 28.0 | 28.2 | 28.6 | 28.6 |
| 海 淀 区 | 305.7 | 305.8 | 7.3 | 7.4 | 155.4 | 156.1 | 157.6 | 157.1 |
| 门头沟区 | 36.2 | 35.9 | 3.4 | 3.4 | 20.0 | 19.9 | 19.6 | 19.4 |
| 房 山 区 | 102.6 | 102.5 | 28.7 | 28.8 | 67.6 | 67.5 | 63.7 | 63.8 |
| 通 州 区 | 136.9 | 136.1 | 47.4 | 47.9 | 96.9 | 96.8 | 87.4 | 87.2 |
| 顺 义 区 | 87.6 | 87.5 | 45.0 | 44.9 | 71.2 | 71.1 | 61.4 | 61.3 |
| 昌 平 区 | 185.9 | 185.6 | 41.1 | 41.3 | 122.2 | 121.9 | 104.8 | 105.0 |
| 大 兴 区 | 161.5 | 162.2 | 38.0 | 37.2 | 107.3 | 107.3 | 92.2 | 92.1 |
| 怀 柔 区 | 33.3 | 33.5 | 10.8 | 10.6 | 23.5 | 23.5 | 20.6 | 20.6 |
| 平 谷 区 | 27.9 | 27.9 | 17.8 | 17.8 | 23.4 | 23.4 | 22.3 | 22.3 |
| 密 云 区 | 35.0 | 35.0 | 17.7 | 17.8 | 26.9 | 27.0 | 25.8 | 25.8 |
| 延 庆 区 | 20.6 | 20.6 | 14.0 | 14.0 | 18.2 | 18.2 | 16.4 | 16.4 |

# 3-3 续表2

单位：万人

| 各区 | 常住人口按年龄分 | | | | | | 常住人口密度（人/平方公里） | |
|---|---|---|---|---|---|---|---|---|
| | 0-14岁 | | 15-64岁 | | 65岁及以上 | | | |
| | 2021 | 2020 | 2021 | 2020 | 2021 | 2020 | 2021 | 2020 |
| **全　市** | **264.7** | **259.1** | **1612.3** | **1638.7** | **311.6** | **291.2** | **1334** | **1334** |
| 东城区 | 9.9 | 9.8 | 47.5 | 48.2 | 13.4 | 12.9 | 16914 | 16937 |
| 西城区 | 16.1 | 15.8 | 72.3 | 74.7 | 22.0 | 20.1 | 21848 | 21888 |
| 朝阳区 | 40.5 | 39.5 | 252.7 | 256.3 | 51.7 | 49.3 | 7579 | 7583 |
| 丰台区 | 22.5 | 22.0 | 143.9 | 147.9 | 35.1 | 32.0 | 6589 | 6602 |
| 石景山区 | 6.5 | 6.5 | 40.5 | 41.0 | 9.6 | 9.3 | 6713 | 6736 |
| 海淀区 | 37.9 | 37.1 | 229.1 | 235.2 | 46.0 | 40.9 | 7267 | 7271 |
| 门头沟区 | 4.6 | 4.5 | 29.0 | 29.0 | 6.0 | 5.8 | 273 | 271 |
| 房山区 | 17.2 | 16.9 | 96.5 | 97.0 | 17.6 | 17.4 | 660 | 660 |
| 通州区 | 22.9 | 22.3 | 139.5 | 140.5 | 21.9 | 21.2 | 2034 | 2030 |
| 顺义区 | 15.8 | 15.5 | 102.2 | 102.5 | 14.6 | 14.4 | 1300 | 1298 |
| 昌平区 | 24.1 | 23.6 | 180.7 | 181.3 | 22.2 | 22.0 | 1690 | 1689 |
| 大兴区 | 24.5 | 23.7 | 151.9 | 156.3 | 23.1 | 19.4 | 1925 | 1924 |
| 怀柔区 | 5.4 | 5.2 | 32.6 | 33.3 | 6.1 | 5.6 | 208 | 208 |
| 平谷区 | 6.0 | 6.0 | 31.6 | 32.2 | 8.1 | 7.5 | 481 | 481 |
| 密云区 | 6.7 | 6.7 | 37.6 | 38.1 | 8.4 | 8.0 | 236 | 237 |
| 延庆区 | 4.1 | 4.0 | 24.7 | 25.2 | 5.8 | 5.4 | 174 | 174 |

# 3-4　户籍户数及户籍人口

单位：万人

| 各　区 | 户籍户数（万户） | | 户籍人口 | | 男 | | 女 | |
|---|---|---|---|---|---|---|---|---|
| | 2021 | 2020 | 2021 | 2020 | 2021 | 2020 | 2021 | 2020 |
| **全　市** | **560.7** | **557.6** | **1413.5** | **1400.8** | **700.9** | **694.9** | **712.7** | **705.9** |
| 东城区 | 34.7 | 34.7 | 98.7 | 98.0 | 48.1 | 47.8 | 50.6 | 50.1 |
| 西城区 | 49.7 | 49.7 | 150.7 | 149.1 | 74.2 | 73.4 | 76.5 | 75.7 |
| 朝阳区 | 85.5 | 85.5 | 216.2 | 214.8 | 106.6 | 106.1 | 109.6 | 108.7 |
| 丰台区 | 49.7 | 49.4 | 118.1 | 117.1 | 58.9 | 58.5 | 59.2 | 58.6 |
| 石景山区 | 15.4 | 15.3 | 39.0 | 38.9 | 19.7 | 19.7 | 19.3 | 19.2 |
| 海淀区 | 76.2 | 75.3 | 244.1 | 240.9 | 121.4 | 119.6 | 122.7 | 121.3 |
| 门头沟区 | 12.5 | 12.3 | 25.7 | 25.5 | 13.0 | 12.8 | 12.8 | 12.6 |
| 房山区 | 40.1 | 40.0 | 84.7 | 84.5 | 42.3 | 42.2 | 42.5 | 42.3 |
| 通州区 | 41.1 | 40.6 | 83.5 | 82.0 | 41.2 | 40.5 | 42.3 | 41.5 |
| 顺义区 | 28.5 | 28.4 | 66.6 | 66.2 | 32.9 | 32.7 | 33.7 | 33.5 |
| 昌平区 | 30.1 | 29.8 | 67.4 | 66.5 | 33.7 | 33.3 | 33.7 | 33.2 |
| 大兴区 | 30.5 | 29.8 | 76.3 | 74.8 | 37.8 | 37.0 | 38.5 | 37.8 |
| 怀柔区 | 13.8 | 13.9 | 28.7 | 28.7 | 14.3 | 14.3 | 14.4 | 14.4 |
| 平谷区 | 17.6 | 17.6 | 40.8 | 40.9 | 20.5 | 20.5 | 20.3 | 20.3 |
| 密云区 | 20.7 | 20.7 | 44.1 | 44.1 | 21.9 | 21.9 | 22.2 | 22.2 |
| 延庆区 | 14.7 | 14.6 | 29.0 | 28.9 | 14.5 | 14.5 | 14.5 | 14.4 |

资料来源：北京市公安局。

# 3-5 户籍人口机械变动情况

单位：人

| 各 区 | 市外迁入人数 | | 迁往市外人数 | | 机械增加人数 | |
|---|---|---|---|---|---|---|
| | 2021 | 2020 | 2021 | 2020 | 2021 | 2020 |
| **全 市** | **204770** | **171362** | **63366** | **66049** | **141404** | **105313** |
| 东城区 | 9132 | 6765 | 1144 | 1047 | 7988 | 5718 |
| 西城区 | 18541 | 12131 | 2052 | 2722 | 16489 | 9409 |
| 朝阳区 | 34101 | 30567 | 11151 | 10463 | 22950 | 20104 |
| 丰台区 | 16142 | 12004 | 2025 | 2277 | 14117 | 9727 |
| 石景山区 | 4702 | 3905 | 683 | 861 | 4019 | 3044 |
| 海淀区 | 70907 | 68727 | 39465 | 40913 | 31442 | 27814 |
| 门头沟区 | 3458 | 1223 | 33 | 107 | 3425 | 1116 |
| 房山区 | 5219 | 4078 | 511 | 568 | 4708 | 3510 |
| 通州区 | 9700 | 6448 | 404 | 532 | 9296 | 5916 |
| 顺义区 | 3989 | 3208 | 894 | 571 | 3095 | 2637 |
| 昌平区 | 14944 | 10694 | 3337 | 3743 | 11607 | 6951 |
| 大兴区 | 9096 | 7642 | 1340 | 1565 | 7756 | 6077 |
| 怀柔区 | 1290 | 936 | 52 | 129 | 1238 | 807 |
| 平谷区 | 1100 | 875 | 96 | 190 | 1004 | 685 |
| 密云区 | 1399 | 1258 | 116 | 240 | 1283 | 1018 |
| 延庆区 | 1050 | 901 | 63 | 121 | 987 | 780 |

资料来源：北京市公安局。

# 3-6 户籍人口自然变动情况

单位：人

| 各　区 | 出生人数 | | 死亡人数 | | 自然增加人数 | |
|---|---|---|---|---|---|---|
| | 2021 | 2020 | 2021 | 2020 | 2021 | 2020 |
| **全　市** | **103148** | **116892** | **117317** | **158304** | **-14169** | **-41412** |
| 东城区 | 6174 | 6774 | 9421 | 13592 | -3247 | -6818 |
| 西城区 | 9780 | 10933 | 13249 | 20338 | -3469 | -9405 |
| 朝阳区 | 15736 | 17237 | 19919 | 28918 | -4183 | -11681 |
| 丰台区 | 8105 | 9043 | 12060 | 17478 | -3955 | -8435 |
| 石景山区 | 2570 | 3077 | 4126 | 5930 | -1556 | -2853 |
| 海淀区 | 16068 | 17238 | 16139 | 22290 | -71 | -5052 |
| 门头沟区 | 1569 | 1933 | 2671 | 3653 | -1102 | -1720 |
| 房山区 | 6709 | 8035 | 6946 | 8117 | -237 | -82 |
| 通州区 | 7033 | 8284 | 5947 | 6870 | 1086 | 1414 |
| 顺义区 | 5519 | 6323 | 5272 | 5602 | 247 | 721 |
| 昌平区 | 5711 | 6768 | 4985 | 6426 | 726 | 342 |
| 大兴区 | 7684 | 8718 | 5128 | 6037 | 2556 | 2681 |
| 怀柔区 | 2121 | 2520 | 2316 | 2587 | -195 | -67 |
| 平谷区 | 3077 | 3760 | 3442 | 3871 | -365 | -111 |
| 密云区 | 3169 | 3704 | 3546 | 4084 | -377 | -380 |
| 延庆区 | 2123 | 2545 | 2150 | 2511 | -27 | 34 |

资料来源：北京市公安局。

## 3-7 城镇非私营单位从业人员年末人数、工资总额、平均工资（2021年）

| 各　区 | 从业人员年末人数（人） | 从业人员工资总额（亿元） | 从业人员平均工资（元） |
|---|---|---|---|
| **全　市** | **7595091** | **14810.9** | **194651** |
| 东 城 区 | 630470 | 1286.3 | 204284 |
| 西 城 区 | 943352 | 2213.6 | 233541 |
| 朝 阳 区 | 1500234 | 3175.6 | 211809 |
| 丰 台 区 | 612016 | 763.1 | 125145 |
| 石景山区 | 202696 | 399.1 | 195448 |
| 海 淀 区 | 1771222 | 3958.1 | 221645 |
| 门头沟区 | 37895 | 60.0 | 158431 |
| 房 山 区 | 171827 | 216.7 | 124586 |
| 通 州 区 | 194798 | 286.6 | 147670 |
| 顺 义 区 | 420618 | 657.2 | 154543 |
| 昌 平 区 | 264498 | 457.9 | 176750 |
| 大 兴 区 | 524040 | 898.7 | 173449 |
| 怀 柔 区 | 83579 | 122.6 | 146356 |
| 平 谷 区 | 101928 | 144.1 | 139277 |
| 密 云 区 | 89278 | 121.7 | 135627 |
| 延 庆 区 | 46640 | 49.6 | 105284 |

注：城镇非私营单位是指不包括个体工商户的独立核算法人单位（下同）。

# 3-8 城镇非私营单位在岗职工年末人数、工资总额、平均工资（2021年）

| 各　区 | 在岗职工年末人数（人） | 在岗职工工资总额（亿元） | 在岗职工平均工资（元） |
|---|---|---|---|
| **全　市** | **7084111** | **14283.2** | **201504** |
| 东 城 区 | 557614 | 1224.6 | 220002 |
| 西 城 区 | 835729 | 2088.2 | 250385 |
| 朝 阳 区 | 1388746 | 3053.1 | 219954 |
| 丰 台 区 | 585713 | 741.0 | 127052 |
| 石景山区 | 190793 | 387.8 | 202314 |
| 海 淀 区 | 1692348 | 3858.1 | 226277 |
| 门头沟区 | 35746 | 58.3 | 163147 |
| 房 山 区 | 153435 | 208.2 | 135309 |
| 通 州 区 | 186924 | 279.1 | 149704 |
| 顺 义 区 | 401183 | 638.3 | 157396 |
| 昌 平 区 | 251851 | 444.4 | 180108 |
| 大 兴 区 | 497886 | 874.8 | 177763 |
| 怀 柔 区 | 79729 | 119.4 | 149129 |
| 平 谷 区 | 97530 | 140.9 | 142260 |
| 密 云 区 | 84923 | 118.8 | 138882 |
| 延 庆 区 | 43961 | 48.2 | 108166 |

# 3-9　年末实有登记失业人员

单位：人

| 各　区 | 2021 | 2020 |
| --- | --- | --- |
| **全　市** | **371864** | **290162** |
| 东 城 区 | 22716 | 18426 |
| 西 城 区 | 25113 | 16719 |
| 朝 阳 区 | 84681 | 64197 |
| 丰 台 区 | 26813 | 21561 |
| 石景山区 | 7941 | 7169 |
| 海 淀 区 | 58369 | 41075 |
| 门头沟区 | 5182 | 4618 |
| 房 山 区 | 13864 | 11051 |
| 通 州 区 | 26389 | 24913 |
| 顺 义 区 | 21878 | 15812 |
| 昌 平 区 | 18843 | 18807 |
| 大 兴 区 | 23680 | 18836 |
| 怀 柔 区 | 6864 | 4876 |
| 平 谷 区 | 7571 | 6675 |
| 密 云 区 | 7740 | 6024 |
| 延 庆 区 | 3860 | 3373 |
| 北京经济技术开发区 | 10084 | 6030 |

资料来源：北京市人力资源和社会保障局。

# 3-10 地区生产总值

单位：万元

| 各区 | 地区生产总值 | | | 地区生产总值按产业分 | | |
|---|---|---|---|---|---|---|
| | | | | 第一产业 | | |
| | 2021 | 2020 | 增长速度（%） | 2021 | 2020 | 增长速度（%） |
| **全 市** | **402695500** | **359432500** | **8.5** | **1113400** | **1082800** | **2.7** |
| 东城区 | 31930514 | 29370330 | 8.0 | | | |
| 西城区 | 54081091 | 50027177 | 8.1 | | | |
| 朝阳区 | 76178061 | 70371206 | 7.5 | 27811 | 26827 | 9.3 |
| 丰台区 | 20097406 | 18484627 | 8.2 | 7427 | 7337 | 6.6 |
| 石景山区 | 9598843 | 8625819 | 9.2 | | | |
| 海淀区 | 95017399 | 84920103 | 8.8 | 18515 | 16465 | 18.1 |
| 门头沟区 | 2687841 | 2490829 | 7.0 | 17311 | 22026 | -17.0 |
| 房山区 | 8183536 | 7501815 | 7.7 | 136693 | 141303 | -2.6 |
| 通州区 | 12063469 | 11104688 | 7.8 | 132358 | 130976 | 2.6 |
| 顺义区 | 20767700 | 18492533 | 10.6 | 164821 | 158462 | 持平 |
| 昌平区 | 12869778 | 11518176 | 10.4 | 72598 | 78812 | -8.9 |
| 大兴区 | 14618409 | 9310422 | 56.4 | 146251 | 135675 | 10.6 |
| 怀柔区 | 4326128 | 3991086 | 7.7 | 45721 | 44220 | 6.8 |
| 平谷区 | 3592752 | 3218831 | 9.8 | 138695 | 128981 | 3.6 |
| 密云区 | 3603131 | 3334210 | 7.5 | 140288 | 127079 | 10.8 |
| 延庆区 | 2047392 | 1956899 | 4.1 | 61724 | 62220 | -3.5 |
| 北京经济技术开发区 | 26660063 | 20403246 | 28.8 | | | |

注：1. 本表行业划分执行《国民经济行业分类》（GB/T 4754-2017）标准（下表同）。
2. 表中地区生产总值按当年价格计算，增长速度按不变价格计算（下表同）。
3. 地区生产总值各区合计数不等于全市是由于各区的数据中扣除了划归市一级核算部分。

## 3-10 续表1

单位：万元

| 各区 | 地区生产总值按产业分 | | | | | |
|---|---|---|---|---|---|---|
| | 第二产业 | | | 第三产业 | | |
| | 2021 | 2020 | 增长速度（%） | 2021 | 2020 | 增长速度（%） |
| **全　市** | **72686000** | **57390900** | **23.2** | **328896100** | **300958800** | **5.7** |
| 东城区 | 926408 | 751842 | 22.2 | 31004106 | 28618488 | 7.7 |
| 西城区 | 2747075 | 2584860 | 4.5 | 51334016 | 47442317 | 8.3 |
| 朝阳区 | 5225450 | 5009280 | 3.2 | 70924800 | 65335099 | 7.8 |
| 丰台区 | 3289282 | 3025688 | 7.4 | 16800697 | 15451602 | 8.3 |
| 石景山区 | 1582267 | 1401377 | 12.0 | 8016576 | 7224442 | 8.7 |
| 海淀区 | 8313215 | 6929645 | 17.6 | 86685669 | 77973993 | 8.0 |
| 门头沟区 | 723951 | 672460 | 6.1 | 1946579 | 1796343 | 7.7 |
| 房山区 | 3301596 | 2872183 | 12.0 | 4745247 | 4488329 | 5.2 |
| 通州区 | 4486628 | 4265016 | 3.0 | 7444483 | 6708696 | 10.9 |
| 顺义区 | 5666364 | 5208675 | 5.2 | 14936515 | 13125396 | 12.8 |
| 昌平区 | 4499628 | 3671593 | 20.2 | 8297552 | 7767771 | 6.1 |
| 大兴区 | 7780643 | 2992135 | 163.3 | 6691515 | 6182612 | 5.6 |
| 怀柔区 | 1699271 | 1624971 | 3.6 | 2581136 | 2321895 | 10.6 |
| 平谷区 | 839044 | 739024 | 11.6 | 2615013 | 2350826 | 9.6 |
| 密云区 | 933544 | 893909 | 2.8 | 2529299 | 2313222 | 9.1 |
| 延庆区 | 429566 | 468853 | -9.3 | 1556102 | 1425826 | 8.9 |
| 北京经济技术开发区 | 18840164 | 13324686 | 39.7 | 7819899 | 7078560 | 8.3 |

# 3-10 续表2

单位：万元

| 各　区 | 地区生产总值按行业分 | | | | | |
|---|---|---|---|---|---|---|
| | 农林牧渔业 | | | 工　业 | | |
| | 2021 | 2020 | 增长速度（%） | 2021 | 2020 | 增长速度（%） |
| **全　市** | **1133500** | **1107300** | **2.3** | **56925300** | **42550600** | **31.0** |
| 东城区 | | | | 350124 | 284622 | 20.0 |
| 西城区 | | | | 1905724 | 1750028 | 6.2 |
| 朝阳区 | 27827 | 26870 | 9.2 | 3009168 | 2837510 | 3.8 |
| 丰台区 | 7460 | 7370 | 6.6 | 1241736 | 1206801 | -0.8 |
| 石景山区 | | | | 507961 | 446236 | 10.4 |
| 海淀区 | 19102 | 17348 | 15.4 | 6423816 | 5065707 | 23.5 |
| 门头沟区 | 17532 | 22398 | -17.4 | 406343 | 389650 | 1.5 |
| 房山区 | 137891 | 142810 | -2.8 | 2729654 | 2296637 | 15.0 |
| 通州区 | 132518 | 131079 | 2.7 | 2302721 | 2069203 | 6.6 |
| 顺义区 | 172842 | 168026 | -0.9 | 5195088 | 4728821 | 5.5 |
| 昌平区 | 75319 | 83179 | -10.4 | 3930760 | 3193330 | 20.3 |
| 大兴区 | 147228 | 136786 | 10.4 | 6849557 | 2141752 | 226.6 |
| 怀柔区 | 45985 | 44587 | 6.6 | 1219328 | 1219888 | -2.6 |
| 平谷区 | 140194 | 131518 | 2.7 | 583318 | 470576 | 20.8 |
| 密云区 | 142459 | 128720 | 11.1 | 511554 | 517335 | -4.2 |
| 延庆区 | 63931 | 64173 | -2.9 | 239423 | 235011 | -0.1 |
| 北京经济技术开发区 | | | | 18180652 | 12773286 | 40.5 |

## 3-10 续表3

单位：万元

| 各区 | 地区生产总值按行业分 | | | | | |
|---|---|---|---|---|---|---|
| | 建筑业 | | | 批发和零售业 | | |
| | 2021 | 2020 | 增长速度（%） | 2021 | 2020 | 增长速度（%） |
| **全　市** | **16197100** | **15282000** | **0.8** | **31506200** | **28403000** | **8.4** |
| 东城区 | 576737 | 467588 | 23.6 | 3398333 | 3067513 | 9.5 |
| 西城区 | 842214 | 835644 | 1.0 | 3067045 | 2774053 | 9.3 |
| 朝阳区 | 2225208 | 2180327 | 2.3 | 12679492 | 11160562 | 12.3 |
| 丰台区 | 2057195 | 1827763 | 12.8 | 1640659 | 1553216 | 4.4 |
| 石景山区 | 1048116 | 931945 | 12.7 | 479891 | 443521 | 6.9 |
| 海淀区 | 1902649 | 1874983 | 1.7 | 3789788 | 3645072 | 2.7 |
| 门头沟区 | 321728 | 286637 | 12.5 | 191071 | 160557 | 17.6 |
| 房山区 | 603707 | 603180 | 0.3 | 354241 | 325881 | 7.4 |
| 通州区 | 2192067 | 2203570 | -0.3 | 787432 | 686901 | 13.3 |
| 顺义区 | 895575 | 869881 | 3.2 | 774271 | 683937 | 11.9 |
| 昌平区 | 584540 | 491051 | 19.3 | 493002 | 430447 | 13.2 |
| 大兴区 | 954901 | 859601 | 5.6 | 555804 | 500521 | 8.7 |
| 怀柔区 | 482026 | 407075 | 22.2 | 117680 | 103424 | 12.4 |
| 平谷区 | 256480 | 269112 | -4.5 | 204223 | 186528 | 8.2 |
| 密云区 | 423543 | 378061 | 12.3 | 187475 | 166228 | 11.4 |
| 延庆区 | 190356 | 234074 | -18.5 | 140518 | 122969 | 12.9 |
| 北京经济技术开发区 | 673801 | 561506 | 20.3 | 2650350 | 2391670 | 9.5 |

# 3-10 续表4

单位：万元

| 各区 | 地区生产总值按行业分 | | | | | |
|---|---|---|---|---|---|---|
| | 交通运输、仓储和邮政业 | | | 住宿和餐饮业 | | |
| | 2021 | 2020 | 增长速度（%） | 2021 | 2020 | 增长速度（%） |
| **全　市** | **9425200** | **8443500** | **5.9** | **4217000** | **3608300** | **13.7** |
| 东城区 | 180793 | 178098 | 6.5 | 576584 | 496312 | 14.4 |
| 西城区 | 597839 | 580822 | 5.7 | 444976 | 384701 | 14.0 |
| 朝阳区 | 1173009 | 970692 | 28.9 | 1152585 | 986347 | 15.0 |
| 丰台区 | 701635 | 646658 | 15.7 | 310895 | 261480 | 16.6 |
| 石景山区 | 26766 | 29374 | -2.8 | 67497 | 59291 | 11.7 |
| 海淀区 | 985891 | 977142 | 7.6 | 586476 | 506531 | 14.3 |
| 门头沟区 | 18447 | 17210 | 14.3 | 84415 | 68291 | 20.9 |
| 房山区 | 31281 | 30872 | 2.9 | 105748 | 90816 | 13.9 |
| 通州区 | 99829 | 99229 | 6.2 | 111920 | 95496 | 14.9 |
| 顺义区 | 5226969 | 4131272 | 24.6 | 156810 | 131733 | 16.8 |
| 昌平区 | 111244 | 105632 | 12.3 | 174141 | 147676 | 16.1 |
| 大兴区 | 240392 | 200372 | 13.8 | 67726 | 58893 | 11.8 |
| 怀柔区 | 54607 | 53867 | 4.1 | 54286 | 45680 | 17.6 |
| 平谷区 | 89021 | 88112 | 5.3 | 60575 | 49630 | 20.2 |
| 密云区 | 68181 | 61432 | 18.4 | 40233 | 32750 | 14.2 |
| 延庆区 | 12369 | 15237 | -13.4 | 59378 | 46346 | 25.9 |
| 北京经济技术开发区 | 456598 | 429210 | 13.4 | 165750 | 146329 | 10.7 |

# 3-10 续表5

单位：万元

| 各　区 | 地区生产总值按行业分 | | | | | |
|---|---|---|---|---|---|---|
| | 信息传输、软件和信息技术服务业 | | | 金融业 | | |
| | 2021 | 2020 | 增长速度（%） | 2021 | 2020 | 增长速度（%） |
| **全　市** | **65352800** | **56014900** | **11.0** | **76037100** | **70571000** | **4.5** |
| 东城区 | 3590213 | 3244642 | 3.9 | 9469467 | 8939676 | 7.7 |
| 西城区 | 2226565 | 1936110 | 8.0 | 28724743 | 26155040 | 10.9 |
| 朝阳区 | 9712694 | 8897055 | 2.5 | 14166575 | 12853186 | 12.0 |
| 丰台区 | 1094544 | 1015553 | 1.2 | 2928634 | 2722655 | 9.3 |
| 石景山区 | 2779670 | 2260651 | 15.4 | 1822565 | 1709686 | 7.6 |
| 海淀区 | 38159799 | 32072105 | 12.6 | 9677664 | 9555336 | 0.8 |
| 门头沟区 | 88112 | 67531 | 22.5 | 236050 | 228083 | 4.5 |
| 房山区 | 158423 | 148690 | 持平 | 530436 | 524862 | 2.0 |
| 通州区 | 108875 | 95274 | 7.3 | 1179055 | 1034097 | 17.0 |
| 顺义区 | 627245 | 574954 | 2.4 | 3341669 | 3157792 | 6.8 |
| 昌平区 | 835585 | 707351 | 10.9 | 922080 | 888654 | 4.8 |
| 大兴区 | 195140 | 184983 | 5.5 | 1011177 | 924355 | 6.1 |
| 怀柔区 | 333707 | 276729 | 18.6 | 231112 | 220433 | 5.8 |
| 平谷区 | 574390 | 399204 | 35.1 | 167379 | 160055 | 5.6 |
| 密云区 | 70810 | 43169 | 54.0 | 206507 | 195071 | 6.9 |
| 延庆区 | 18157 | 14839 | 14.9 | 152764 | 141857 | 8.7 |
| 北京经济技术开发区 | 1506319 | 1290589 | 9.6 | 636889 | 573923 | 12.0 |

# 3-10 续表6

单位：万元

| 各区 | 地区生产总值按行业分 | | | | | |
|---|---|---|---|---|---|---|
| | 房地产业 | | | 租赁与商务服务业 | | |
| | 2021 | 2020 | 增长速度（%） | 2021 | 2020 | 增长速度（%） |
| **全　市** | **26054900** | **24590400** | **4.6** | **24353300** | **22861600** | **3.4** |
| 东城区 | 2400489 | 1792809 | 33.0 | 2216639 | 2115693 | 5.6 |
| 西城区 | 2425764 | 2374471 | 1.5 | 2979558 | 2830763 | 6.1 |
| 朝阳区 | 5715753 | 6093735 | -6.9 | 10270805 | 9501540 | 9.0 |
| 丰台区 | 2285306 | 2066440 | 9.7 | 1737673 | 1636591 | 7.1 |
| 石景山区 | 581852 | 558164 | 3.3 | 344434 | 343898 | 0.4 |
| 海淀区 | 3598413 | 3156342 | 13.0 | 3067164 | 2854200 | 8.3 |
| 门头沟区 | 348259 | 335186 | 3.0 | 47388 | 41897 | 14.0 |
| 房山区 | 1187060 | 1080569 | 8.9 | 251654 | 248425 | 2.1 |
| 通州区 | 1460039 | 1440571 | 0.4 | 400457 | 404027 | -0.1 |
| 顺义区 | 1487508 | 1281044 | 15.2 | 788521 | 763669 | 4.1 |
| 昌平区 | 1388071 | 1363070 | 0.8 | 526193 | 513561 | 3.3 |
| 大兴区 | 1215103 | 1118178 | 7.2 | 497902 | 472263 | 2.4 |
| 怀柔区 | 245983 | 250786 | -1.8 | 220322 | 219214 | 0.6 |
| 平谷区 | 306721 | 320973 | -5.4 | 130693 | 102075 | 29.1 |
| 密云区 | 759189 | 665659 | 13.2 | 79928 | 78553 | 2.6 |
| 延庆区 | 164805 | 130430 | 24.8 | 146706 | 128471 | 15.1 |
| 北京经济技术开发区 | 530205 | 561974 | -14.0 | 669213 | 606760 | 11.2 |

## 3-10　续表7

单位：万元

| 各　区 | 地区生产总值按行业分 | | | | | |
|---|---|---|---|---|---|---|
| | 科学研究和技术服务业 | | | 水利、环境和公共设施管理业 | | |
| | 2021 | 2020 | 增长速度（%） | 2021 | 2020 | 增长速度（%） |
| **全　市** | **31982000** | **29739200** | **2.3** | **3069800** | **3038900** | **-1.9** |
| 东 城 区 | 3361138 | 3152668 | 3.5 | 123666 | 137178 | -8.8 |
| 西 城 区 | 2924499 | 2737729 | 3.7 | 276099 | 380435 | -29.0 |
| 朝 阳 区 | 6287030 | 5871200 | 4.0 | 585371 | 575435 | 2.9 |
| 丰 台 区 | 2704317 | 2355940 | 11.5 | 191751 | 202954 | -4.4 |
| 石景山区 | 538380 | 479883 | 9.0 | 58777 | 59945 | -0.8 |
| 海 淀 区 | 11830685 | 11162852 | 2.1 | 751584 | 628284 | 21.0 |
| 门头沟区 | 124746 | 118737 | 2.0 | 38437 | 39039 | -0.4 |
| 房 山 区 | 340251 | 339339 | -2.6 | 85415 | 88843 | -2.8 |
| 通 州 区 | 320883 | 292315 | 6.6 | 131808 | 127815 | 4.3 |
| 顺 义 区 | 500600 | 454212 | 7.0 | 90649 | 87862 | 4.4 |
| 昌 平 区 | 1204953 | 1066220 | 9.7 | 151938 | 148925 | 3.2 |
| 大 兴 区 | 496218 | 445020 | 6.1 | 158588 | 150261 | 2.5 |
| 怀 柔 区 | 258007 | 185498 | 35.1 | 102338 | 80005 | 29.4 |
| 平 谷 区 | 126971 | 116644 | 5.7 | 34792 | 34213 | 2.9 |
| 密 云 区 | 82038 | 81775 | -2.6 | 204432 | 193845 | 6.7 |
| 延 庆 区 | 54582 | 50360 | 5.3 | 66200 | 71621 | -6.5 |
| 北京经济技术开发区 | 738941 | 644925 | 11.3 | 33234 | 32240 | 4.3 |

# 3-10 续表8

单位：万元

| 各区 | 地区生产总值按行业分 | | | | | |
|---|---|---|---|---|---|---|
| | 居民服务、修理和其他服务业 | | | 教育 | | |
| | 2021 | 2020 | 增长速度（%） | 2021 | 2020 | 增长速度（%） |
| **全市** | **1945500** | **1876500** | **1.6** | **19647700** | **18992300** | **2.0** |
| 东城区 | 84587 | 84678 | 0.1 | 988932 | 986979 | 1.2 |
| 西城区 | 157789 | 149008 | 7.5 | 1444483 | 1413751 | 4.3 |
| 朝阳区 | 455172 | 451657 | 2.3 | 3144714 | 2839710 | 13.0 |
| 丰台区 | 204559 | 181025 | 14.7 | 732409 | 695798 | 7.4 |
| 石景山区 | 87981 | 85319 | 4.7 | 458567 | 476665 | -1.8 |
| 海淀区 | 255069 | 274214 | -5.6 | 8036781 | 7670519 | 5.3 |
| 门头沟区 | 39037 | 35837 | 10.6 | 170511 | 168688 | 3.2 |
| 房山区 | 55032 | 51612 | 8.3 | 567053 | 541751 | 6.8 |
| 通州区 | 107140 | 90556 | 20.1 | 675616 | 659710 | 4.5 |
| 顺义区 | 95754 | 95224 | 1.2 | 532482 | 530280 | 2.5 |
| 昌平区 | 98019 | 95661 | 4.0 | 1201166 | 1171721 | 4.6 |
| 大兴区 | 101329 | 90333 | 9.9 | 832436 | 815915 | 0.5 |
| 怀柔区 | 63137 | 53252 | 27.7 | 209725 | 208931 | 1.5 |
| 平谷区 | 45965 | 44544 | 4.8 | 233740 | 240903 | -1.0 |
| 密云区 | 41638 | 41259 | 2.5 | 269975 | 267058 | 3.2 |
| 延庆区 | 15781 | 20401 | -21.5 | 217832 | 213564 | 4.1 |
| 北京经济技术开发区 | 38922 | 31920 | 23.8 | 92017 | 90357 | 3.9 |

# 3-10 续表9

单位：万元

| 各区 | 地区生产总值按行业分 | | | | | | | | |
|---|---|---|---|---|---|---|---|---|---|
| | 卫生和社会工作 | | | 文化、体育和娱乐业 | | | 公共管理、社会保障和社会组织 | | |
| | 2021 | 2020 | 增长速度（%） | 2021 | 2020 | 增长速度（%） | 2021 | 2020 | 增长速度（%） |
| **全　市** | **10784900** | **10026600** | **4.8** | **7367800** | **6516600** | **8.4** | **16695400** | **15809800** | **3.2** |
| 东 城 区 | 1418580 | 1361795 | 6.9 | 1020171 | 1001029 | 2.8 | 2174061 | 2059050 | 3.0 |
| 西 城 区 | 1681355 | 1588552 | 8.6 | 1294962 | 1212968 | 7.7 | 3087476 | 2923102 | 3.0 |
| 朝 阳 区 | 2305033 | 2082129 | 13.6 | 1145728 | 1033492 | 11.8 | 2121897 | 2009759 | 3.0 |
| 丰 台 区 | 893906 | 799233 | 14.7 | 323593 | 319467 | 2.2 | 1041134 | 985683 | 3.0 |
| 石景山区 | 285020 | 257901 | 13.4 | 165885 | 156130 | 7.2 | 345481 | 327210 | 3.0 |
| 海 淀 区 | 1474944 | 1383608 | 9.4 | 2583853 | 2301554 | 13.2 | 1873721 | 1774306 | 3.0 |
| 门头沟区 | 148400 | 132510 | 14.9 | 50232 | 40358 | 25.5 | 357133 | 338220 | 3.0 |
| 房 山 区 | 353520 | 331537 | 9.4 | 39825 | 38630 | 4.0 | 652345 | 617361 | 3.0 |
| 通 州 区 | 414678 | 381431 | 11.5 | 353329 | 76253 | 367.4 | 1285102 | 1217161 | 3.0 |
| 顺 义 区 | 243777 | 233339 | 7.2 | 50980 | 44625 | 15.2 | 586960 | 555862 | 3.0 |
| 昌 平 区 | 546359 | 522494 | 7.3 | 71577 | 63702 | 13.3 | 554831 | 525502 | 3.0 |
| 大 兴 区 | 347302 | 313865 | 7.8 | 63537 | 58255 | 4.5 | 884069 | 839069 | 3.0 |
| 怀 柔 区 | 186868 | 174482 | 9.9 | 102288 | 69710 | 37.8 | 398729 | 377525 | 3.0 |
| 平 谷 区 | 170705 | 160226 | 9.3 | 33360 | 33263 | 1.2 | 434225 | 411255 | 3.0 |
| 密 云 区 | 161014 | 149188 | 10.7 | 24217 | 21584 | 13.2 | 329938 | 312523 | 3.0 |
| 延 庆 区 | 120192 | 109525 | 12.6 | 30624 | 23165 | 33.3 | 353774 | 334856 | 3.0 |
| 北京经济技术开发区 | 50808 | 44785 | 16.4 | 23770 | 22414 | 7.0 | 212594 | 201358 | 3.0 |

# 3-11 一般公共预算收入

单位：万元

| 各　区 | 2021 | 2020 | #税收收入 | | #增值税 | |
|---|---|---|---|---|---|---|
| | | | 2021 | 2020 | 2021 | 2020 |
| **全　市** | **59323080** | **54838866** | **51646447** | **46438700** | **17428565** | **16531115** |
| 东 城 区 | 1955001 | 1814131 | 1723438 | 1473864 | 520489 | 443235 |
| 西 城 区 | 4280656 | 4138446 | 4077862 | 3891858 | 1287790 | 1141794 |
| 朝 阳 区 | 5434078 | 5116375 | 5086152 | 4740268 | 1580734 | 1441518 |
| 丰 台 区 | 1451863 | 1298785 | 1308822 | 1133750 | 388901 | 352474 |
| 石景山区 | 733297 | 656837 | 667191 | 584501 | 245425 | 247936 |
| 海 淀 区 | 4902046 | 4538689 | 4434076 | 3955703 | 1528836 | 1499909 |
| 门头沟区 | 310158 | 320588 | 213580 | 240064 | 97829 | 87088 |
| 房 山 区 | 855273 | 750202 | 469200 | 373332 | 217108 | 174351 |
| 通 州 区 | 924091 | 787271 | 696583 | 572018 | 209503 | 240383 |
| 顺 义 区 | 1711784 | 1709840 | 1170326 | 1137991 | 458100 | 446244 |
| 昌 平 区 | 1227919 | 1109326 | 923908 | 886413 | 315544 | 316491 |
| 大 兴 区 | 1140262 | 1040462 | 784672 | 562454 | 237470 | 191761 |
| 怀 柔 区 | 458242 | 434313 | 324119 | 283237 | 134345 | 131724 |
| 平 谷 区 | 266549 | 256181 | 187220 | 180950 | 88732 | 80462 |
| 密 云 区 | 409828 | 393087 | 282573 | 260223 | 107135 | 94506 |
| 延 庆 区 | 234500 | 227600 | 183313 | 155929 | 55513 | 46983 |

注：各区财政收入为区级财政收入，故分区数据之和不等于全市。

资料来源：北京市财政局。

# 3-11 续表

单位：万元

| 各区 | #企业所得税 | | #土地增值税 | | #房产税 | |
|---|---|---|---|---|---|---|
| | 2021 | 2020 | 2021 | 2020 | 2021 | 2020 |
| **全市** | **13950726** | **11824901** | **2474346** | **2593012** | **3428565** | **3084731** |
| 东城区 | 531472 | 446872 | 122947 | 78924 | 245855 | 246832 |
| 西城区 | 1610362 | 1527554 | 193167 | 291021 | 415836 | 401052 |
| 朝阳区 | 1400554 | 1304410 | 238484 | 344610 | 947841 | 861917 |
| 丰台区 | 232021 | 208141 | 300876 | 255233 | 194024 | 167534 |
| 石景山区 | 167164 | 103478 | 90478 | 80763 | 49769 | 45893 |
| 海淀区 | 1085666 | 862255 | 277524 | 285489 | 499686 | 437047 |
| 门头沟区 | 23211 | 29602 | 44830 | 85325 | 12544 | 9192 |
| 房山区 | 43852 | 46439 | 82434 | 52538 | 38742 | 31210 |
| 通州区 | 111313 | 98892 | 175396 | 67500 | 95408 | 65724 |
| 顺义区 | 215123 | 184557 | 179443 | 235134 | 152991 | 134882 |
| 昌平区 | 165357 | 171765 | 186982 | 185972 | 111968 | 94984 |
| 大兴区 | 297109 | 64279 | 43913 | 154675 | 97412 | 78373 |
| 怀柔区 | 68719 | 54265 | 33737 | 12413 | 29565 | 36194 |
| 平谷区 | 42612 | 23673 | 12150 | 40649 | 10840 | 9799 |
| 密云区 | 48770 | 46995 | 65235 | 67581 | 22400 | 22280 |
| 延庆区 | 85099 | 48128 | 6969 | 33601 | 15010 | 11970 |

## 3-12 一般公共预算支出

单位：万元

| 各区 | 2021 | 2020 | 一般公共预算支出中 | | | |
|---|---|---|---|---|---|---|
| | | | #一般公共服务 | | #社会保障和就业 | |
| | | | 2021 | 2020 | 2021 | 2020 |
| **全市** | **72051201** | **71161764** | **5326544** | **5270981** | **10541868** | **10558567** |
| 东城区 | 2827422 | 2687029 | 206827 | 212907 | 510296 | 554011 |
| 西城区 | 4144461 | 4179950 | 385814 | 404957 | 837566 | 828615 |
| 朝阳区 | 5573052 | 5033913 | 224295 | 217709 | 1926041 | 1682246 |
| 丰台区 | 2627989 | 2796477 | 262145 | 286961 | 702449 | 733233 |
| 石景山区 | 1254977 | 1139295 | 122740 | 127998 | 306062 | 267911 |
| 海淀区 | 6369661 | 6126682 | 416347 | 454264 | 1213701 | 1248421 |
| 门头沟区 | 1006983 | 1068936 | 142795 | 136823 | 142713 | 138658 |
| 房山区 | 2436091 | 2539871 | 298814 | 310239 | 356876 | 344093 |
| 通州区 | 3302897 | 3068889 | 290641 | 276073 | 349506 | 365664 |
| 顺义区 | 3092814 | 3153583 | 344795 | 340485 | 381423 | 320616 |
| 昌平区 | 2449718 | 2651630 | 211102 | 232168 | 342104 | 358902 |
| 大兴区 | 2868171 | 2974259 | 308123 | 258825 | 362240 | 377100 |
| 怀柔区 | 1472680 | 1496590 | 156659 | 157368 | 194160 | 207551 |
| 平谷区 | 1269655 | 1195333 | 146731 | 142216 | 207103 | 238551 |
| 密云区 | 1540841 | 1712931 | 169428 | 191660 | 257894 | 287380 |
| 延庆区 | 1259503 | 1391039 | 127533 | 143278 | 104826 | 188793 |

注：各区财政支出为区级财政支出，故分区数据之和不等于全市。
资料来源：北京市财政局。

# 3-12 续表1

单位：万元

| 各　区 | 一般公共预算支出中 | | | | | |
|---|---|---|---|---|---|---|
| | #科学技术 | | #教　育 | | #卫生健康 | |
| | 2021 | 2020 | 2021 | 2020 | 2021 | 2020 |
| **全　市** | **4494463** | **4109628** | **11478293** | **11382893** | **6326655** | **6056354** |
| 东 城 区 | 12440 | 16564 | 711695 | 705906 | 231955 | 214485 |
| 西 城 区 | 44180 | 42036 | 741286 | 733840 | 374958 | 360474 |
| 朝 阳 区 | 114655 | 101676 | 1073726 | 984073 | 493196 | 443071 |
| 丰 台 区 | 62935 | 59113 | 489841 | 424952 | 172513 | 161366 |
| 石景山区 | 20176 | 16635 | 223669 | 205633 | 81566 | 75730 |
| 海 淀 区 | 313446 | 261336 | 1365005 | 1307277 | 429154 | 405525 |
| 门头沟区 | 4644 | 4009 | 191293 | 188060 | 68082 | 67013 |
| 房 山 区 | 4378 | 5255 | 560097 | 541884 | 198909 | 202468 |
| 通 州 区 | 9231 | 9412 | 504374 | 480822 | 309820 | 298203 |
| 顺 义 区 | 35433 | 24283 | 528618 | 522956 | 287018 | 267751 |
| 昌 平 区 | 58813 | 67812 | 549182 | 581340 | 196508 | 205399 |
| 大 兴 区 | 109553 | 66519 | 508413 | 539521 | 366572 | 352031 |
| 怀 柔 区 | 70514 | 49843 | 246252 | 244552 | 178165 | 172384 |
| 平 谷 区 | 12389 | 11854 | 236013 | 223055 | 108795 | 135183 |
| 密 云 区 | 22509 | 33974 | 254588 | 250213 | 128620 | 150748 |
| 延 庆 区 | 25161 | 21592 | 211262 | 207458 | 130511 | 154378 |

# 3-12 续表2

单位：万元

| 各区 | 一般公共预算支出中 | | | | | | | |
|---|---|---|---|---|---|---|---|---|
| | #节能环保 | | #交通运输 | | #农林水 | | #城乡社区 | |
| | 2021 | 2020 | 2021 | 2020 | 2021 | 2020 | 2021 | 2020 |
| **全市** | **2492374** | **2369031** | **3626975** | **3279650** | **4978660** | **4973296** | **8600049** | **8729374** |
| 东城区 | 23171 | 26756 | 170 | 701 | 9479 | 4570 | 614656 | 435851 |
| 西城区 | 23680 | 26164 | 90 | 1269 | 20191 | 16205 | 989051 | 1059926 |
| 朝阳区 | 152085 | 140681 | | 1390 | 416174 | 390286 | 427423 | 404543 |
| 丰台区 | 41672 | 32446 | 788 | 1940 | 103709 | 103050 | 333812 | 545277 |
| 石景山区 | 22602 | 18391 | 344 | 932 | 36548 | 44727 | 151388 | 130461 |
| 海淀区 | 77125 | 112337 | 250 | 584 | 372544 | 282141 | 1336962 | 1040065 |
| 门头沟区 | 42735 | 34873 | 7243 | 4080 | 110731 | 166570 | 81959 | 138661 |
| 房山区 | 91694 | 73123 | 25432 | 28789 | 283012 | 300278 | 227083 | 230567 |
| 通州区 | 57390 | 69857 | 29146 | 20318 | 532932 | 576841 | 688890 | 556349 |
| 顺义区 | 115792 | 120716 | 22598 | 60725 | 390667 | 390311 | 460437 | 483441 |
| 昌平区 | 61037 | 95341 | 11486 | 15926 | 332515 | 305847 | 318158 | 387014 |
| 大兴区 | 63833 | 48313 | 23261 | 25214 | 312119 | 334753 | 383830 | 600861 |
| 怀柔区 | 50517 | 59245 | 12332 | 12777 | 157792 | 221825 | 166954 | 161649 |
| 平谷区 | 51347 | 41060 | 12337 | 9717 | 185723 | 148420 | 124518 | 80758 |
| 密云区 | 131201 | 152641 | 8686 | 19999 | 323659 | 322869 | 105589 | 173753 |
| 延庆区 | 47314 | 65841 | 18784 | 15520 | 282695 | 335323 | 164175 | 140028 |

# 3-13 各项税收收入

单位：万元

| 各　区 | 2021 | 2020 |
|---|---|---|
| **全　市** | **139908860** | **128058570** |
| 东 城 区 | 9417141 | 8446104 |
| 西 城 区 | 45144556 | 45442676 |
| 朝 阳 区 | 22343027 | 19643955 |
| 丰 台 区 | 4585470 | 3977606 |
| 石景山区 | 2619556 | 2191362 |
| 海 淀 区 | 26932418 | 23559728 |
| 门头沟区 | 777782 | 791076 |
| 房 山 区 | 1411042 | 1169535 |
| 通 州 区 | 2496439 | 2362480 |
| 顺 义 区 | 4696897 | 4358542 |
| 昌 平 区 | 3734766 | 3302105 |
| 大 兴 区 | 3167382 | 1709801 |
| 怀 柔 区 | 1308586 | 1117616 |
| 平 谷 区 | 803461 | 640475 |
| 密 云 区 | 996596 | 883563 |
| 延 庆 区 | 792480 | 540130 |
| 北京经济技术开发区 | 7787970 | 7072544 |

注：本表全市数据中包含燕山情况，各区不包含燕山数据，故分区数据之和不等于全市。
资料来源：国家税务总局北京市税务局。

# 3-14 固定资产投资（不含农户）增速

单位：%

| 各 区 | 固定资产投资（不含农户） | | #房地产开发投资 | | #基础设施投资 | |
|---|---|---|---|---|---|---|
| | 2021 | 2020 | 2021 | 2020 | 2021 | 2020 |
| **全 市** | **4.9** | **2.2** | **5.1** | **2.6** | **-8.9** | **-12.3** |
| 东 城 区 | 2.7 | -15.3 | 30.6 | 32.0 | -8.8 | -17.5 |
| 西 城 区 | -4.5 | 62.0 | -21.8 | 166.9 | -25.6 | -2.8 |
| 朝 阳 区 | 11.8 | -18.3 | 33.8 | -27.9 | 6.2 | -8.3 |
| 丰 台 区 | 7.2 | 4.4 | 7.9 | 2.6 | -6.1 | 7.6 |
| 石景山区 | 17.0 | 20.8 | 6.7 | 36.6 | 55.5 | -8.3 |
| 海 淀 区 | 10.8 | 7.2 | 23.6 | -2.7 | 10.3 | 3.3 |
| 门头沟区 | 7.0 | 11.7 | -16.6 | 3.3 | 67.4 | 45.1 |
| 房 山 区 | 5.2 | -19.5 | 2.2 | -34.2 | 44.2 | -1.2 |
| 通 州 区 | -2.6 | 8.7 | -16.9 | 35.3 | -23.3 | -20.7 |
| 顺 义 区 | 2.6 | 3.9 | 10.1 | -6.8 | 16.8 | 12.2 |
| 昌 平 区 | 12.6 | 5.1 | 4.3 | -16.8 | 10.2 | 34.1 |
| 大 兴 区 | 1.8 | 10.7 | 9.1 | 32.6 | -46.7 | -24.3 |
| 怀 柔 区 | 17.9 | 25.5 | 5.8 | 39.5 | -6.8 | -29.0 |
| 平 谷 区 | -28.7 | 4.1 | -29.4 | -26.7 | -11.1 | 22.7 |
| 密 云 区 | 7.9 | -1.4 | 23.3 | 11.8 | -15.9 | -21.8 |
| 延 庆 区 | -52.2 | -30.8 | -35.5 | -2.1 | -74.2 | -60.1 |
| 北京经济技术开发区 | 17.1 | 25.4 | -45.6 | -4.2 | -69.4 | -10.9 |

注：本表按项目所在建设地地址划分。

# 3-15 房地产开发与销售情况

单位：万平方米

| 各 区 | 房屋施工面积 | | | 房屋竣工面积 | | |
|---|---|---|---|---|---|---|
| | 2021 | 2020 | 增长速度（%） | 2021 | 2020 | 增长速度（%） |
| **全 市** | **14055.3** | **13918.6** | **1.0** | **1983.9** | **1545.7** | **28.3** |
| 东 城 区 | 245.5 | 171.2 | 43.4 | 0.2 | 0.5 | -48.2 |
| 西 城 区 | 131.1 | 87.2 | 50.3 | 17.5 | | |
| 朝 阳 区 | 2257.3 | 2102.1 | 7.4 | 261.3 | 159.8 | 63.5 |
| 丰 台 区 | 1403.5 | 1333.5 | 5.2 | 223.1 | 146.7 | 52.1 |
| 石景山区 | 540.5 | 560.9 | -3.6 | 66.1 | 79.9 | -17.2 |
| 海 淀 区 | 1086.2 | 1230.2 | -11.7 | 304.8 | 232.6 | 31.1 |
| 门头沟区 | 280.9 | 393.1 | -28.5 | 34.8 | 79.7 | -56.3 |
| 房 山 区 | 817.0 | 841.5 | -2.9 | 60.8 | 125.9 | -51.7 |
| 通 州 区 | 1513.5 | 1600.5 | -5.4 | 109.2 | 185.0 | -41.0 |
| 顺 义 区 | 1300.3 | 1157.1 | 12.4 | 250.7 | 93.1 | 169.3 |
| 昌 平 区 | 1224.5 | 1229.0 | -0.4 | 171.6 | 103.8 | 65.4 |
| 大 兴 区 | 1664.4 | 1643.1 | 1.3 | 243.7 | 136.8 | 78.1 |
| 怀 柔 区 | 416.9 | 355.7 | 17.2 | 31.9 | 6.5 | 391.8 |
| 平 谷 区 | 197.9 | 228.1 | -13.3 | 10.4 | 47.6 | -78.1 |
| 密 云 区 | 326.9 | 345.7 | -5.4 | 27.3 | 46.5 | -41.3 |
| 延 庆 区 | 337.6 | 225.9 | 49.5 | 97.4 | 8.2 | 1080.7 |
| 北京经济技术开发区 | 311.3 | 413.7 | -24.8 | 72.9 | 93.1 | -21.7 |

## 3-15 续表

单位：万平方米

| 各　区 | 商品房销售面积 | | | #住宅销售面积 | | |
|---|---|---|---|---|---|---|
| | 2021 | 2020 | 增长速度（%） | 2021 | 2020 | 增长速度（%） |
| **全　市** | **1107.1** | **970.9** | **14.0** | **877.1** | **733.6** | **19.6** |
| 东 城 区 | 6.3 | 2.9 | 118.0 | 5.5 | 1.5 | 278.3 |
| 西 城 区 | 1.5 | 1.5 | -2.1 | 1.5 | 0.9 | 56.7 |
| 朝 阳 区 | 64.6 | 93.6 | -31.0 | 56.7 | 79.9 | -29.1 |
| 丰 台 区 | 142.3 | 99.8 | 42.6 | 108.7 | 65.0 | 67.3 |
| 石景山区 | 76.9 | 69.6 | 10.6 | 49.3 | 40.3 | 22.4 |
| 海 淀 区 | 100.5 | 63.6 | 57.9 | 85.5 | 42.6 | 100.8 |
| 门头沟区 | 41.5 | 33.2 | 24.8 | 21.1 | 23.5 | -10.1 |
| 房 山 区 | 90.5 | 61.6 | 47.0 | 73.8 | 48.2 | 53.2 |
| 通 州 区 | 118.8 | 132.5 | -10.3 | 99.0 | 75.5 | 31.2 |
| 顺 义 区 | 118.7 | 85.4 | 39.0 | 94.6 | 63.9 | 47.9 |
| 昌 平 区 | 103.7 | 104.8 | -1.0 | 83.8 | 93.5 | -10.3 |
| 大 兴 区 | 109.3 | 79.0 | 38.4 | 88.1 | 66.2 | 33.2 |
| 怀 柔 区 | 12.1 | 24.9 | -51.6 | 11.3 | 24.4 | -53.7 |
| 平 谷 区 | 19.1 | 36.7 | -47.8 | 14.2 | 33.3 | -57.5 |
| 密 云 区 | 26.9 | 18.5 | 45.2 | 23.9 | 16.7 | 43.0 |
| 延 庆 区 | 13.7 | 6.2 | 119.4 | 9.9 | 5.9 | 66.7 |
| 北京经济技术开发区 | 60.7 | 57.1 | 6.3 | 50.2 | 52.5 | -4.3 |

注：销售面积为期房与现房销售面积之和。

# 3-16 能源消费基本情况

| 各 区 | 能源消费总量（万吨标准煤） | | 万元地区生产总值能耗下降率（%） | |
|---|---|---|---|---|
| | 2021 | 2020 | 2021 | 2020 |
| **全 市** | **7103.6** | **6762.1** | **3.14** | **9.09** |
| 东 城 区 | 320.1 | 300.9 | 2.05 | 2.98 |
| 西 城 区 | 379.3 | 363.0 | 2.14 | 4.63 |
| 朝 阳 区 | 927.0 | 856.0 | 0.55 | 2.63 |
| 丰 台 区 | 425.8 | 444.0 | 11.17 | 5.49 |
| 石景山区 | 127.7 | 121.6 | 2.23 | 8.17 |
| 海 淀 区 | 742.7 | 701.3 | 3.69 | 6.34 |
| 门头沟区 | 61.8 | 57.9 | -1.06 | 6.87 |
| 房 山 区 | 777.0 | 825.4 | 13.86 | -4.62 |
| 通 州 区 | 322.3 | 311.1 | 0.07 | 7.35 |
| 顺 义 区 | 1079.0 | 995.2 | 2.73 | 20.09 |
| 昌 平 区 | 358.2 | 344.0 | 4.47 | 6.79 |
| 大 兴 区 | 384.4 | 305.1 | 18.21 | 11.31 |
| 怀 柔 区 | 116.5 | 113.6 | 3.50 | 3.27 |
| 平 谷 区 | 107.2 | 108.4 | 4.74 | 26.24 |
| 密 云 区 | 117.7 | 116.7 | 6.15 | 6.95 |
| 延 庆 区 | 60.2 | 60.3 | -1.07 | 13.24 |
| 北京经济技术开发区 | 274.0 | 252.6 | 16.26 | 1.26 |

注：1. 能源消费总量各区合计数不等于全市是由于各区中扣除了划归市一级核算的部分。

2. 万元地区生产总值能耗下降率按可比价格计算，2021年为初步核算数据。

# 3-17　全社会用电量情况（2021年）

单位：万千瓦时

| 各　区 | 全社会用电量 | 第一产业 | 第二产业 | 第三产业 | 居民生活 |
|---|---|---|---|---|---|
| **全　市** | **12329152** | **94160** | **3077101** | **6294023** | **2863869** |
| 东城区 | 469649 | | 14050 | 356328 | 99272 |
| 西城区 | 548137 | | 21074 | 393849 | 133213 |
| 朝阳区 | 2038051 | 1157 | 260836 | 1292256 | 483803 |
| 丰台区 | 966795 | 427 | 144708 | 564750 | 256911 |
| 石景山区 | 248032 | 8 | 45590 | 145342 | 57092 |
| 海淀区 | 1618805 | 3558 | 145174 | 1151861 | 318212 |
| 门头沟区 | 150892 | 1284 | 30564 | 65820 | 53224 |
| 房山区 | 813353 | 13911 | 385355 | 210041 | 204046 |
| 通州区 | 796551 | 11768 | 158221 | 375871 | 250691 |
| 顺义区 | 919216 | 15044 | 255049 | 413678 | 235445 |
| 昌平区 | 873813 | 12657 | 170836 | 426723 | 263598 |
| 大兴区 | 689031 | 11387 | 150777 | 336793 | 190074 |
| 怀柔区 | 226187 | 5654 | 70605 | 77443 | 72484 |
| 平谷区 | 186802 | 8750 | 51303 | 53525 | 73224 |
| 密云区 | 229259 | 5348 | 57193 | 75455 | 91263 |
| 延庆区 | 162531 | 3208 | 20179 | 88462 | 50682 |
| 北京经济技术开发区 | 782155 | | 485691 | 265827 | 30637 |

注：由于线损和区域电厂实行集中管理，本表各区未统计线损电量和电厂厂用电量，故分区数据之和不等于全市。
资料来源：国网北京市电力公司。

# 3-18 农村基本情况

| 各区 | 行政村常住户数（万户） | | | 行政村常住人口（万人） | | | 行政村从业人员（万人） | | | 行政村农林牧渔业从业人员（万人） | | |
|---|---|---|---|---|---|---|---|---|---|---|---|---|
| | 2021 | 2020 | 增长速度（%） | 2021 | 2020 | 增长速度（%） | 2021 | 2020 | 增长速度（%） | 2021 | 2020 | 增长速度（%） |
| **全　市** | **221.5** | **224.6** | **-1.4** | **569.0** | **577.9** | **-1.5** | **340.3** | **344.3** | **-1.1** | **40.0** | **41.1** | **-2.8** |
| 朝阳区 | 18.8 | 20.0 | -5.9 | 42.8 | 45.3 | -5.5 | 29.9 | 31.1 | -3.8 | 0.2 | 0.2 | 10.8 |
| 丰台区 | 11.0 | 11.0 | -0.5 | 27.3 | 27.1 | 0.8 | 15.9 | 16.0 | -0.6 | 0.4 | 0.5 | -4.1 |
| 海淀区 | 13.3 | 14.2 | -6.0 | 34.3 | 34.7 | -1.2 | 20.4 | 20.8 | -2.0 | 0.8 | 0.8 | -5.9 |
| 门头沟区 | 3.2 | 3.2 | 0.8 | 6.4 | 6.5 | -0.4 | 3.4 | 3.4 | -1.0 | 0.6 | 0.5 | 9.5 |
| 房山区 | 22.8 | 22.8 | -0.3 | 62.7 | 63.7 | -1.6 | 31.8 | 32.3 | -1.7 | 4.9 | 5.1 | -4.5 |
| 通州区 | 30.9 | 31.3 | -1.2 | 82.1 | 83.9 | -2.2 | 42.2 | 43.1 | -2.1 | 2.9 | 3.1 | -6.0 |
| 顺义区 | 26.4 | 26.5 | -0.3 | 72.2 | 72.6 | -0.6 | 43.4 | 43.2 | 0.6 | 2.4 | 2.5 | -1.7 |
| 昌平区 | 37.7 | 38.1 | -1.1 | 90.3 | 89.0 | 1.5 | 60.3 | 59.6 | 1.2 | 2.6 | 2.6 | -0.6 |
| 大兴区 | 15.4 | 15.5 | -0.7 | 46.5 | 47.9 | -2.9 | 27.9 | 28.7 | -2.8 | 3.7 | 3.7 | -0.02 |
| 怀柔区 | 9.8 | 9.7 | 1.6 | 23.6 | 23.3 | 1.2 | 14.5 | 14.2 | 2.0 | 3.3 | 3.4 | -1.8 |
| 平谷区 | 11.6 | 11.5 | 0.4 | 32.6 | 34.5 | -5.5 | 19.4 | 20.1 | -3.4 | 6.8 | 7.0 | -3.8 |
| 密云区 | 11.9 | 12.0 | -0.1 | 27.6 | 28.0 | -1.6 | 18.9 | 19.2 | -1.9 | 7.8 | 8.0 | -3.6 |
| 延庆区 | 8.7 | 8.8 | -1.8 | 20.6 | 21.4 | -3.6 | 12.3 | 12.5 | -1.6 | 3.6 | 3.7 | -2.1 |

# 3–18 续表

| 各 区 | 农业机械总动力（万千瓦） | | | 化肥施用量（折纯量）（吨） | | |
|---|---|---|---|---|---|---|
| | 2021 | 2020 | 增长速度（%） | 2021 | 2020 | 增长速度（%） |
| **全 市** | **121.2** | **120.2** | **0.8** | **62971.5** | **60626.2** | **3.9** |
| 朝 阳 区 | 0.2 | 0.2 | 持平 | 268.4 | 214.4 | 25.2 |
| 丰 台 区 | 0.9 | 1.2 | -25.0 | 144.6 | 104.1 | 38.9 |
| 海 淀 区 | 1.1 | 1.3 | -15.4 | 576.6 | 501.7 | 14.9 |
| 门头沟区 | 0.8 | 0.8 | 持平 | 238.0 | 486.1 | -51.0 |
| 房 山 区 | 9.1 | 9.2 | -1.1 | 6607.2 | 6445.4 | 2.5 |
| 通 州 区 | 12.2 | 11.6 | 5.2 | 6851.0 | 6642.8 | 3.1 |
| 顺 义 区 | 20.4 | 19.3 | 5.7 | 13427.9 | 13376.9 | 0.4 |
| 昌 平 区 | 4.9 | 5.1 | -3.9 | 1552.3 | 1460.9 | 6.3 |
| 大 兴 区 | 12.4 | 12.7 | -2.4 | 14765.5 | 13033.3 | 13.3 |
| 怀 柔 区 | 12.2 | 12.2 | 持平 | 1943.4 | 2034.8 | -4.5 |
| 平 谷 区 | 15.3 | 15.4 | -0.6 | 5671.1 | 6024.3 | -5.9 |
| 密 云 区 | 12.5 | 11.9 | 5.0 | 4683.8 | 4716.4 | -0.7 |
| 延 庆 区 | 9.5 | 9.6 | -1.0 | 6241.7 | 5585.1 | 11.8 |

注：全市农业机械总动力包含首农集团未分配到各区的农机具数据，故分区数据之和不等于全市。
资料来源：农业机械总动力由北京市农业农村局提供。

# 3-19 农林牧渔业总产值

单位：万元

| 各 区 | 农林牧渔业总产值 | | | 农 业 | | | 林 业 | | |
|---|---|---|---|---|---|---|---|---|---|
| | 2021 | 2020 | 增长速度（%） | 2021 | 2020 | 增长速度（%） | 2021 | 2020 | 增长速度（%） |
| **全 市** | **2695138.5** | **2634323.8** | **2.3** | **1229825.9** | **1075723.2** | **14.3** | **888021.3** | **977400.6** | **-9.1** |
| 朝阳区 | 62731.4 | 60628.8 | 3.5 | 8309.2 | 4902.9 | 69.5 | 53920.6 | 54732.0 | -1.5 |
| 丰台区 | 16623.7 | 16438.8 | 1.1 | 2717.5 | 4564.2 | -40.5 | 13789.4 | 11757.8 | 17.3 |
| 海淀区 | 42877.7 | 38976.3 | 10.0 | 22659.0 | 15426.2 | 46.9 | 17108.3 | 19152.6 | -10.7 |
| 门头沟区 | 37326.0 | 47729.2 | -21.8 | 6357.6 | 6058.9 | 4.9 | 29769.2 | 39821.6 | -25.2 |
| 房山区 | 321088.2 | 332843.4 | -3.5 | 127525.7 | 107248.8 | 18.9 | 151727.3 | 171747.3 | -11.7 |
| 通州区 | 311015.6 | 307918.2 | 1.0 | 168007.6 | 131305.5 | 28.0 | 101658.0 | 145956.9 | -30.4 |
| 顺义区 | 440456.7 | 428571.8 | 2.8 | 179731.4 | 153924.4 | 16.8 | 110833.8 | 101536.2 | 9.2 |
| 昌平区 | 183296.5 | 202608.8 | -9.5 | 56817.9 | 65043.6 | -12.6 | 75151.5 | 79083.2 | -5.0 |
| 大兴区 | 327593.7 | 304635.1 | 7.5 | 213061.0 | 166571.4 | 27.9 | 93811.6 | 117655.2 | -20.3 |
| 怀柔区 | 100139.9 | 97184.4 | 3.0 | 36107.4 | 32435.6 | 11.3 | 60867.8 | 60273.1 | 1.0 |
| 平谷区 | 350467.8 | 329078.5 | 6.5 | 192988.6 | 193415.2 | -0.2 | 31599.6 | 23838.1 | 32.6 |
| 密云区 | 335213.9 | 303159.2 | 10.6 | 156282.7 | 140906.8 | 10.9 | 105218.8 | 100913.5 | 4.3 |
| 延庆区 | 155604.6 | 156336.3 | -0.5 | 59260.3 | 53919.7 | 9.9 | 42565.4 | 50933.1 | -16.4 |

注：全市农林牧渔业总产值中含远洋捕捞，各区不包括远洋捕捞数据，故分区数据之和不等于全市。

# 3–19 续表

单位：万元

| 各区 | 农林牧渔业总产值 | | | | | | | | |
|---|---|---|---|---|---|---|---|---|---|
| | 牧业 | | | 渔业 | | | 农林牧渔专业及辅助性活动 | | |
| | 2021 | 2020 | 增长速度(%) | 2021 | 2020 | 增长速度(%) | 2021 | 2020 | 增长速度(%) |
| **全市** | **462669.3** | **452081.8** | **2.3** | **43740.1** | **40936.6** | **6.8** | **70881.9** | **88181.6** | **-19.6** |
| 朝阳区 | | 599.2 | | 446.4 | 241.3 | 85.0 | 55.2 | 153.4 | -64.0 |
| 丰台区 | | | | | | | 116.8 | 116.8 | 持平 |
| 海淀区 | 619.6 | 866.5 | -28.5 | 418.7 | 346.6 | 20.8 | 2072.1 | 3184.4 | -34.9 |
| 门头沟区 | 419.4 | 511.5 | -18.0 | | | | 779.8 | 1337.2 | -41.7 |
| 房山区 | 34623.5 | 46110.9 | -24.9 | 2981.4 | 2320.6 | 28.5 | 4230.3 | 5415.8 | -21.9 |
| 通州区 | 33211.1 | 21136.7 | 57.1 | 7575.3 | 9171.5 | -17.4 | 563.6 | 347.6 | 62.1 |
| 顺义区 | 117411.3 | 134952.9 | -13.0 | 4158.1 | 3664.1 | 13.5 | 28322.1 | 34494.2 | -17.9 |
| 昌平区 | 39586.0 | 41398.5 | -4.4 | 2133.8 | 1332.6 | 60.1 | 9607.3 | 15750.9 | -39.0 |
| 大兴区 | 17265.5 | 16404.1 | 5.3 | 4.7 | 12.9 | -63.6 | 3450.9 | 3991.5 | -13.5 |
| 怀柔区 | 1683.6 | 2510.5 | -32.9 | 549.6 | 649.6 | -15.4 | 931.5 | 1315.6 | -29.2 |
| 平谷区 | 113341.0 | 95151.5 | 19.1 | 7246.2 | 7538.5 | -3.9 | 5292.4 | 9135.2 | -42.1 |
| 密云区 | 59462.9 | 48857.4 | 21.7 | 6581.8 | 6581.5 | 持平 | 7667.7 | 5900.0 | 30.0 |
| 延庆区 | 45045.4 | 43582.1 | 3.4 | 941.3 | 862.4 | 9.1 | 7792.2 | 7039.0 | 10.7 |

# 3-20 农作物播种面积

单位：公顷

| 各区 | 农作物播种面积 | | | #粮食作物 | | | #蔬菜及食用菌 | | |
|---|---|---|---|---|---|---|---|---|---|
| | 2021 | 2020 | 增长速度(%) | 2021 | 2020 | 增长速度(%) | 2021 | 2020 | 增长速度(%) |
| **全市** | **121693.3** | **102154.4** | **19.1** | **60922.6** | **48896.0** | **24.6** | **46450.2** | **38145.7** | **21.8** |
| 朝阳区 | 443.0 | 219.7 | 101.6 | 102.9 | 20.0 | 414.3 | 264.2 | 147.6 | 79.0 |
| 丰台区 | 252.1 | 184.4 | 36.8 | 77.2 | 51.8 | 49.2 | 165.2 | 127.9 | 29.1 |
| 海淀区 | 1211.1 | 1216.7 | -0.5 | 443.9 | 438.3 | 1.3 | 671.7 | 629.1 | 6.8 |
| 门头沟区 | 1285.8 | 1360.5 | -5.5 | 450.2 | 435.5 | 3.4 | 242.9 | 217.4 | 11.7 |
| 房山区 | 14183.6 | 12653.8 | 12.1 | 7148.9 | 6344.8 | 12.7 | 6101.8 | 5084.7 | 20.0 |
| 通州区 | 12091.8 | 9304.2 | 30.0 | 3241.0 | 2669.5 | 21.4 | 8162.2 | 6187.7 | 31.9 |
| 顺义区 | 22291.8 | 18040.9 | 23.6 | 11628.0 | 8618.2 | 34.9 | 6331.2 | 5128.1 | 23.5 |
| 昌平区 | 3032.0 | 2569.8 | 18.0 | 1018.9 | 775.3 | 31.4 | 1246.4 | 888.5 | 40.3 |
| 大兴区 | 23810.6 | 18016.5 | 32.2 | 6748.3 | 3916.1 | 72.3 | 14000.5 | 11809.3 | 18.6 |
| 怀柔区 | 6354.2 | 5190.0 | 22.4 | 4526.7 | 3072.0 | 47.4 | 901.3 | 774.8 | 16.3 |
| 平谷区 | 8401.0 | 7058.4 | 19.0 | 5912.1 | 4397.6 | 34.4 | 2118.3 | 1776.8 | 19.2 |
| 密云区 | 14038.7 | 13175.8 | 6.5 | 9468.7 | 8911.5 | 6.3 | 3764.5 | 3431.0 | 9.7 |
| 延庆区 | 14297.5 | 13163.7 | 8.6 | 10155.9 | 9245.5 | 9.8 | 2480.2 | 1942.7 | 27.7 |

# 3-21 主要经济作物产量

单位：吨

| 各区 | 蔬菜及食用菌 | | | 干鲜果品 | | | #鲜果 | | |
|---|---|---|---|---|---|---|---|---|---|
| | 2021 | 2020 | 增长速度(%) | 2021 | 2020 | 增长速度(%) | 2021 | 2020 | 增长速度(%) |
| **全市** | **1656020.3** | **1378943.2** | **20.1** | **384591.5** | **429972.4** | **-10.6** | **354254.3** | **399280.9** | **-11.3** |
| 朝阳区 | 6394.6 | 3059.3 | 109.0 | 278.0 | 179.7 | 54.7 | 278.0 | 179.7 | 54.7 |
| 丰台区 | 4104.2 | 2015.8 | 103.6 | 700.6 | 649.5 | 7.9 | 700.6 | 649.0 | 8.0 |
| 海淀区 | 19315.1 | 18483.3 | 4.5 | 4218.8 | 3494.4 | 20.7 | 4185.8 | 3464.7 | 20.8 |
| 门头沟区 | 1414.0 | 1183.1 | 19.5 | 3163.9 | 3234.7 | -2.2 | 3006.4 | 3042.1 | -1.2 |
| 房山区 | 186433.7 | 153909.1 | 21.1 | 28065.9 | 30266.0 | -7.3 | 27370.8 | 29555.0 | -7.4 |
| 通州区 | 316799.6 | 248857.6 | 27.3 | 17110.0 | 17729.3 | -3.5 | 16703.6 | 17487.1 | -4.5 |
| 顺义区 | 285368.4 | 244812.7 | 16.6 | 19606.3 | 21194.1 | -7.5 | 19445.0 | 20975.6 | -7.3 |
| 昌平区 | 38453.4 | 32133.2 | 19.7 | 10852.4 | 23080.4 | -53.0 | 9898.0 | 21369.5 | -53.7 |
| 大兴区 | 458759.7 | 369285.3 | 24.2 | 36275.6 | 39330.2 | -7.8 | 36255.1 | 39308.6 | -7.8 |
| 怀柔区 | 31097.6 | 27838.0 | 11.7 | 16618.0 | 18273.9 | -9.1 | 7416.2 | 8836.4 | -16.1 |
| 平谷区 | 72661.6 | 62710.7 | 15.9 | 199980.1 | 219710.8 | -9.0 | 196288.4 | 215727.6 | -9.0 |
| 密云区 | 160276.0 | 149718.9 | 7.1 | 39666.5 | 42265.3 | -6.2 | 25480.1 | 29298.8 | -13.0 |
| 延庆区 | 74942.3 | 64936.2 | 15.4 | 8055.4 | 10564.1 | -23.8 | 7226.3 | 9386.8 | -23.0 |

## 3-21 续表1

| 各 区 | 瓜类及草莓（吨） | | | 鲜切花（百枝） | | |
|---|---|---|---|---|---|---|
| | 2021 | 2020 | 增长速度（%） | 2021 | 2020 | 增长速度（%） |
| **全 市** | **134192.9** | **138788.4** | **-3.3** | **236050.1** | **255592.4** | **-7.6** |
| 朝阳区 | 86.7 | 41.4 | 109.4 | | | |
| 丰台区 | 21.0 | 27.4 | -23.4 | | | |
| 海淀区 | 1019.7 | 539.4 | 89.0 | | | |
| 门头沟区 | 1.8 | 1.5 | 20.0 | | | |
| 房山区 | 1776.8 | 1377.8 | 29.0 | 4737.0 | 920.0 | 414.9 |
| 通州区 | 6427.2 | 3207.3 | 100.4 | 12230.0 | 23354.0 | -47.6 |
| 顺义区 | 52662.1 | 60537.0 | -13.0 | 77990.1 | 65548.9 | 19.0 |
| 昌平区 | 7584.6 | 11333.1 | -33.1 | 19620.0 | 26676.0 | -26.5 |
| 大兴区 | 55975.2 | 54886.1 | 2.0 | 7980.0 | 7000.0 | 14.0 |
| 怀柔区 | 579.5 | 774.6 | -25.2 | 697.0 | 1408.5 | -50.5 |
| 平谷区 | 2239.0 | 2721.4 | -17.7 | 2945.0 | 4365.0 | -32.5 |
| 密云区 | 2340.9 | 1528.9 | 53.1 | | 500.0 | |
| 延庆区 | 3478.4 | 1812.5 | 91.9 | 109851.0 | 125820.0 | -12.7 |

# 3-21 续表2

| 各　区 | 盆栽花（百盆） | | | 盆栽观叶植物（百盆） | | |
|---|---|---|---|---|---|---|
| | 2021 | 2020 | 增长速度（%） | 2021 | 2020 | 增长速度（%） |
| **全　市** | **1259641.5** | **1087897.9** | **15.8** | **4158.6** | **2238.1** | **85.8** |
| 朝 阳 区 | | | | | | |
| 丰 台 区 | 1150.0 | 690.0 | 66.7 | | | |
| 海 淀 区 | 3835.1 | 2768.0 | 38.6 | 1000.0 | 500.0 | 100.0 |
| 门头沟区 | 0.2 | | | | | |
| 房 山 区 | 46062.5 | 52696.9 | -12.6 | 96.7 | 50.0 | 93.4 |
| 通 州 区 | 48941.4 | 59470.1 | -17.7 | 104.0 | 320.3 | -67.5 |
| 顺 义 区 | 575530.1 | 523228.3 | 10.0 | 2756.1 | 1207.3 | 128.3 |
| 昌 平 区 | 42933.6 | 67179.2 | -36.1 | 97.1 | 59.9 | 62.1 |
| 大 兴 区 | 516286.3 | 345816.5 | 49.3 | | | |
| 怀 柔 区 | 2123.7 | 2153.9 | -1.4 | 22.0 | 30.5 | -27.9 |
| 平 谷 区 | 8716.1 | 9323.3 | -6.5 | | 0.6 | |
| 密 云 区 | 1064.5 | 1366.0 | -22.1 | | | |
| 延 庆 区 | 12997.9 | 23205.7 | -44.0 | 82.6 | 69.5 | 18.9 |

# 3-22 粮食播种面积及产量情况

| 各 区 | 粮食播种面积（公顷） | | | 粮食产量（吨） | | |
|---|---|---|---|---|---|---|
| | 2021 | 2020 | 增长速度（%） | 2021 | 2020 | 增长速度（%） |
| **全 市** | **60922.6** | **48896.0** | **24.6** | **377527.9** | **305299.6** | **23.7** |
| 朝阳区 | 102.9 | 20.0 | 414.3 | 486.5 | 131.5 | 270.0 |
| 丰台区 | 77.2 | 51.8 | 49.2 | 358.5 | 238.0 | 50.7 |
| 海淀区 | 443.9 | 438.3 | 1.3 | 2211.1 | 2201.9 | 0.4 |
| 门头沟区 | 450.2 | 435.5 | 3.4 | 828.7 | 796.0 | 4.1 |
| 房山区 | 7148.9 | 6344.8 | 12.7 | 40263.3 | 35032.0 | 14.9 |
| 通州区 | 3241.0 | 2669.5 | 21.4 | 20261.7 | 17048.7 | 18.8 |
| 顺义区 | 11628.0 | 8618.2 | 34.9 | 68273.7 | 51534.4 | 32.5 |
| 昌平区 | 1018.9 | 775.3 | 31.4 | 4335.2 | 3522.1 | 23.1 |
| 大兴区 | 6748.3 | 3916.1 | 72.3 | 39834.7 | 24892.5 | 60.0 |
| 怀柔区 | 4526.7 | 3072.0 | 47.4 | 27307.4 | 18107.0 | 50.8 |
| 平谷区 | 5912.1 | 4397.6 | 34.4 | 35491.2 | 25550.4 | 38.9 |
| 密云区 | 9468.7 | 8911.5 | 6.3 | 53593.7 | 50618.2 | 5.9 |
| 延庆区 | 10155.9 | 9245.5 | 9.8 | 77788.8 | 70740.9 | 10.0 |

注：全市粮食产量为抽样调查推算数据，故分区数据之和不等于全市。

# 3-23 主要畜禽产品产量

单位：吨

| 各区 | 肉类 | | | #猪牛羊肉 | | |
|---|---|---|---|---|---|---|
| | 2021 | 2020 | 增长速度(%) | 2021 | 2020 | 增长速度(%) |
| **全市** | **44181.4** | **35269.9** | **25.3** | **32532.6** | **20880.9** | **55.8** |
| 朝阳区 | | | | | | |
| 丰台区 | | | | | | |
| 海淀区 | 124.4 | 77.3 | 60.9 | 118.8 | 71.3 | 66.7 |
| 门头沟区 | 2.3 | 14.0 | -83.4 | 1.3 | 3.3 | -59.1 |
| 房山区 | 4496.2 | 4329.0 | 3.9 | 2052.2 | 1220.6 | 68.1 |
| 通州区 | 3408.8 | 2585.3 | 31.9 | 1910.3 | 380.4 | 402.2 |
| 顺义区 | 13170.2 | 14318.4 | -8.0 | 12146.0 | 12875.0 | -5.7 |
| 昌平区 | 2699.8 | 1420.0 | 90.1 | 2427.7 | 1089.8 | 122.8 |
| 大兴区 | 1446.0 | 539.2 | 168.2 | 1123.8 | 262.7 | 327.8 |
| 怀柔区 | 147.4 | 220.8 | -33.2 | 118.9 | 195.3 | -39.1 |
| 平谷区 | 8817.7 | 5012.0 | 75.9 | 4341.6 | 786.4 | 452.1 |
| 密云区 | 6248.9 | 3223.5 | 93.9 | 5267.4 | 2376.2 | 121.7 |
| 延庆区 | 3619.7 | 3530.5 | 2.5 | 3024.6 | 1620.1 | 86.7 |

# 3-23 续表

单位：吨

| 各　区 | 牛　奶 | | | 禽　蛋 | | |
|---|---|---|---|---|---|---|
| | 2021 | 2020 | 增长速度（%） | 2021 | 2020 | 增长速度（%） |
| **全　市** | **258474.9** | **242360.8** | **6.6** | **93501.0** | **97393.3** | **-4.0** |
| 朝 阳 区 | | 749.0 | | | | |
| 丰 台 区 | | | | | | |
| 海 淀 区 | 699.8 | 733.8 | -4.6 | | | |
| 门头沟区 | 24.5 | 24.0 | 2.1 | 36.6 | 40.2 | -9.0 |
| 房 山 区 | 19765.5 | 31660.7 | -37.6 | 3668.8 | 4525.3 | -18.9 |
| 通 州 区 | 54775.9 | 35185.8 | 55.7 | 77.1 | 96.1 | -19.8 |
| 顺 义 区 | 40649.7 | 39356.1 | 3.3 | 2607.6 | 2235.7 | 16.6 |
| 昌 平 区 | 26985.9 | 27666.9 | -2.5 | 1159.8 | 1241.1 | -6.6 |
| 大 兴 区 | 26788.3 | 27989.0 | -4.3 | 2924.1 | 3733.1 | -21.7 |
| 怀 柔 区 | 2.2 | 0.2 | 1000.0 | 155.2 | 208.8 | -25.7 |
| 平 谷 区 | 1680.8 | 1304.2 | 28.9 | 66634.9 | 66057.1 | 0.9 |
| 密 云 区 | 55821.3 | 48187.1 | 15.8 | 6724.2 | 7267.1 | -7.5 |
| 延 庆 区 | 31281.0 | 29504.0 | 6.0 | 9512.7 | 11988.6 | -20.7 |

# 3-24　水产品产量

单位：吨

| 各　区 | 2021 | 2020 |
|---|---|---|
| **全　市** | **22779** | **22888** |
| 朝 阳 区 | 134 | 238 |
| 丰 台 区 | | |
| 海 淀 区 | | |
| 门头沟区 | | |
| 房 山 区 | 1347 | 1260 |
| 通 州 区 | 1653 | 3301 |
| 顺 义 区 | 2969 | 2588 |
| 昌 平 区 | 886 | 748 |
| 大 兴 区 | 94 | 112 |
| 怀 柔 区 | 144 | 154 |
| 平 谷 区 | 4763 | 5648 |
| 密 云 区 | 2652 | 2550 |
| 延 庆 区 | 665 | 741 |

注：全市合计数中含远洋捕捞数据（2021年为7472吨，2020年为5548吨），分区数据不包括，故分区数据之和不等于全市。
资料来源：北京市农业农村局。

# 3-25 生猪饲养和产量情况（2021年）

| 各　区 | 年末生猪存栏（头） | 生猪出栏（头） | 猪肉产量（吨） |
|---|---|---|---|
| **全　市** | **590488** | **308559** | **26290** |
| 朝阳区 | | | |
| 丰台区 | | | |
| 海淀区 | 845 | 1728 | 118 |
| 门头沟区 | | | |
| 房山区 | 101224 | 12225 | 1059 |
| 通州区 | 26860 | 18124 | 1628 |
| 顺义区 | 110080 | 120315 | 9930 |
| 昌平区 | 38874 | 24514 | 2061 |
| 大兴区 | 5000 | 10720 | 979 |
| 怀柔区 | 22816 | 988 | 74 |
| 平谷区 | 182250 | 40850 | 3798 |
| 密云区 | 44123 | 52483 | 4289 |
| 延庆区 | 58416 | 26612 | 2353 |

# 3-26 农业观光园情况

| 各　区 | 农业观光园个数（个） | | 高峰期从业人员（人） | | 接待人次（人次） | | 经营总收入（万元） | |
|---|---|---|---|---|---|---|---|---|
| | 2021 | 2020 | 2021 | 2020 | 2021 | 2020 | 2021 | 2020 |
| **全　市** | **1009** | **925** | **29451** | **28706** | **11544915** | **8672351** | **184456.5** | **154527.6** |
| 朝阳区 | 6 | 7 | 628 | 845 | 158159 | 135196 | 8866.9 | 10357.6 |
| 丰台区 | 17 | 12 | 1034 | 716 | 2116760 | 1236913 | 15697.0 | 11283.1 |
| 海淀区 | 87 | 87 | 2603 | 2367 | 234745 | 212515 | 9638.6 | 8535.8 |
| 门头沟区 | 42 | 31 | 511 | 307 | 212116 | 118702 | 2401.0 | 923.1 |
| 房山区 | 71 | 71 | 968 | 900 | 292030 | 335796 | 3844.7 | 3365.4 |
| 通州区 | 100 | 38 | 1842 | 1705 | 591178 | 291734 | 13998.9 | 9412.0 |
| 顺义区 | 70 | 68 | 1936 | 1943 | 596285 | 590931 | 13241.5 | 10544.0 |
| 昌平区 | 139 | 144 | 4208 | 4759 | 428118 | 391746 | 24361.0 | 22475.6 |
| 大兴区 | 47 | 48 | 1268 | 1529 | 655611 | 434425 | 9917.7 | 7740.6 |
| 怀柔区 | 132 | 137 | 1335 | 1452 | 1105041 | 903535 | 11822.0 | 9923.7 |
| 平谷区 | 135 | 135 | 7610 | 7750 | 2352072 | 2369710 | 21330.9 | 20225.7 |
| 密云区 | 122 | 110 | 4260 | 3384 | 2406178 | 1387062 | 43344.4 | 34717.2 |
| 延庆区 | 41 | 37 | 1248 | 1049 | 396622 | 264086 | 5991.9 | 5023.7 |

# 3-27 乡村旅游情况

| 各　区 | 实际经营的乡村旅游接待户和单位（户、个） | | 高峰期从业人员（人） | | 乡村旅游接待人次（人次） | | 乡村旅游总收入（万元） | |
|---|---|---|---|---|---|---|---|---|
| | 2021 | 2020 | 2021 | 2020 | 2021 | 2020 | 2021 | 2020 |
| **全　市** | **6793** | **5832** | **21607** | **19626** | **13657248** | **10103383** | **141386.7** | **95269.9** |
| 朝 阳 区 | 3 | 4 | 18 | 12 | 5630 | 320 | 60.0 | 10.0 |
| 海 淀 区 | 10 | 10 | 323 | 286 | 288446 | 201942 | 6058.5 | 4081.8 |
| 门头沟区 | 356 | 314 | 1075 | 844 | 270143 | 211688 | 5738.4 | 3911.3 |
| 房 山 区 | 1171 | 947 | 2503 | 2190 | 835325 | 644140 | 7449.1 | 4669.5 |
| 通 州 区 | 12 | 73 | 112 | 142 | 13610 | 1116 | 304.3 | 715.5 |
| 顺 义 区 | 36 | 16 | 197 | 127 | 235445 | 145634 | 1362.9 | 657.3 |
| 昌 平 区 | 241 | 243 | 1152 | 1325 | 1236367 | 1022664 | 9287.8 | 5132.7 |
| 大 兴 区 | 93 | 34 | 396 | 401 | 264115 | 206392 | 1604.4 | 1028.3 |
| 怀 柔 区 | 1452 | 1329 | 4611 | 4342 | 1986077 | 1557266 | 27259.9 | 19452.8 |
| 平 谷 区 | 492 | 414 | 1877 | 2161 | 1617334 | 1721858 | 12351.2 | 10879.0 |
| 密 云 区 | 2017 | 1732 | 6083 | 4728 | 4192796 | 2730000 | 43937.4 | 29370.9 |
| 延 庆 区 | 910 | 716 | 3260 | 3068 | 2711960 | 1660363 | 25972.9 | 15360.8 |

# 3-28 设施农业生产情况（2021年）

| 各 区 | 设施农业播种面积（公顷） | 设施农业产值（万元） | | 设施农业产品产量 | | |
|---|---|---|---|---|---|---|
| | | | #花卉苗木 | 蔬菜及食用菌（吨） | 瓜 果（吨） | 园林水果（吨） |
| **全 市** | **31172.0** | **579361.8** | **30236.4** | **952500.3** | **120058.9** | **2263.3** |
| 朝 阳 区 | 83.9 | 1640.0 | | 1867.2 | 60.6 | 13.0 |
| 丰 台 区 | 88.1 | 1637.5 | 450.0 | 1811.2 | 21.0 | |
| 海 淀 区 | 433.4 | 6825.7 | 124.6 | 8782.0 | 895.0 | 3.8 |
| 门头沟区 | 13.1 | 151.8 | 0.8 | 142.7 | 1.3 | 2.0 |
| 房 山 区 | 4710.4 | 73335.7 | 1919.8 | 132233.8 | 1010.0 | 120.7 |
| 通 州 区 | 5007.8 | 75147.5 | 2489.0 | 185091.2 | 3200.8 | 402.0 |
| 顺 义 区 | 5371.8 | 120048.8 | 10532.5 | 201421.4 | 47861.9 | 210.3 |
| 昌 平 区 | 1100.4 | 40189.7 | 3203.9 | 22825.5 | 7479.9 | 16.6 |
| 大 兴 区 | 11010.7 | 158780.3 | 8955.8 | 287973.8 | 51329.5 | 670.9 |
| 怀 柔 区 | 247.7 | 7607.5 | 34.1 | 11811.6 | 482.8 | 50.6 |
| 平 谷 区 | 1028.5 | 26501.0 | 528.4 | 30908.0 | 2069.2 | 302.6 |
| 密 云 区 | 1183.0 | 48042.2 | 111.5 | 42111.2 | 2260.5 | 381.1 |
| 延 庆 区 | 893.2 | 19454.2 | 1886.0 | 25520.7 | 3386.4 | 89.7 |

# 3-29 种业生产情况（2021年）

| 各区 | 种业收入 | #销往外埠收入 | 种业产品产量 | | | | | | |
|---|---|---|---|---|---|---|---|---|---|
| | （万元） | （万元） | 小麦种（公斤） | 玉米种（公斤） | 树苗（百株） | 种猪（头） | 种羊（只） | 种雏禽（万只） | 种鱼苗（万尾） |
| **全市** | **119057.2** | **84235.8** | **550000** | **62775** | **5140.6** | **30255** | **638** | **1829** | **10114** |
| 朝阳区 | 1436.5 | | | | 4915.0 | | | | |
| 海淀区 | 196.3 | 12.3 | | | 20.5 | 505 | | | |
| 门头沟区 | | | | | | | | | |
| 房山区 | 4221.1 | 845.1 | | | 1.0 | | | | 4550 |
| 通州区 | 4519.8 | 2283.2 | 550000 | | 69.1 | | | | 710 |
| 顺义区 | 32336.9 | 31240.9 | | | | 17920 | 638 | 765 | 1300 |
| 昌平区 | 26690.2 | 21358.5 | | | 117.0 | 2435 | | 238 | |
| 大兴区 | 6209.6 | 1234.8 | | | | | | | |
| 怀柔区 | 1258.8 | 1191.0 | | | 9.0 | | | 155 | 3459 |
| 平谷区 | 21822.9 | 9420.4 | | | | 5780 | | 597 | |
| 密云区 | 9077.7 | 8359.6 | | 62775 | | 3615 | | | |
| 延庆区 | 11287.4 | 8290.0 | | | 9.0 | | | 75 | 95 |

# 3-30 规模以上工业总产值情况

单位：亿元

| 各　区 | 工业总产值 | | #国有控股 | |
|---|---|---|---|---|
| | 2021 | 2020 | 2021 | 2020 |
| **全　市** | **24988.1** | **20879.3** | **14386.0** | **12700.4** |
| 东城区 | 94.0 | 97.2 | 84.0 | 87.1 |
| 西城区 | 592.5 | 544.5 | 191.5 | 159.7 |
| 朝阳区 | 770.5 | 764.3 | 454.9 | 500.0 |
| 丰台区 | 545.0 | 519.9 | 413.6 | 372.2 |
| 石景山区 | 306.5 | 265.4 | 253.4 | 217.6 |
| 海淀区 | 3440.8 | 2634.1 | 756.8 | 619.5 |
| 门头沟区 | 54.8 | 54.6 | 9.3 | 7.8 |
| 房山区 | 894.0 | 738.4 | 706.3 | 586.2 |
| 通州区 | 634.1 | 585.6 | 165.0 | 177.9 |
| 顺义区 | 1569.6 | 1488.2 | 941.5 | 866.2 |
| 昌平区 | 1316.0 | 1522.6 | 507.0 | 826.1 |
| 大兴区 | 2271.6 | 904.9 | 347.4 | 318.9 |
| 怀柔区 | 610.5 | 686.0 | 70.3 | 57.8 |
| 平谷区 | 162.8 | 142.9 | 23.7 | 18.5 |
| 密云区 | 234.5 | 231.0 | 33.5 | 40.6 |
| 延庆区 | 138.2 | 144.3 | 102.3 | 111.4 |
| 北京经济技术开发区 | 5712.1 | 4467.9 | 3684.9 | 2645.4 |

注：1. 本表统计范围为年主营业务收入2000万元及以上的工业法人企业（下表同）。
2. 国家电网公司、国网冀北电力有限公司、国网北京市电力公司的工业总产值由市统计局统一核算，故分区数据之和不等于全市。

# 3-30 续表1

单位：亿元

| 各区 | 工业总产值 | | | | | |
|---|---|---|---|---|---|---|
| | 内资 | | 港澳台商投资企业 | | 外商投资企业 | |
| | 2021 | 2020 | 2021 | 2020 | 2021 | 2020 |
| **全市** | **15143.7** | **13127.9** | **4408.8** | **2372.0** | **5435.7** | **5379.5** |
| 东城区 | 91.1 | 90.4 | | 4.0 | 2.9 | 2.8 |
| 西城区 | 199.7 | 165.6 | 392.6 | 378.6 | 0.3 | 0.3 |
| 朝阳区 | 500.2 | 553.4 | 135.3 | 87.4 | 135.0 | 123.5 |
| 丰台区 | 514.8 | 513.5 | 1.8 | 1.9 | 28.4 | 4.6 |
| 石景山区 | 237.6 | 249.6 | 36.6 | 1.6 | 32.3 | 14.2 |
| 海淀区 | 1256.9 | 1113.4 | 2004.1 | 1391.8 | 179.9 | 128.9 |
| 门头沟区 | 53.7 | 54.0 | | | 1.1 | 0.6 |
| 房山区 | 868.4 | 692.7 | 11.1 | 13.5 | 14.5 | 32.1 |
| 通州区 | 472.5 | 440.5 | 13.8 | 15.5 | 147.8 | 129.6 |
| 顺义区 | 759.9 | 681.6 | 29.8 | 42.9 | 779.9 | 763.7 |
| 昌平区 | 954.4 | 1214.0 | 31.5 | 34.8 | 330.1 | 273.8 |
| 大兴区 | 706.7 | 622.7 | 1386.3 | 92.0 | 178.6 | 190.1 |
| 怀柔区 | 207.5 | 196.3 | 10.0 | 13.4 | 393.0 | 476.2 |
| 平谷区 | 99.9 | 82.0 | 7.0 | 7.0 | 56.0 | 53.9 |
| 密云区 | 153.4 | 150.2 | 26.5 | 31.9 | 54.6 | 48.8 |
| 延庆区 | 130.0 | 135.8 | 7.0 | 8.0 | 1.1 | 0.5 |
| 北京经济技术开发区 | 2296.6 | 1084.4 | 315.3 | 247.8 | 3100.3 | 3135.8 |

# 3-30 续表2

单位：亿元

| 各区 | 工业总产值 | | | | | |
|---|---|---|---|---|---|---|
| | #大型企业 | | #中型企业 | | #小型企业 | |
| | 2021 | 2020 | 2021 | 2020 | 2021 | 2020 |
| **全　市** | **17160.5** | **13974.4** | **3735.9** | **3237.0** | **3877.1** | **3578.0** |
| 东 城 区 | 53.9 | 55.3 | 26.1 | 27.9 | 13.8 | 13.7 |
| 西 城 区 | 507.5 | 484.9 | 33.3 | 18.3 | 51.4 | 38.7 |
| 朝 阳 区 | 289.2 | 292.2 | 201.5 | 187.4 | 273.9 | 277.6 |
| 丰 台 区 | 246.4 | 213.2 | 133.1 | 158.3 | 160.4 | 142.9 |
| 石景山区 | 174.4 | 137.4 | 46.8 | 55.0 | 85.2 | 72.9 |
| 海 淀 区 | 2172.8 | 1628.0 | 812.4 | 572.2 | 447.8 | 424.6 |
| 门头沟区 | 24.2 | 25.6 | | | 24.9 | 28.2 |
| 房 山 区 | 548.4 | 486.4 | 119.6 | 88.3 | 223.2 | 162.1 |
| 通 州 区 | 96.3 | 100.0 | 244.1 | 213.5 | 275.5 | 253.8 |
| 顺 义 区 | 766.1 | 815.8 | 405.2 | 330.8 | 386.2 | 328.9 |
| 昌 平 区 | 531.2 | 892.6 | 264.8 | 266.0 | 393.7 | 354.9 |
| 大 兴 区 | 1483.6 | 130.9 | 312.8 | 297.6 | 468.8 | 473.2 |
| 怀 柔 区 | 325.6 | 424.5 | 111.2 | 101.0 | 173.0 | 159.4 |
| 平 谷 区 | 4.9 | 4.5 | 55.8 | 34.5 | 97.7 | 100.3 |
| 密 云 区 | 23.4 | 22.4 | 93.9 | 92.5 | 113.4 | 110.1 |
| 延 庆 区 | | | 18.1 | 13.2 | 118.7 | 129.8 |
| 北京经济技术开发区 | 4272.1 | 3173.2 | 857.2 | 780.5 | 569.5 | 506.8 |

注：企业大中小型划分标准执行国家统计局《关于统计上大中小微型企业划分办法（2017）》（国统字〔2017〕213号）（下表同）。

# 3-30 续表3

单位：亿元

| 各区 | 工业总产值 | | | |
|---|---|---|---|---|
| | 轻工业 | | 重工业 | |
| | 2021 | 2020 | 2021 | 2020 |
| **全 市** | **5649.6** | **2945.5** | **19338.5** | **17933.8** |
| 东城区 | 8.0 | 6.8 | 86.0 | 90.4 |
| 西城区 | 39.0 | 36.2 | 553.5 | 508.3 |
| 朝阳区 | 127.0 | 126.9 | 643.5 | 637.5 |
| 丰台区 | 74.9 | 103.9 | 470.1 | 416.0 |
| 石景山区 | 6.9 | 19.4 | 299.6 | 246.1 |
| 海淀区 | 179.3 | 150.9 | 3261.5 | 2483.1 |
| 门头沟区 | 6.7 | 6.2 | 48.1 | 48.4 |
| 房山区 | 80.8 | 77.2 | 813.2 | 661.2 |
| 通州区 | 306.1 | 286.2 | 328.0 | 299.4 |
| 顺义区 | 332.0 | 301.2 | 1237.6 | 1187.1 |
| 昌平区 | 353.4 | 255.5 | 962.6 | 1267.1 |
| 大兴区 | 1802.9 | 425.0 | 468.6 | 479.9 |
| 怀柔区 | 159.8 | 142.8 | 450.7 | 543.1 |
| 平谷区 | 74.0 | 61.2 | 88.8 | 81.7 |
| 密云区 | 97.7 | 97.8 | 136.8 | 133.2 |
| 延庆区 | 14.3 | 15.7 | 123.9 | 128.6 |
| 北京经济技术开发区 | 1986.7 | 832.8 | 3725.4 | 3635.1 |

# 3-31 规模以上工业企业主要财务指标

单位：个

| 各 区 | 企业单位个数 | | 2021年企业单位个数中 | | | | |
|---|---|---|---|---|---|---|---|
| | 2021 | 2020 | #大 型 | #中 型 | #小 型 | 轻工业 | 重工业 |
| **全 市** | **3073** | **3028** | **111** | **412** | **2355** | **1018** | **2055** |
| 东 城 区 | 21 | 22 | 1 | 3 | 16 | 10 | 11 |
| 西 城 区 | 35 | 33 | 8 | 6 | 20 | 11 | 24 |
| 朝 阳 区 | 192 | 197 | 7 | 25 | 145 | 52 | 140 |
| 丰 台 区 | 136 | 135 | 7 | 18 | 101 | 26 | 110 |
| 石景山区 | 32 | 35 | 3 | 7 | 21 | 5 | 27 |
| 海 淀 区 | 391 | 381 | 16 | 56 | 303 | 71 | 320 |
| 门头沟区 | 26 | 27 | 1 | | 21 | 5 | 21 |
| 房 山 区 | 160 | 149 | 4 | 16 | 130 | 55 | 105 |
| 通 州 区 | 330 | 320 | 4 | 34 | 250 | 110 | 220 |
| 顺 义 区 | 345 | 344 | 13 | 38 | 276 | 127 | 218 |
| 昌 平 区 | 297 | 295 | 9 | 34 | 237 | 100 | 197 |
| 大 兴 区 | 302 | 290 | 7 | 38 | 238 | 149 | 153 |
| 怀 柔 区 | 155 | 155 | 3 | 21 | 127 | 76 | 79 |
| 平 谷 区 | 112 | 113 | 1 | 16 | 87 | 47 | 65 |
| 密 云 区 | 135 | 136 | 1 | 13 | 108 | 46 | 89 |
| 延 庆 区 | 45 | 45 | | 7 | 34 | 10 | 35 |
| 北京经济技术开发区 | 359 | 351 | 26 | 80 | 241 | 118 | 241 |

# 3-31 续表1

单位：个

| 各　区 | 2021年企业单位个数中 | | | |
|---|---|---|---|---|
| | #国有控股 | 内　资 | 港澳台商投资 | 外商投资 |
| **全　市** | **673** | **2428** | **131** | **514** |
| 东城区 | 10 | 20 | | 1 |
| 西城区 | 24 | 33 | 1 | 1 |
| 朝阳区 | 63 | 148 | 14 | 30 |
| 丰台区 | 52 | 129 | 2 | 5 |
| 石景山区 | 10 | 26 | 2 | 4 |
| 海淀区 | 94 | 337 | 16 | 38 |
| 门头沟区 | 4 | 24 | | 2 |
| 房山区 | 35 | 150 | 3 | 7 |
| 通州区 | 50 | 276 | 7 | 47 |
| 顺义区 | 70 | 235 | 13 | 97 |
| 昌平区 | 67 | 245 | 13 | 39 |
| 大兴区 | 61 | 265 | 6 | 31 |
| 怀柔区 | 22 | 109 | 14 | 32 |
| 平谷区 | 11 | 70 | 6 | 36 |
| 密云区 | 23 | 115 | 5 | 15 |
| 延庆区 | 12 | 40 | 2 | 3 |
| 北京经济技术开发区 | 65 | 206 | 27 | 126 |

# 3-31 续表2

单位：亿元

| 各 区 | 资产总计 | | 负债合计 | | 营业收入 | |
|---|---|---|---|---|---|---|
| | 2021 | 2020 | 2021 | 2020 | 2021 | 2020 |
| **全　市** | **61056.0** | **55167.0** | **26371.6** | **24193.8** | **28745.1** | **23849.0** |
| 东 城 区 | 279.1 | 233.4 | 181.6 | 132.3 | 106.0 | 107.4 |
| 西 城 区 | 26866.8 | 24711.0 | 8501.2 | 7569.4 | 6316.8 | 5731.5 |
| 朝 阳 区 | 2266.1 | 2207.7 | 1013.5 | 983.8 | 916.6 | 894.8 |
| 丰 台 区 | 1250.9 | 990.0 | 687.1 | 542.8 | 607.8 | 573.6 |
| 石景山区 | 3887.2 | 3925.1 | 2500.3 | 2489.5 | 739.8 | 547.3 |
| 海 淀 区 | 6499.8 | 5568.6 | 3192.1 | 2719.9 | 5007.7 | 3766.3 |
| 门头沟区 | 134.8 | 137.9 | 62.2 | 56.9 | 65.8 | 67.4 |
| 房 山 区 | 999.1 | 916.3 | 600.5 | 550.7 | 949.9 | 780.1 |
| 通 州 区 | 1163.3 | 1050.4 | 588.1 | 547.7 | 874.0 | 763.7 |
| 顺 义 区 | 2764.3 | 2681.4 | 1631.5 | 1548.4 | 1770.5 | 1635.5 |
| 昌 平 区 | 2850.3 | 2661.9 | 1578.5 | 1390.2 | 1805.5 | 1849.8 |
| 大 兴 区 | 2137.8 | 1417.5 | 720.0 | 641.9 | 2287.7 | 969.3 |
| 怀 柔 区 | 718.4 | 757.9 | 375.6 | 443.0 | 717.1 | 757.8 |
| 平 谷 区 | 245.2 | 257.2 | 133.3 | 139.1 | 205.6 | 189.9 |
| 密 云 区 | 519.3 | 522.1 | 308.1 | 303.4 | 273.0 | 263.1 |
| 延 庆 区 | 199.0 | 164.0 | 123.8 | 102.2 | 147.5 | 150.6 |
| 北京经济技术开发区 | 8274.6 | 6964.5 | 4174.3 | 4032.6 | 5953.8 | 4800.9 |

# 3-31 续表3

单位：亿元

| 各　区 | 利润总额 | | 利税总额 | |
|---|---|---|---|---|
| | 2021 | 2020 | 2021 | 2020 |
| **全　市** | **3684.4** | **1729.5** | **4583.8** | **2429.7** |
| 东 城 区 | 2.2 | 2.9 | 5.7 | 5.7 |
| 西 城 区 | 375.2 | 357.4 | 524.8 | 337.6 |
| 朝 阳 区 | 82.1 | 90.9 | 115.5 | 123.5 |
| 丰 台 区 | 53.7 | 69.6 | 69.6 | 86.5 |
| 石景山区 | -55.8 | 28.7 | -37.4 | 44.7 |
| 海 淀 区 | 336.5 | 247.2 | 392.3 | 286.7 |
| 门头沟区 | 3.7 | 5.4 | 5.7 | 7.9 |
| 房 山 区 | 17.5 | 6.1 | 127.6 | 105.1 |
| 通 州 区 | 66.3 | 59.7 | 125.3 | 117.4 |
| 顺 义 区 | 36.5 | -8.8 | 110.8 | 63.9 |
| 昌 平 区 | 124.1 | 154.4 | 162.4 | 202.0 |
| 大 兴 区 | 1189.3 | 88.5 | 1245.8 | 121.7 |
| 怀 柔 区 | 26.9 | 47.5 | 41.9 | 65.6 |
| 平 谷 区 | 8.4 | 5.8 | 15.0 | 12.1 |
| 密 云 区 | 7.8 | 9.6 | 16.6 | 23.7 |
| 延 庆 区 | 8.8 | 10.7 | 11.4 | 14.7 |
| 北京经济技术开发区 | 1401.0 | 553.9 | 1650.8 | 810.9 |

# 3-31 续表4

| 各　区 | 应交税金合计（亿元） | | #应交增值税 | | 平均用工人数（人） | |
|---|---|---|---|---|---|---|
| | 2021 | 2020 | 2021 | 2020 | 2021 | 2020 |
| **全　市** | **1486.0** | **988.7** | **560.0** | **358.8** | **809749** | **831344** |
| 东 城 区 | 6.5 | 3.4 | 2.6 | 1.6 | 5148 | 5370 |
| 西 城 区 | 195.3 | 28.8 | 118.5 | -49.7 | 65503 | 65590 |
| 朝 阳 区 | 49.0 | 46.3 | 26.5 | 25.0 | 56660 | 61984 |
| 丰 台 区 | 23.2 | 26.9 | 13.0 | 13.9 | 36120 | 37703 |
| 石景山区 | 19.1 | 18.1 | 13.2 | 11.6 | 20424 | 21155 |
| 海 淀 区 | 89.9 | 64.0 | 45.5 | 30.3 | 93864 | 91899 |
| 门头沟区 | 2.4 | 3.2 | 1.6 | 2.1 | 5187 | 5570 |
| 房 山 区 | 114.9 | 101.6 | 27.8 | 20.5 | 34826 | 34133 |
| 通 州 区 | 67.7 | 66.6 | 24.5 | 24.9 | 51633 | 51886 |
| 顺 义 区 | 85.0 | 83.4 | 34.7 | 30.7 | 97698 | 100826 |
| 昌 平 区 | 59.0 | 69.9 | 31.0 | 39.9 | 67287 | 77661 |
| 大 兴 区 | 236.1 | 46.9 | 48.0 | 27.6 | 55853 | 55146 |
| 怀 柔 区 | 19.6 | 23.5 | 9.5 | 13.1 | 32679 | 33226 |
| 平 谷 区 | 8.8 | 8.2 | 5.5 | 5.3 | 19651 | 19688 |
| 密 云 区 | 11.5 | 17.5 | 6.7 | 11.8 | 22138 | 26806 |
| 延 庆 区 | 3.5 | 4.9 | 2.0 | 3.4 | 7127 | 7019 |
| 北京经济技术开发区 | 494.2 | 375.5 | 149.2 | 146.9 | 137951 | 135682 |

注：应交税金合计主要包括应交增值税、应交所得税和税金及附加等。计算应交增值税时企业应交增值税为负数的按实际计算。

# 3-32 建筑业主要指标

| 各 区 | 企业单位数（个） | | | 年末从业人员 （人） | | | 建筑业总产值（亿元） | | |
|---|---|---|---|---|---|---|---|---|---|
| | 2021 | 2020 | 增长速度（%） | 2021 | 2020 | 增长速度（%） | 2021 | 2020 | 增长速度（%） |
| **全 市** | **2658** | **2625** | **1.3** | **567966** | **526783** | **7.8** | **13987.7** | **12905.9** | **8.4** |
| 东 城 区 | 101 | 89 | 13.5 | 30277 | 31448 | -3.7 | 998.1 | 947.6 | 5.3 |
| 西 城 区 | 145 | 139 | 4.3 | 27395 | 28694 | -4.5 | 842.8 | 799.6 | 5.4 |
| 朝 阳 区 | 499 | 519 | -3.9 | 103736 | 92581 | 12.0 | 2146.1 | 1892.1 | 13.4 |
| 丰 台 区 | 223 | 217 | 2.8 | 121450 | 96580 | 25.8 | 2765.6 | 2301.9 | 20.1 |
| 石景山区 | 81 | 79 | 2.5 | 31312 | 26659 | 17.5 | 906.9 | 826.9 | 9.7 |
| 海 淀 区 | 326 | 320 | 1.9 | 60919 | 70003 | -13.0 | 1436.5 | 2025.2 | -29.1 |
| 门头沟区 | 63 | 62 | 1.6 | 5136 | 5563 | -7.7 | 138.2 | 130.5 | 5.9 |
| 房 山 区 | 101 | 108 | -6.5 | 15044 | 13328 | 12.9 | 141.2 | 138.2 | 2.2 |
| 通 州 区 | 186 | 187 | -0.5 | 40079 | 35794 | 12.0 | 2011.6 | 1627.4 | 23.6 |
| 顺 义 区 | 180 | 187 | -3.7 | 37772 | 43395 | -13.0 | 639.6 | 586.8 | 9.0 |
| 昌 平 区 | 166 | 152 | 9.2 | 16011 | 12655 | 26.5 | 282.7 | 177.1 | 59.6 |
| 大 兴 区 | 214 | 210 | 1.9 | 24219 | 22553 | 7.4 | 580.4 | 495.3 | 17.2 |
| 怀 柔 区 | 91 | 87 | 4.6 | 8055 | 6859 | 17.4 | 151.9 | 128.4 | 18.2 |
| 平 谷 区 | 103 | 97 | 6.2 | 10732 | 11065 | -3.0 | 99.1 | 83.5 | 18.6 |
| 密 云 区 | 69 | 69 | 持平 | 13675 | 10106 | 35.3 | 230.0 | 174.0 | 32.2 |
| 延 庆 区 | 39 | 39 | 持平 | 2990 | 3425 | -12.7 | 42.9 | 45.6 | -6.0 |
| 北京经济技术开发区 | 71 | 64 | 10.9 | 19164 | 16075 | 19.2 | 574.3 | 525.7 | 9.2 |

注：统计范围为施工总承包、专业承包建筑业企业。

## 3-32 续表1

单位：亿元

| 各　区 | 营业收入 | | | 利润总额 | | | 应交增值税 | | |
|---|---|---|---|---|---|---|---|---|---|
| | 2021 | 2020 | 增长速度（%） | 2021 | 2020 | 增长速度（%） | 2021 | 2020 | 增长速度（%） |
| **全　市** | **18167.9** | **16401.0** | **10.8** | **1011.9** | **1072.1** | **-5.6** | **208.5** | **205.9** | **1.2** |
| 东 城 区 | 1224.7 | 1162.8 | 5.3 | 80.2 | 69.1 | 16.1 | 11.6 | 15.0 | -22.2 |
| 西 城 区 | 957.1 | 818.3 | 17.0 | 28.8 | 22.3 | 29.1 | 12.8 | 9.7 | 32.6 |
| 朝 阳 区 | 3054.7 | 2775.0 | 10.1 | 66.7 | 94.6 | -29.5 | 38.6 | 30.7 | 25.5 |
| 丰 台 区 | 3823.4 | 3522.0 | 8.6 | 257.8 | 253.5 | 1.7 | 35.3 | 47.8 | -26.3 |
| 石景山区 | 1332.4 | 1180.7 | 12.8 | 19.9 | 30.9 | -35.7 | 9.6 | 11.3 | -15.0 |
| 海 淀 区 | 2548.7 | 2502.1 | 1.9 | 455.8 | 495.9 | -8.1 | 22.9 | 30.2 | -24.2 |
| 门头沟区 | 404.4 | 411.3 | -1.7 | 2.5 | 2.5 | 0.4 | 5.7 | 2.7 | 109.3 |
| 房 山 区 | 230.5 | 188.8 | 22.1 | 1.0 | 3.9 | -75.1 | 4.9 | 4.7 | 2.9 |
| 通 州 区 | 1762.3 | 1578.2 | 11.7 | 54.8 | 66.3 | -17.3 | 23.7 | 17.3 | 37.1 |
| 顺 义 区 | 607.1 | 584.9 | 3.8 | 14.0 | 10.1 | 38.2 | 12.6 | 9.3 | 36.0 |
| 昌 平 区 | 272.4 | 191.3 | 42.4 | -10.4 | 2.6 | | 5.3 | 4.9 | 8.7 |
| 大 兴 区 | 412.1 | 403.9 | 2.0 | 5.3 | 6.6 | -19.7 | 6.4 | 7.8 | -17.8 |
| 怀 柔 区 | 156.5 | 133.6 | 17.2 | 1.3 | 0.8 | 53.0 | 2.6 | 2.5 | 5.6 |
| 平 谷 区 | 128.3 | 110.4 | 16.2 | 3.6 | 3.9 | -8.0 | 2.8 | 2.2 | 28.8 |
| 密 云 区 | 192.1 | 189.4 | 1.4 | 4.4 | 2.1 | 105.9 | 3.4 | 3.3 | 4.7 |
| 延 庆 区 | 49.6 | 48.7 | 1.9 | 0.1 | 0.5 | -86.4 | 1.1 | 1.2 | -12.5 |
| 北京经济技术开发区 | 1011.6 | 599.7 | 68.7 | 26.1 | 6.3 | 313.2 | 9.1 | 5.3 | 69.8 |

## 3-32 续表2

单位：亿元

| 各区 | 资产总计 | | | 负债合计 | | | 所有者权益合计 | | |
|---|---|---|---|---|---|---|---|---|---|
| | 2021 | 2020 | 增长速度（%） | 2021 | 2020 | 增长速度（%） | 2021 | 2020 | 增长速度（%） |
| **全　市** | **35645.0** | **32649.6** | **9.2** | **23600.8** | **21655.5** | **9.0** | **12044.2** | **10994.0** | **9.6** |
| 东城区 | 3105.2 | 2834.2 | 9.6 | 2036.2 | 1951.1 | 4.4 | 1069.0 | 883.1 | 21.0 |
| 西城区 | 2150.6 | 1810.4 | 18.8 | 1685.3 | 1452.9 | 16.0 | 465.3 | 357.5 | 30.1 |
| 朝阳区 | 4486.5 | 4210.6 | 6.6 | 3577.9 | 3324.4 | 7.6 | 908.8 | 886.2 | 2.5 |
| 丰台区 | 7895.6 | 7311.8 | 8.0 | 4765.8 | 4413.8 | 8.0 | 3129.8 | 2898.0 | 8.0 |
| 石景山区 | 1646.3 | 1536.4 | 7.2 | 1332.1 | 1242.0 | 7.3 | 314.2 | 294.4 | 6.7 |
| 海淀区 | 9695.0 | 8865.2 | 9.4 | 5063.3 | 4635.2 | 9.2 | 4631.7 | 4230.1 | 9.5 |
| 门头沟区 | 457.5 | 656.6 | -30.3 | 378.0 | 569.4 | -33.6 | 79.5 | 87.1 | -8.8 |
| 房山区 | 579.7 | 357.0 | 62.4 | 466.8 | 253.8 | 83.9 | 112.9 | 103.2 | 9.4 |
| 通州区 | 1909.0 | 1974.6 | -3.3 | 1399.6 | 1449.9 | -3.5 | 509.5 | 524.7 | -2.9 |
| 顺义区 | 890.6 | 834.8 | 6.7 | 673.6 | 625.2 | 7.7 | 217.0 | 209.7 | 3.5 |
| 昌平区 | 308.3 | 222.7 | 38.4 | 231.6 | 151.4 | 53.0 | 76.6 | 71.3 | 7.5 |
| 大兴区 | 489.1 | 521.7 | -6.3 | 373.4 | 385.7 | -3.2 | 115.7 | 136.0 | -14.9 |
| 怀柔区 | 254.6 | 275.7 | -7.6 | 222.7 | 243.7 | -8.6 | 31.9 | 32.0 | -0.4 |
| 平谷区 | 153.8 | 143.3 | 7.3 | 98.7 | 88.7 | 11.2 | 55.1 | 54.6 | 0.9 |
| 密云区 | 277.1 | 258.9 | 7.0 | 204.2 | 190.6 | 7.2 | 72.7 | 68.4 | 6.4 |
| 延庆区 | 92.4 | 89.3 | 3.6 | 74.9 | 73.6 | 1.7 | 17.6 | 15.6 | 12.4 |
| 北京经济技术开发区 | 1253.8 | 746.2 | 68.0 | 1016.7 | 604.1 | 68.3 | 237.0 | 142.1 | 66.8 |

## 3-33 社会消费品零售总额（2021年）

单位：亿元

| 各　区 | 社会消费品零售总额 | 比2020年增长（%） |
|---|---|---|
| **全　市** | **14867.7** | **8.4** |
| 东 城 区 | 1303.3 | 7.4 |
| 西 城 区 | 1089.4 | 9.7 |
| 朝 阳 区 | 3554.2 | 10.3 |
| 丰 台 区 | 1418.1 | 7.5 |
| 石景山区 | 439.9 | 10.1 |
| 海 淀 区 | 2920.8 | 7.5 |
| 门头沟区 | 113.0 | 11.6 |
| 房 山 区 | 373.9 | 9.5 |
| 通 州 区 | 563.6 | 6.5 |
| 顺 义 区 | 609.0 | 8.3 |
| 昌 平 区 | 711.6 | 6.2 |
| 大 兴 区 | 673.1 | 8.8 |
| 怀 柔 区 | 228.1 | 12.3 |
| 平 谷 区 | 159.8 | 2.3 |
| 密 云 区 | 169.4 | 5.3 |
| 延 庆 区 | 109.1 | 9.4 |
| 北京经济技术开发区 | 431.4 | 5.7 |

注：社会消费品零售总额按产业在地口径核算。

# 3-34 商品交易市场情况

| 各 区 | 市场个数（个） | | 总摊位数（个） | | 出租摊位数（个） | | 营业面积（万平方米） | | 成交额（亿元） | |
|---|---|---|---|---|---|---|---|---|---|---|
| | 2021 | 2020 | 2021 | 2020 | 2021 | 2020 | 2021 | 2020 | 2021 | 2020 |
| **全 市** | **430** | **453** | **129023** | **140487** | **92094** | **103153** | **840.6** | **892.9** | **3173.8** | **2877.4** |
| 东城区 | 18 | 19 | 11171 | 11266 | 7516 | 8148 | 31.2 | 31.3 | 17.1 | 16.9 |
| 西城区 | 16 | 19 | 2602 | 2785 | 2186 | 2250 | 8.7 | 10.3 | 12.6 | 12.0 |
| 朝阳区 | 81 | 83 | 27230 | 29101 | 21465 | 22556 | 182.4 | 181.1 | 391.3 | 351.2 |
| 丰台区 | 58 | 61 | 17784 | 22328 | 15223 | 18650 | 239.7 | 260.3 | 1893.4 | 1776.0 |
| 石景山区 | 11 | 11 | 1453 | 1471 | 1241 | 1174 | 11.3 | 10.0 | 1.7 | 1.5 |
| 海淀区 | 22 | 23 | 8695 | 9230 | 7304 | 7310 | 43.0 | 43.6 | 311.6 | 110.2 |
| 门头沟区 | 7 | 7 | 957 | 934 | 753 | 718 | 2.9 | 2.9 | 3.9 | 5.0 |
| 房山区 | 38 | 39 | 5503 | 5562 | 3794 | 3862 | 23.5 | 24.2 | 9.3 | 8.3 |
| 通州区 | 28 | 30 | 8968 | 9640 | 6375 | 7147 | 33.6 | 36.1 | 117.8 | 108.0 |
| 顺义区 | 43 | 44 | 10883 | 10876 | 6970 | 7674 | 80.7 | 91.2 | 263.2 | 254.1 |
| 昌平区 | 29 | 35 | 9373 | 10325 | 7052 | 8281 | 41.6 | 56.0 | 89.4 | 170.4 |
| 大兴区 | 14 | 15 | 3091 | 3582 | 1493 | 1865 | 21.4 | 22.1 | 1.5 | 1.4 |
| 怀柔区 | 11 | 12 | 3233 | 3468 | 2589 | 2534 | 12.4 | 13.3 | 21.0 | 18.3 |
| 平谷区 | 22 | 22 | 9966 | 11773 | 3635 | 5781 | 68.8 | 70.6 | 16.5 | 21.2 |
| 密云区 | 25 | 26 | 6590 | 6628 | 3239 | 3915 | 31.2 | 31.6 | 14.7 | 14.1 |
| 延庆区 | 4 | 4 | 939 | 933 | 895 | 914 | 4.5 | 4.5 | 8.2 | 8.0 |
| 北京经济技术开发区 | 3 | 3 | 585 | 585 | 364 | 374 | 3.6 | 3.6 | 0.5 | 0.7 |

## 3-35　实际利用外商直接投资额

单位：万美元

| 各　区 | 2021 | 2020 |
|---|---|---|
| **全　市** | **1443424** | **1339335** |
| 东 城 区 | 62578 | 57829 |
| 西 城 区 | 31151 | 22386 |
| 朝 阳 区 | 477916 | 453713 |
| 丰 台 区 | 13393 | 11463 |
| 石景山区 | 23291 | 39075 |
| 海 淀 区 | 624338 | 565202 |
| 门头沟区 | 7613 | 4220 |
| 房 山 区 | 9702 | 2145 |
| 通 州 区 | 40685 | 56527 |
| 顺 义 区 | 72691 | 60754 |
| 昌 平 区 | 15028 | 16195 |
| 大 兴 区 | 11049 | 4776 |
| 怀 柔 区 | 7865 | 7119 |
| 平 谷 区 | 5080 | 5002 |
| 密 云 区 | 3665 | 1660 |
| 延 庆 区 | 939 | 304 |
| 北京经济技术开发区 | 36440 | 30965 |

注：按照商务部2022年修订的《外商投资统计调查制度》要求，外商投资数据公布使用商务部反馈数据。
资料来源：北京市商务局。

# 3-36 银行、保险系统机构人员情况（2021年）

| 各　区 | 合　计 | | 总行、总公司 | | 分行、分公司 | | 支行、支公司 | |
|---|---|---|---|---|---|---|---|---|
| | 机　构（个） | 从业人员（人） | 机　构（个） | 从业人员（人） | 机　构（个） | 从业人员（人） | 机　构（个） | 从业人员（人） |
| **全　市** | **4520** | **383566** | **112** | **147110** | **197** | **57917** | **3289** | **114233** |
| 东城区 | 324 | 41425 | 5 | 3464 | 28 | 11494 | 251 | 14874 |
| 西城区 | 475 | 113428 | 38 | 70217 | 45 | 24535 | 349 | 12921 |
| 朝阳区 | 1031 | 91333 | 35 | 32936 | 96 | 16387 | 737 | 21246 |
| 丰台区 | 360 | 13821 | 5 | 3815 | 8 | 521 | 277 | 6486 |
| 石景山区 | 116 | 14375 | 5 | 6650 | 5 | 2381 | 86 | 3610 |
| 海淀区 | 729 | 43270 | 6 | 17279 | 13 | 2129 | 577 | 18591 |
| 门头沟区 | 61 | 1414 | 1 | 34 | | | 43 | 922 |
| 房山区 | 154 | 6742 | 1 | 33 | | | 109 | 4205 |
| 通州区 | 214 | 10306 | 1 | 33 | 1 | 182 | 149 | 6548 |
| 顺义区 | 193 | 15276 | 5 | 9292 | | | 132 | 4543 |
| 昌平区 | 212 | 10257 | 3 | 2950 | | | 147 | 5780 |
| 大兴区 | 194 | 6260 | 2 | 80 | | | 153 | 4124 |
| 怀柔区 | 106 | 2639 | 1 | 54 | | | 62 | 1867 |
| 平谷区 | 110 | 5234 | 1 | 31 | | | 65 | 3173 |
| 密云区 | 109 | 4089 | 1 | 35 | | | 62 | 2782 |
| 延庆区 | 68 | 1935 | 2 | 207 | | | 37 | 1194 |
| 北京经济技术开发区 | 64 | 1762 | | | 1 | 288 | 53 | 1367 |

## 3-36 续表

| 各　区 | 分理处 | | 储蓄所 | | 其　他 | |
|---|---|---|---|---|---|---|
| | 机　构（个） | 从业人员（人） | 机　构（个） | 从业人员（人） | 机　构（个） | 从业人员（人） |
| **全　市** | **657** | **7292** | **14** | **88** | **251** | **56926** |
| 东 城 区 | 17 | 499 | 1 | 7 | 22 | 11087 |
| 西 城 区 | 24 | 504 | 2 | 18 | 17 | 5233 |
| 朝 阳 区 | 116 | 1687 | 2 | 17 | 45 | 19060 |
| 丰 台 区 | 53 | 614 | 2 | 18 | 15 | 2367 |
| 石景山区 | 14 | 224 | | | 6 | 1510 |
| 海 淀 区 | 107 | 1368 | 5 | 13 | 21 | 3890 |
| 门头沟区 | 12 | 82 | 1 | 10 | 4 | 366 |
| 房 山 区 | 32 | 248 | | | 12 | 2256 |
| 通 州 区 | 44 | 349 | | | 19 | 3194 |
| 顺 义 区 | 39 | 360 | | | 17 | 1081 |
| 昌 平 区 | 43 | 357 | 1 | 5 | 18 | 1165 |
| 大 兴 区 | 28 | 278 | | | 11 | 1778 |
| 怀 柔 区 | 35 | 167 | | | 8 | 551 |
| 平 谷 区 | 31 | 150 | | | 13 | 1880 |
| 密 云 区 | 31 | 183 | | | 15 | 1089 |
| 延 庆 区 | 21 | 115 | | | 8 | 419 |
| 北京经济技术开发区 | 10 | 107 | | | | |

# 3-37 中资银行人民币存款余额（2021年）

单位：万元

| 各 区 | 各项存款 | 单位存款 | 个人存款 | #储蓄存款 | 其他存款 |
|---|---|---|---|---|---|
| **全 市** | **1855055325** | **1021638403** | **470024716** | **364485055** | **363392207** |
| 东 城 区 | 238430117 | 133297811 | 41261799 | 31838577 | 63870507 |
| 西 城 区 | 551319028 | 313595121 | 59307851 | 45353323 | 178416056 |
| 朝 阳 区 | 317272627 | 152531809 | 97733365 | 73571625 | 67007452 |
| 丰 台 区 | 88945754 | 37804544 | 44381043 | 35676893 | 6760168 |
| 石景山区 | 28420105 | 14137505 | 12678906 | 9710417 | 1603694 |
| 海 淀 区 | 393840174 | 261816331 | 92467106 | 70994806 | 39556738 |
| 门头沟区 | 7859288 | 3020587 | 4830824 | 3608229 | 7877 |
| 房 山 区 | 19567088 | 6393245 | 13166648 | 10573863 | 7194 |
| 通 州 区 | 60511188 | 35499409 | 21550729 | 17622286 | 3461050 |
| 顺 义 区 | 29925145 | 12578050 | 16356821 | 12653218 | 990274 |
| 昌 平 区 | 34642668 | 11164497 | 22807697 | 18175430 | 670474 |
| 大 兴 区 | 55993672 | 29372868 | 25748005 | 20181469 | 872800 |
| 怀 柔 区 | 9141296 | 4131392 | 4984308 | 4010219 | 25597 |
| 平 谷 区 | 6006818 | 1937542 | 4035110 | 3307178 | 34166 |
| 密 云 区 | 7324856 | 2126718 | 5193693 | 4221794 | 4446 |
| 延 庆 区 | 5855500 | 2230975 | 3520811 | 2985727 | 103714 |

注：本表统计范围包括中国邮政储蓄银行北京分行、国有商业银行北京市分行、股份制商业银行在京营业机构、北京银行、北京农商银行。

资料来源：中国人民银行营业管理部。

# 3–38 中资银行人民币贷款余额（2021年）

单位：万元

| 各 区 | 各项贷款 | 境内贷款 | 短期贷款 | #个人消费贷款 | 中长期贷款 | #个人消费贷款 | 其他贷款 | 境外贷款 |
|---|---|---|---|---|---|---|---|---|
| **全 市** | **813934009** | **813148663** | **250025846** | **19263236** | **520194599** | **126314610** | **42928218** | **785345** |
| 东城区 | 90036184 | 89985487 | 29196026 | 1139534 | 57272196 | 17671170 | 3517265 | 50696 |
| 西城区 | 305940473 | 305489153 | 98144595 | 5302264 | 176031162 | 26040728 | 31313396 | 451320 |
| 朝阳区 | 125450748 | 125342557 | 38391359 | 6444312 | 82982191 | 28191984 | 3969007 | 108191 |
| 丰台区 | 62153473 | 62125644 | 19236302 | 757442 | 42786779 | 9296510 | 102563 | 27829 |
| 石景山区 | 11936332 | 11932031 | 3909573 | 149211 | 8013737 | 1897970 | 8721 | 4301 |
| 海淀区 | 121811960 | 121701913 | 38189369 | 2939009 | 80972308 | 21471426 | 2540236 | 110048 |
| 门头沟区 | 2995373 | 2995140 | 1097542 | 28402 | 1897243 | 686896 | 355 | 233 |
| 房山区 | 6181532 | 6180024 | 1607418 | 121159 | 4535555 | 1893136 | 37051 | 1508 |
| 通州区 | 19768355 | 19765955 | 4866543 | 350269 | 14800418 | 4322673 | 98993 | 2400 |
| 顺义区 | 14791162 | 14776995 | 4138849 | 247534 | 10554022 | 3104909 | 84124 | 14166 |
| 昌平区 | 11204780 | 11197436 | 2291142 | 283392 | 8754438 | 4656545 | 151856 | 7344 |
| 大兴区 | 29230151 | 29225386 | 5992870 | 1293125 | 22226780 | 4072631 | 1005736 | 4765 |
| 怀柔区 | 3319500 | 3317350 | 1052096 | 49865 | 2259304 | 635558 | 5950 | 2150 |
| 平谷区 | 2330170 | 2329775 | 461158 | 64096 | 1825950 | 881844 | 42668 | 394 |
| 密云区 | 4263427 | 4263427 | 896238 | 57635 | 3316891 | 1136112 | 50298 | |
| 延庆区 | 2520390 | 2520390 | 554766 | 35986 | 1965624 | 354518 | | |

注：本表统计范围包括中国邮政储蓄银行北京分行、国有商业银行北京市分行、股份制商业银行在京营业机构、北京银行、北京农商银行。

资料来源：中国人民银行营业管理部。

# 3-39　规模以上文化产业法人单位基本情况（2021年）

| 各　区 | 收入合计（亿元） | 资产总计（亿元） | 平均用工人数（万人） |
|---|---|---|---|
| **全　市** | **18092.5** | **29230.5** | **66.3** |
| 东 城 区 | 1382.1 | 2959.8 | 5.6 |
| 西 城 区 | 995.9 | 2344.2 | 7.3 |
| 朝 阳 区 | 3258.4 | 5182.4 | 16.5 |
| 丰 台 区 | 279.2 | 474.0 | 2.3 |
| 石景山区 | 885.7 | 1112.8 | 2.3 |
| 海 淀 区 | 9576.5 | 14054.5 | 24.1 |
| 门头沟区 | 17.6 | 55.3 | 0.1 |
| 房 山 区 | 36.2 | 49.6 | 0.3 |
| 通 州 区 | 392.5 | 1452.7 | 2.4 |
| 顺 义 区 | 173.7 | 201.4 | 1.0 |
| 昌 平 区 | 132.7 | 235.9 | 1.0 |
| 大 兴 区 | 126.9 | 205.2 | 1.2 |
| 怀 柔 区 | 108.5 | 323.2 | 0.4 |
| 平 谷 区 | 110.2 | 81.9 | 0.6 |
| 密 云 区 | 69.4 | 103.9 | 0.4 |
| 延 庆 区 | 4.3 | 28.7 | 0.2 |
| 北京经济技术开发区 | 542.7 | 365.1 | 0.8 |

注：平均用工人数中除制造业、批发和零售业以外的行业为期末用工人数。

# 3-40 居民收支情况

单位：元

| 各区 | 人均可支配收入 | | | 人均消费支出 | | |
|---|---|---|---|---|---|---|
| | 2021 | 2020 | 名义增速（%） | 2021 | 2020 | 名义增速（%） |
| **全　市** | **75002** | **69434** | **8.0** | **43640** | **38903** | **12.2** |
| 东 城 区 | 89804 | 83501 | 7.5 | 51918 | 46190 | 12.4 |
| 西 城 区 | 96949 | 90286 | 7.4 | 57396 | 51466 | 11.5 |
| 朝 阳 区 | 84770 | 78721 | 7.7 | 48922 | 44682 | 9.5 |
| 丰 台 区 | 72170 | 66799 | 8.0 | 43334 | 38472 | 12.6 |
| 石景山区 | 84666 | 78656 | 7.6 | 44790 | 40096 | 11.7 |
| 海 淀 区 | 93478 | 86742 | 7.8 | 57482 | 51198 | 12.3 |
| 门头沟区 | 59336 | 55102 | 7.7 | 35396 | 31889 | 11.0 |
| 房 山 区 | 47594 | 44078 | 8.0 | 28108 | 25307 | 11.1 |
| 通 州 区 | 49695 | 45845 | 8.4 | 33413 | 29697 | 12.5 |
| 顺 义 区 | 45548 | 41803 | 9.0 | 29035 | 25743 | 12.8 |
| 昌 平 区 | 56075 | 51587 | 8.7 | 39183 | 34962 | 12.1 |
| 大 兴 区 | 53454 | 49206 | 8.6 | 33663 | 30123 | 11.8 |
| 怀 柔 区 | 45292 | 41779 | 8.4 | 29889 | 27247 | 9.7 |
| 平 谷 区 | 43602 | 40274 | 8.3 | 27270 | 24310 | 12.2 |
| 密 云 区 | 42634 | 39282 | 8.5 | 27288 | 24264 | 12.5 |
| 延 庆 区 | 40148 | 37385 | 7.4 | 26574 | 24770 | 7.3 |

# 3-41 城镇居民收支情况

单位：元

| 各 区 | 人均可支配收入 | | | 人均消费支出 | | |
|---|---|---|---|---|---|---|
| | 2021 | 2020 | 名义增速（%） | 2021 | 2020 | 名义增速（%） |
| **全 市** | **81518** | **75602** | **7.8** | **46776** | **41726** | **12.1** |
| 东城区 | 89804 | 83501 | 7.5 | 51918 | 46190 | 12.4 |
| 西城区 | 96949 | 90286 | 7.4 | 57396 | 51466 | 11.5 |
| 朝阳区 | 84770 | 78721 | 7.7 | 48922 | 44682 | 9.5 |
| 丰台区 | 72170 | 66799 | 8.0 | 43334 | 38472 | 12.6 |
| 石景山区 | 84666 | 78656 | 7.6 | 44790 | 40096 | 11.7 |
| 海淀区 | 93478 | 86742 | 7.8 | 57482 | 51198 | 12.3 |
| 门头沟区 | 63940 | 59360 | 7.7 | 37504 | 33785 | 11.0 |
| 房山区 | 56366 | 52288 | 7.8 | 32723 | 29447 | 11.1 |
| 通州区 | 59674 | 55113 | 8.3 | 38857 | 34532 | 12.5 |
| 顺义区 | 54193 | 49749 | 8.9 | 35842 | 31813 | 12.7 |
| 昌平区 | 61137 | 56305 | 8.6 | 41431 | 36732 | 12.8 |
| 大兴区 | 63257 | 58425 | 8.3 | 38306 | 34271 | 11.8 |
| 怀柔区 | 52665 | 48663 | 8.2 | 34577 | 31708 | 9.0 |
| 平谷区 | 53794 | 49782 | 8.1 | 31609 | 28187 | 12.1 |
| 密云区 | 52875 | 48860 | 8.2 | 32665 | 29046 | 12.5 |
| 延庆区 | 54214 | 50476 | 7.4 | 33016 | 30767 | 7.3 |

## 3-42 普通中学学校基本情况

单位：人

| 各　区 | 普通中学校数（所） | | 普通中学招生数 | | 普通中学毕业生数 | |
|---|---|---|---|---|---|---|
| | 2021 | 2020 | 2021 | 2020 | 2021 | 2020 |
| **全　市** | **667** | **656** | **182694** | **183194** | **132933** | **140245** |
| 东城区 | 39 | 40 | 14738 | 14444 | 10624 | 11626 |
| 西城区 | 42 | 41 | 21669 | 20914 | 14541 | 15240 |
| 朝阳区 | 96 | 95 | 23417 | 23737 | 14050 | 14350 |
| 丰台区 | 46 | 48 | 10441 | 10774 | 6920 | 7073 |
| 石景山区 | 22 | 22 | 4426 | 4551 | 3203 | 3630 |
| 海淀区 | 87 | 82 | 40334 | 40234 | 31063 | 33534 |
| 门头沟区 | 17 | 17 | 2685 | 2673 | 2167 | 2240 |
| 房山区 | 50 | 50 | 9382 | 9823 | 7819 | 8216 |
| 通州区 | 46 | 43 | 11254 | 11032 | 7850 | 7817 |
| 顺义区 | 34 | 34 | 9221 | 9239 | 7728 | 8200 |
| 昌平区 | 58 | 57 | 8460 | 8621 | 6309 | 6563 |
| 大兴区 | 49 | 45 | 10067 | 10191 | 7223 | 7601 |
| 怀柔区 | 19 | 19 | 3899 | 3877 | 2849 | 2926 |
| 平谷区 | 19 | 19 | 3995 | 4194 | 3399 | 3653 |
| 密云区 | 24 | 24 | 5490 | 5623 | 4607 | 4818 |
| 延庆区 | 19 | 20 | 3216 | 3267 | 2581 | 2758 |

注：普通中学统计范围为普通高中和普通初中。
资料来源：北京市教育委员会。

# 3-42 续表

单位：人

| 各　区 | 普通中学在校生数 | | 普通中学教职工数 | | 普通中学专任教师数 | |
|---|---|---|---|---|---|---|
| | 2021 | 2020 | 2021 | 2020 | 2021 | 2020 |
| **全　市** | **525706** | **490630** | **96583** | **92920** | **76803** | **73715** |
| 东城区 | 42374 | 39151 | 6718 | 6641 | 5851 | 5832 |
| 西城区 | 60268 | 54470 | 8351 | 8061 | 6739 | 6515 |
| 朝阳区 | 65813 | 60192 | 15605 | 15162 | 13303 | 12847 |
| 丰台区 | 29829 | 27180 | 5765 | 5717 | 4929 | 4827 |
| 石景山区 | 12933 | 12047 | 2967 | 2890 | 2342 | 2297 |
| 海淀区 | 117554 | 110050 | 18023 | 15914 | 13695 | 12252 |
| 门头沟区 | 7724 | 7374 | 1327 | 1276 | 1019 | 979 |
| 房山区 | 28444 | 27503 | 4535 | 4463 | 3746 | 3625 |
| 通州区 | 31873 | 29448 | 5327 | 5062 | 4270 | 3979 |
| 顺义区 | 27361 | 26947 | 5534 | 5338 | 4007 | 3921 |
| 昌平区 | 24149 | 23143 | 6762 | 6702 | 5050 | 4950 |
| 大兴区 | 28330 | 26211 | 6186 | 6068 | 5088 | 4907 |
| 怀柔区 | 11099 | 10372 | 2399 | 2430 | 1791 | 1811 |
| 平谷区 | 11994 | 11646 | 2666 | 2699 | 1700 | 1679 |
| 密云区 | 16439 | 15909 | 2497 | 2473 | 1996 | 1946 |
| 延庆区 | 9522 | 8987 | 1921 | 2024 | 1277 | 1348 |

# 3-43　小学教育基本情况

单位：人

| 各　区 | 小学校数（所） | | 小学招生数 | | 小学毕业生数 | |
|---|---|---|---|---|---|---|
| | 2021 | 2020 | 2021 | 2020 | 2021 | 2020 |
| **全　市** | **837** | **934** | **186440** | **202157** | **134051** | **136671** |
| 东 城 区 | 47 | 47 | 12829 | 13234 | 9379 | 9185 |
| 西 城 区 | 58 | 57 | 21357 | 21066 | 12880 | 12406 |
| 朝 阳 区 | 74 | 74 | 28970 | 31426 | 19988 | 20887 |
| 丰 台 区 | 70 | 74 | 11146 | 13590 | 8969 | 10172 |
| 石景山区 | 25 | 25 | 4548 | 4847 | 3494 | 3767 |
| 海 淀 区 | 89 | 87 | 34066 | 34204 | 26606 | 26537 |
| 门头沟区 | 21 | 23 | 2465 | 2739 | 1918 | 1900 |
| 房 山 区 | 53 | 108 | 10150 | 12073 | 7515 | 7893 |
| 通 州 区 | 81 | 82 | 13650 | 15470 | 9288 | 8989 |
| 顺 义 区 | 51 | 50 | 9630 | 11120 | 6841 | 6888 |
| 昌 平 区 | 91 | 93 | 11842 | 13329 | 7456 | 7957 |
| 大 兴 区 | 80 | 83 | 13252 | 14662 | 8459 | 8669 |
| 怀 柔 区 | 18 | 18 | 2937 | 3230 | 2745 | 2833 |
| 平 谷 区 | 29 | 46 | 3545 | 4160 | 2912 | 2885 |
| 密 云 区 | 26 | 39 | 3927 | 4396 | 3537 | 3635 |
| 延 庆 区 | 24 | 28 | 2126 | 2611 | 2064 | 2068 |

资料来源：北京市教育委员会。

# 3-43 续表

单位：人

| 各区 | 小学在校生数 | | 小学教职工数 | | 小学专任教师数 | |
|---|---|---|---|---|---|---|
| | 2021 | 2020 | 2021 | 2020 | 2021 | 2020 |
| **全市** | **1036584** | **995046** | **65269** | **62495** | **59013** | **56412** |
| 东城区 | 69354 | 65508 | 5700 | 5550 | 5302 | 5184 |
| 西城区 | 108159 | 99221 | 7152 | 6673 | 6660 | 6218 |
| 朝阳区 | 162918 | 155758 | 7111 | 7085 | 6638 | 6667 |
| 丰台区 | 67020 | 66600 | 4723 | 4698 | 4415 | 4376 |
| 石景山区 | 24855 | 24131 | 1358 | 1353 | 1208 | 1191 |
| 海淀区 | 186638 | 179579 | 10000 | 8390 | 9139 | 7895 |
| 门头沟区 | 14161 | 13841 | 1227 | 1224 | 1010 | 1008 |
| 房山区 | 59303 | 57695 | 3870 | 3866 | 3514 | 3408 |
| 通州区 | 77728 | 74881 | 4881 | 4659 | 4577 | 4292 |
| 顺义区 | 55541 | 53743 | 3934 | 3873 | 3323 | 3291 |
| 昌平区 | 63471 | 60768 | 4075 | 3996 | 3677 | 3529 |
| 大兴区 | 73101 | 69660 | 3965 | 3959 | 3551 | 3497 |
| 怀柔区 | 17557 | 17569 | 1588 | 1570 | 1309 | 1296 |
| 平谷区 | 20594 | 20109 | 2207 | 2102 | 1863 | 1770 |
| 密云区 | 23008 | 22801 | 2033 | 2133 | 1673 | 1715 |
| 延庆区 | 13176 | 13182 | 1445 | 1364 | 1154 | 1075 |

# 3-44 幼儿教育情况

单位：人

| 各　区 | 幼儿园数（所） | | 在园幼儿数 | | 幼儿园专任教师数 | |
|---|---|---|---|---|---|---|
| | 2021 | 2020 | 2021 | 2020 | 2021 | 2020 |
| **全　市** | **2000** | **1899** | **566735** | **525878** | **47973** | **44740** |
| 东城区 | 68 | 68 | 19790 | 19582 | 2401 | 2372 |
| 西城区 | 88 | 87 | 25061 | 23498 | 2772 | 2625 |
| 朝阳区 | 309 | 292 | 96383 | 88926 | 8538 | 8168 |
| 丰台区 | 144 | 145 | 45752 | 45012 | 3631 | 3673 |
| 石景山区 | 48 | 46 | 17158 | 15361 | 1376 | 1300 |
| 海淀区 | 223 | 201 | 78210 | 72439 | 6341 | 6014 |
| 门头沟区 | 42 | 42 | 10755 | 9624 | 1007 | 989 |
| 房山区 | 135 | 127 | 35580 | 33921 | 2995 | 2977 |
| 通州区 | 248 | 227 | 57823 | 51553 | 4714 | 3880 |
| 顺义区 | 112 | 106 | 34870 | 32365 | 2309 | 2267 |
| 昌平区 | 162 | 160 | 46533 | 44238 | 3348 | 3477 |
| 大兴区 | 116 | 108 | 46399 | 41995 | 3486 | 2578 |
| 怀柔区 | 81 | 78 | 11931 | 10988 | 1295 | 1264 |
| 平谷区 | 94 | 90 | 16043 | 14608 | 1334 | 1000 |
| 密云区 | 80 | 75 | 15436 | 13910 | 1460 | 1285 |
| 延庆区 | 50 | 47 | 9011 | 7858 | 966 | 871 |

数据来源：北京市教育委员会。

# 3-45 公共图书馆情况

| 各 区 | 个数（个） | | 总藏数（万册、万件） | | 总流通人次（万人次） | | 书刊文献外借册次（万册次） | |
|---|---|---|---|---|---|---|---|---|
| | 2021 | 2020 | 2021 | 2020 | 2021 | 2020 | 2021 | 2020 |
| **全 市** | **21** | **24** | **7548** | **7241** | **892** | **480** | **665** | **321** |
| 东 城 区 | 1 | 2 | 167 | 151 | 43 | 62 | 36 | 16 |
| 西 城 区 | 2 | 3 | 220 | 212 | 91 | 23 | 90 | 48 |
| 朝 阳 区 | 3 | 3 | 1309 | 1277 | 261 | 147 | 129 | 71 |
| 丰 台 区 | 1 | 2 | 106 | 122 | 22 | 5 | 5 | 5 |
| 石景山区 | 1 | 1 | 118 | 113 | 25 | 30 | 10 | 36 |
| 海 淀 区 | 2 | 2 | 4471 | 4295 | 222 | 101 | 92 | 47 |
| 门头沟区 | 1 | 1 | 132 | 130 | 1 | 2 | 2 | 3 |
| 房 山 区 | 2 | 2 | 166 | 162 | 42 | 18 | 29 | 14 |
| 通 州 区 | 1 | 1 | 89 | 86 | 39 | 47 | 39 | 18 |
| 顺 义 区 | 1 | 1 | 176 | 112 | 38 | | 35 | |
| 昌 平 区 | 1 | 1 | 85 | 83 | 21 | 8 | 14 | 10 |
| 大 兴 区 | 1 | 1 | 111 | 108 | 34 | 11 | 52 | 17 |
| 怀 柔 区 | 1 | 1 | 95 | 94 | 5 | 5 | 13 | 12 |
| 平 谷 区 | 1 | 1 | 133 | 132 | 12 | 9 | 25 | 8 |
| 密 云 区 | 1 | 1 | 107 | 104 | 20 | 3 | 83 | 6 |
| 延 庆 区 | 1 | 1 | 63 | 60 | 16 | 9 | 11 | 10 |

资料来源：北京市文化和旅游局、国家图书馆。

# 3-46 文物局系统内博物馆情况

| 各　区 | 个数（个） | | 文物藏品数（件） | | #一级品 | |
|---|---|---|---|---|---|---|
| | 2021 | 2020 | 2021 | 2020 | 2021 | 2020 |
| **全　市** | **45** | **45** | **1252042** | **1250200** | **712** | **758** |
| 东 城 区 | 7 | 7 | 4522 | 5293 | 30 | 30 |
| 西 城 区 | 9 | 9 | 1018774 | 1018545 | 397 | 364 |
| 朝 阳 区 | 2 | 2 | 88488 | 88399 | 15 | 39 |
| 丰 台 区 | 2 | 2 | 1616 | 1534 | 4 | 4 |
| 石景山区 | 2 | 2 | 706 | 460 | | |
| 海 淀 区 | 6 | 6 | 105804 | 106015 | 53 | 108 |
| 门头沟区 | 1 | 1 | 3686 | 3686 | | |
| 房 山 区 | 2 | 2 | 7723 | 7723 | 15 | 15 |
| 通 州 区 | 1 | 1 | 3695 | 2367 | | |
| 顺 义 区 | 2 | 2 | 148 | 148 | | |
| 昌 平 区 | 4 | 4 | 2831 | 2836 | 197 | 197 |
| 大 兴 区 | | | | | | |
| 怀 柔 区 | 1 | 1 | 1487 | 1487 | | |
| 平 谷 区 | 2 | 2 | 9246 | 8552 | | |
| 密 云 区 | 1 | 1 | 814 | 653 | | |
| 延 庆 区 | 3 | 3 | 2502 | 2502 | 1 | 1 |

资料来源：北京市文物局。

## 3-46 续表

| 各　区 | 参观人次（千人次） | | 本年收入（万元） | |
|---|---|---|---|---|
| | 2021 | 2020 | 2021 | 2020 |
| **全　市** | **4688** | **2408** | **111951** | **100748** |
| 东 城 区 | 714 | 354 | 12665 | 8065 |
| 西 城 区 | 1322 | 403 | 32187 | 30486 |
| 朝 阳 区 | 263 | 74 | 12420 | 12169 |
| 丰 台 区 | 18 | 6 | 2932 | 1801 |
| 石景山区 | 97 | 23 | 1702 | 1476 |
| 海 淀 区 | 401 | 263 | 11421 | 12344 |
| 门头沟区 | 15 | 10 | 788 | 755 |
| 房 山 区 | 288 | 233 | 6487 | 6436 |
| 通 州 区 | 25 | 7 | 588 | 649 |
| 顺 义 区 | 25 | 25 | 686 | 686 |
| 昌 平 区 | 1375 | 934 | 25499 | 22300 |
| 大 兴 区 | | | | |
| 怀 柔 区 | 7 | 1 | 565 | 676 |
| 平 谷 区 | 3 | 4 | 1340 | 1304 |
| 密 云 区 | 3 | 1 | 170 | 212 |
| 延 庆 区 | 132 | 70 | 2501 | 1389 |

# 3-47 档案事业情况

| 各 区 | 档案馆个数（个） | | 建筑面积（平方米） | | 本年利用档案人次（人次） | | 本年利用现行文件和资料人次（人次） | |
|---|---|---|---|---|---|---|---|---|
| | 2021 | 2020 | 2021 | 2020 | 2021 | 2020 | 2021 | 2020 |
| **全　市** | **18** | **18** | **210076** | **212864** | **138302** | **114997** | **423** | **332** |
| 东城区 | 1 | 1 | 4915 | 4915 | 14066 | 9168 | | |
| 西城区 | 2 | 2 | 14962 | 14962 | 16732 | 14395 | 12 | 6 |
| 朝阳区 | 2 | 2 | 117868 | 117868 | 14846 | 12256 | 129 | 79 |
| 丰台区 | 1 | 1 | 2004 | 2004 | 2046 | 5032 | | 1 |
| 石景山区 | 1 | 1 | 3572 | 3572 | 1977 | 1755 | 5 | 2 |
| 海淀区 | 1 | 1 | 27956 | 27956 | 15951 | 11392 | 100 | 19 |
| 门头沟区 | 1 | 1 | 4651 | 4651 | 4416 | 3970 | 4 | 3 |
| 房山区 | 1 | 1 | 4731 | 4731 | 4901 | 4658 | | |
| 通州区 | 1 | 1 | 2651 | 2651 | 5427 | 4034 | 17 | 14 |
| 顺义区 | 1 | 1 | 6750 | 6750 | 3777 | 3184 | | |
| 昌平区 | 1 | 1 | 3800 | 3800 | 7973 | 5873 | | |
| 大兴区 | 1 | 1 | 1968 | 1968 | 8509 | 5646 | | |
| 怀柔区 | 1 | 1 | 2448 | 2448 | 10160 | 10030 | 22 | 75 |
| 平谷区 | 1 | 1 | 786 | 4280 | 14183 | 10276 | 76 | 83 |
| 密云区 | 1 | 1 | 4636 | 4636 | 8592 | 8922 | 38 | 40 |
| 延庆区 | 1 | 1 | 6378 | 5672 | 4746 | 4406 | 20 | 10 |

注：本年利用档案、现行文件和资料人次数量，包括利用纸质和电子两种之和。
资料来源：北京市档案局。

# 3-48 规模以上工业与信息传输、软件和信息技术服务业企业研究与试验发展（R&D）情况

单位：万元

| 各 区 | 工业企业研究与试验发展（R&D）经费 | | 信息传输、软件和信息技术服务业研究与试验发展（R&D）经费 | |
|---|---|---|---|---|
| | 2021 | 2020 | 2021 | 2020 |
| **全 市** | **3135143.6** | **2974156.5** | **6115927.3** | **4869481.8** |
| 东城区 | 24076.4 | 33343.1 | 95933.2 | 34433.7 |
| 西城区 | 41359.9 | 50898.4 | 80117.9 | 70810.8 |
| 朝阳区 | 110219.0 | 141423.3 | 583074.6 | 464077.1 |
| 丰台区 | 52302.0 | 102697.8 | 61551.6 | 79183.6 |
| 石景山区 | 29190.9 | 43783.8 | 15902.7 | 33579.9 |
| 海淀区 | 732183.0 | 694741.8 | 5129329.3 | 4045727.9 |
| 门头沟区 | 26838.6 | 24419.7 | 195.8 | 1212.4 |
| 房山区 | 37204.4 | 43009.7 | | 5135.9 |
| 通州区 | 139785.5 | 149178.5 | 4636.3 | 1589.0 |
| 顺义区 | 148673.7 | 170657.7 | 10944.7 | 7972.0 |
| 昌平区 | 273966.2 | 338905.0 | 70741.0 | 49631.3 |
| 大兴区 | 105620.5 | 140268.6 | 6078.8 | 4274.3 |
| 怀柔区 | 56914.0 | 80091.1 | 2021.4 | 343.2 |
| 平谷区 | 25796.9 | 28439.3 | | 692.9 |
| 密云区 | 49289.0 | 74154.9 | 11596.8 | 6329.0 |
| 延庆区 | 23117.0 | 19033.2 | | |
| 北京经济技术开发区 | 1258606.6 | 839110.6 | 43803.2 | 64488.8 |

# 3-48 续表

单位：人

| 各区 | 工业企业研究与试验发展（R&D）人员数 | | 信息传输、软件和信息技术服务业研究与试验发展（R&D）人员数 | |
|---|---|---|---|---|
| | 2021 | 2020 | 2021 | 2020 |
| **全 市** | **61490** | **64256** | **85919** | **83553** |
| 东城区 | 560 | 658 | 1461 | 776 |
| 西城区 | 1081 | 1085 | 2272 | 2100 |
| 朝阳区 | 2922 | 2711 | 10578 | 8375 |
| 丰台区 | 2073 | 3646 | 1005 | 1579 |
| 石景山区 | 611 | 941 | 376 | 1097 |
| 海淀区 | 15146 | 15444 | 66541 | 63234 |
| 门头沟区 | 959 | 771 | 4 | 71 |
| 房山区 | 1383 | 1401 | | 235 |
| 通州区 | 3655 | 3585 | 137 | 100 |
| 顺义区 | 4808 | 4366 | 284 | 352 |
| 昌平区 | 7110 | 8658 | 1936 | 1765 |
| 大兴区 | 3070 | 3309 | 162 | 110 |
| 怀柔区 | 1492 | 1864 | 34 | 10 |
| 平谷区 | 1139 | 1143 | | 19 |
| 密云区 | 2007 | 1867 | 117 | 102 |
| 延庆区 | 524 | 506 | | |
| 北京经济技术开发区 | 12950 | 12301 | 1012 | 3628 |

# 3-49 技术市场合同成交情况

| 各　区 | 合同数（项） | | 技术合同成交总额（万元） | |
|---|---|---|---|---|
| | 2021 | 2020 | 2021 | 2020 |
| **全　市** | **93563** | **84451** | **70056517** | **63161623** |
| 东城区 | 3846 | 3552 | 3179611 | 4810696 |
| 西城区 | 5608 | 5312 | 1234894 | 2300003 |
| 朝阳区 | 8660 | 6031 | 14023896 | 12502699 |
| 丰台区 | 3126 | 3257 | 8194221 | 10814076 |
| 石景山区 | 2262 | 2141 | 1239981 | 1125906 |
| 海淀区 | 61323 | 56624 | 29208303 | 20400800 |
| 门头沟区 | 175 | 124 | 353031 | 312296 |
| 房山区 | 408 | 401 | 139384 | 115353 |
| 通州区 | 1323 | 839 | 4763610 | 3791287 |
| 顺义区 | 872 | 924 | 828847 | 760474 |
| 昌平区 | 2222 | 1959 | 1801963 | 1470017 |
| 大兴区 | 2843 | 2581 | 4642148 | 4400295 |
| 怀柔区 | 524 | 342 | 203391 | 131885 |
| 平谷区 | 149 | 119 | 26211 | 17569 |
| 密云区 | 151 | 206 | 160102 | 153553 |
| 延庆区 | 71 | 39 | 56924 | 54715 |

资料来源：北京技术市场管理办公室。

# 3-50 专利授权情况

单位：件

| 各 区 | 专利授权量 | | #发明专利 | |
|---|---|---|---|---|
| | 2021 | 2020 | 2021 | 2020 |
| **全 市** | **198778** | **162824** | **79210** | **63266** |
| 东城区 | 9283 | 8916 | 3553 | 2687 |
| 西城区 | 13448 | 10097 | 5527 | 4084 |
| 朝阳区 | 32915 | 27551 | 14490 | 11473 |
| 丰台区 | 14502 | 10052 | 3509 | 2721 |
| 石景山区 | 4682 | 3839 | 1807 | 1206 |
| 海淀区 | 71703 | 60929 | 40455 | 33829 |
| 门头沟区 | 1767 | 1247 | 249 | 96 |
| 房山区 | 3888 | 3185 | 702 | 421 |
| 通州区 | 7965 | 5722 | 628 | 453 |
| 顺义区 | 7528 | 6321 | 1061 | 839 |
| 昌平区 | 9933 | 8476 | 3019 | 2497 |
| 大兴区 | 15054 | 11873 | 3347 | 2383 |
| 怀柔区 | 2221 | 1939 | 471 | 325 |
| 平谷区 | 1441 | 913 | 121 | 54 |
| 密云区 | 1744 | 1311 | 169 | 128 |
| 延庆区 | 687 | 440 | 85 | 57 |
| 其 他 | 17 | 13 | 17 | 13 |

资料来源：北京市知识产权局。

# 3-51 医疗卫生机构数（2021年）

单位：个

| 各　区 | 医疗卫生机　　构 | #医　院 | #社区卫生服务中心（站） | #门诊部 | #妇幼保健院（所、站） | #疾病预防控制中心（防疫站） | #专科疾病防治院（所、站） | #诊所、卫生所、医务室、护理站 |
|---|---|---|---|---|---|---|---|---|
| **全　市** | **11727** | **733** | **2111** | **1490** | **19** | **25** | **22** | **4441** |
| 东城区 | 544 | 60 | 65 | 84 | 1 | 2 | 2 | 309 |
| 西城区 | 700 | 47 | 99 | 68 | 1 | 7 | 4 | 451 |
| 朝阳区 | 1809 | 159 | 280 | 448 | 2 | 2 | 1 | 888 |
| 丰台区 | 556 | 77 | 178 | 129 | 1 | 1 | 1 | 133 |
| 石景山区 | 221 | 23 | 49 | 15 | 1 | 1 | 1 | 126 |
| 海淀区 | 1361 | 101 | 242 | 389 | 1 | 1 | 3 | 593 |
| 门头沟区 | 272 | 12 | 41 | 11 | 1 | 1 | 1 | 50 |
| 房山区 | 1044 | 36 | 227 | 34 | 3 | 2 | 2 | 230 |
| 通州区 | 609 | 22 | 93 | 49 | 1 | 1 | 1 | 81 |
| 顺义区 | 847 | 23 | 202 | 38 | 1 | 1 | 1 | 368 |
| 昌平区 | 1141 | 85 | 151 | 107 | 1 | 1 | 1 | 533 |
| 大兴区 | 914 | 38 | 143 | 96 | 1 | 1 |  | 307 |
| 怀柔区 | 480 | 11 | 68 | 6 | 1 | 1 | 1 | 123 |
| 平谷区 | 261 | 7 | 149 | 9 | 1 | 1 | 1 | 75 |
| 密云区 | 595 | 14 | 50 | 1 | 1 | 1 | 1 | 113 |
| 延庆区 | 360 | 5 | 74 | 6 | 1 | 1 | 1 | 61 |

注：本表全市数据包含驻京部队医院，分区数据不包含驻京部队医院，故分区数据之和不等于全市。

资料来源：北京市卫生健康委员会。

# 3-52 医疗卫生机构人员及卫生条件

单位：人

| 各 区 | 医疗卫生机构人员 | | #卫生技术人员 | | #执业（助理）医师 | | #注册护士 | |
|---|---|---|---|---|---|---|---|---|
| | 2021 | 2020 | 2021 | 2020 | 2021 | 2020 | 2021 | 2020 |
| **全 市** | **389779** | **375673** | **317659** | **303699** | **123503** | **118541** | **141685** | **134656** |
| 东城区 | 35216 | 34558 | 27176 | 26383 | 10789 | 10446 | 11349 | 11058 |
| 西城区 | 48493 | 47562 | 40789 | 39832 | 14476 | 14205 | 18357 | 17740 |
| 朝阳区 | 76706 | 72064 | 60524 | 56247 | 24359 | 22650 | 26858 | 24638 |
| 丰台区 | 31956 | 30901 | 25924 | 24699 | 9976 | 9621 | 11202 | 10721 |
| 石景山区 | 10969 | 10592 | 8739 | 8629 | 3288 | 3206 | 3915 | 3837 |
| 海淀区 | 49207 | 47424 | 40135 | 38191 | 15519 | 14749 | 17810 | 16908 |
| 门头沟区 | 5028 | 4844 | 4022 | 3835 | 1455 | 1389 | 1708 | 1608 |
| 房山区 | 15478 | 14678 | 11493 | 11008 | 4489 | 4269 | 4741 | 4529 |
| 通州区 | 13394 | 13171 | 10846 | 10486 | 4203 | 4062 | 4359 | 4241 |
| 顺义区 | 12262 | 11681 | 9688 | 9126 | 4207 | 4012 | 3689 | 3427 |
| 昌平区 | 24653 | 24357 | 19611 | 18983 | 7437 | 7255 | 8626 | 8418 |
| 大兴区 | 18568 | 17574 | 14505 | 13705 | 5493 | 5155 | 5924 | 5524 |
| 怀柔区 | 5626 | 5043 | 4452 | 3959 | 1790 | 1659 | 1611 | 1360 |
| 平谷区 | 5123 | 5087 | 4376 | 4239 | 1839 | 1761 | 1654 | 1638 |
| 密云区 | 5150 | 5235 | 4099 | 4138 | 2058 | 2104 | 1273 | 1284 |
| 延庆区 | 3606 | 3487 | 2936 | 2824 | 1287 | 1234 | 1103 | 1074 |

注：本表全市数据除床位数外均包含驻京部队医院情况，分区数据均不包含驻京部队医院，故分区数据之和不等于全市。
资料来源：北京市卫生健康委员会。

# 3-52 续表

| 各区 | 医疗机构实有床位数（张） | | #医院 | | 每千常住人口执业（助理）医师数（人） | | 每千常住人口注册护士数（人） | | 每千常住人口医院床位数（张） | |
|---|---|---|---|---|---|---|---|---|---|---|
| | 2021 | 2020 | 2021 | 2020 | 2021 | 2020 | 2021 | 2020 | 2021 | 2020 |
| **全　市** | **130259** | **127143** | **122287** | **119310** | **5.64** | **5.41** | **6.47** | **6.15** | **5.59** | **5.45** |
| 东城区 | 10008 | 10049 | 9884 | 9925 | 15.24 | 14.74 | 16.03 | 15.60 | 13.96 | 14.18 |
| 西城区 | 17623 | 17259 | 17569 | 17209 | 13.11 | 12.84 | 16.63 | 16.04 | 15.91 | 15.60 |
| 朝阳区 | 25350 | 23644 | 24146 | 22546 | 7.06 | 6.56 | 7.79 | 7.14 | 7.00 | 6.85 |
| 丰台区 | 13168 | 12738 | 12709 | 12276 | 4.95 | 4.76 | 5.56 | 5.31 | 6.31 | 6.31 |
| 石景山区 | 4820 | 4873 | 4760 | 4813 | 5.81 | 5.65 | 6.92 | 6.76 | 8.41 | 8.58 |
| 海淀区 | 13761 | 13521 | 12944 | 12673 | 4.96 | 4.71 | 5.69 | 5.40 | 4.14 | 4.32 |
| 门头沟区 | 3082 | 2989 | 2587 | 2494 | 3.67 | 3.54 | 4.31 | 4.10 | 6.53 | 7.61 |
| 房山区 | 6456 | 6469 | 5622 | 5645 | 3.42 | 3.25 | 3.61 | 3.45 | 4.28 | 4.93 |
| 通州区 | 4425 | 4155 | 3705 | 3435 | 2.28 | 2.21 | 2.37 | 2.30 | 2.01 | 2.26 |
| 顺义区 | 4317 | 4420 | 3273 | 3366 | 3.17 | 3.03 | 2.78 | 2.59 | 2.47 | 3.34 |
| 昌平区 | 12247 | 12295 | 11942 | 12030 | 3.28 | 3.20 | 3.80 | 3.71 | 5.26 | 5.42 |
| 大兴区 | 7854 | 7592 | 7088 | 6836 | 2.75 | 2.59 | 2.97 | 2.77 | 3.55 | 3.81 |
| 怀柔区 | 2017 | 2037 | 1735 | 1765 | 4.06 | 3.76 | 3.65 | 3.08 | 3.93 | 4.62 |
| 平谷区 | 2077 | 2149 | 1781 | 1843 | 4.02 | 3.85 | 3.62 | 3.58 | 3.90 | 4.70 |
| 密云区 | 1874 | 1834 | 1597 | 1557 | 3.91 | 3.99 | 2.42 | 2.43 | 3.03 | 3.48 |
| 延庆区 | 1180 | 1119 | 945 | 897 | 3.72 | 3.57 | 3.19 | 3.11 | 2.73 | 3.24 |

# 3-53 医院工作情况

| 各区 | 诊疗人次数（千人次） | | #门诊 | | 健康检查人次（千人次） | |
|---|---|---|---|---|---|---|
| | 2021 | 2020 | 2021 | 2020 | 2021 | 2020 |
| **全　市** | **157927.5** | **118394.2** | **132224.3** | **99246.1** | **4645.0** | **3338.1** |
| 东城区 | 17610.7 | 12943.4 | 16687.5 | 12169.8 | 342.7 | 241.8 |
| 西城区 | 24641.6 | 17796.2 | 23067.1 | 16531.3 | 343.5 | 236.5 |
| 朝阳区 | 25221.5 | 18916.8 | 23237.0 | 17297.0 | 897.6 | 722.5 |
| 丰台区 | 12281.6 | 9143.4 | 11419.2 | 8378.7 | 498.0 | 323.8 |
| 石景山区 | 4088.2 | 3271.7 | 3847.9 | 3035.4 | 203.5 | 173.3 |
| 海淀区 | 20218.1 | 14853.5 | 19091.9 | 13960.9 | 783.5 | 492.7 |
| 门头沟区 | 2816.8 | 2240.7 | 2670.7 | 2118.4 | 76.4 | 92.9 |
| 房山区 | 6115.1 | 5141.5 | 5573.2 | 4672.3 | 177.4 | 146.0 |
| 通州区 | 4885.5 | 3880.3 | 4421.5 | 3482.4 | 82.1 | 82.1 |
| 顺义区 | 3794.0 | 2900.0 | 3420.4 | 2502.7 | 460.5 | 240.2 |
| 昌平区 | 7875.3 | 6157.8 | 7038.5 | 5548.9 | 341.6 | 168.8 |
| 大兴区 | 4780.6 | 3643.5 | 4405.7 | 3321.9 | 155.2 | 175.9 |
| 怀柔区 | 2162.2 | 1802.3 | 1952.3 | 1625.2 | 117.7 | 88.3 |
| 平谷区 | 1948.2 | 1688.2 | 1710.2 | 1465.0 | 57.5 | 55.0 |
| 密云区 | 2550.6 | 2269.1 | 2227.2 | 2009.7 | 65.3 | 66.7 |
| 延庆区 | 1549.7 | 1222.5 | 1453.9 | 1126.6 | 42.6 | 31.6 |

注：本表全市数据包含驻京部队医院情况，分区数据不包含驻京部队医院，故分区数据之和不等于全市。
资料来源：北京市卫生健康委员会。

## 3-53 续表

| 各　区 | 平均开放病床数（张） | | 入院人数（千人次） | |
|---|---|---|---|---|
| | 2021 | 2020 | 2021 | 2020 |
| **全　市** | **117584** | **113718** | **3402.1** | **2439.4** |
| 东 城 区 | 9398 | 9263 | 415.2 | 289.1 |
| 西 城 区 | 17015 | 16522 | 657.7 | 450.1 |
| 朝 阳 区 | 23385 | 21879 | 722.6 | 492.3 |
| 丰 台 区 | 12186 | 11657 | 280.9 | 188.1 |
| 石景山区 | 4575 | 4489 | 100.1 | 75.6 |
| 海 淀 区 | 12268 | 11879 | 490.3 | 354.5 |
| 门头沟区 | 2569 | 2440 | 48.4 | 40.3 |
| 房 山 区 | 5519 | 5552 | 115.9 | 94.5 |
| 通 州 区 | 3525 | 3282 | 103.5 | 77.2 |
| 顺 义 区 | 3124 | 3030 | 55.5 | 45.8 |
| 昌 平 区 | 11250 | 11368 | 148.7 | 115.5 |
| 大 兴 区 | 6849 | 6519 | 134.5 | 105.9 |
| 怀 柔 区 | 1711 | 1690 | 32.3 | 23.8 |
| 平 谷 区 | 1715 | 1765 | 39.4 | 36.0 |
| 密 云 区 | 1586 | 1524 | 37.0 | 33.3 |
| 延 庆 区 | 910 | 859 | 20.1 | 17.2 |

# 3–54　社区卫生服务机构情况（2021年）

| 各　区 | 社区卫生服务机构卫生技术人员数（人） | #全科医生 | #社区护士 | 总诊疗人次数（千人次） | #门　诊 | #急　诊 |
|---|---|---|---|---|---|---|
| **全　市** | **34792** | **6205** | **11202** | **64866.2** | **63955.8** | **292.7** |
| 东城区 | 1311 | 395 | 521 | 2660.5 | 2651.7 | |
| 西城区 | 1868 | 314 | 671 | 3041.0 | 3030.0 | |
| 朝阳区 | 5754 | 554 | 1932 | 13707.0 | 13566.6 | 99.2 |
| 丰台区 | 3821 | 504 | 1214 | 8541.1 | 8533.3 | 0.7 |
| 石景山区 | 941 | 150 | 361 | 2491.2 | 2488.8 | |
| 海淀区 | 4517 | 645 | 1534 | 8152.3 | 7896.4 | 81.8 |
| 门头沟区 | 656 | 116 | 228 | 1032.2 | 1026.7 | 1.0 |
| 房山区 | 2093 | 387 | 615 | 4320.9 | 4287.8 | 11.4 |
| 通州区 | 2846 | 521 | 865 | 4869.8 | 4837.4 | |
| 顺义区 | 2103 | 596 | 612 | 2872.2 | 2634.9 | 6.3 |
| 昌平区 | 1826 | 480 | 679 | 3370.2 | 3337.1 | 8.4 |
| 大兴区 | 2905 | 423 | 1001 | 3484.8 | 3443.6 | 28.8 |
| 怀柔区 | 982 | 246 | 250 | 1452.5 | 1420.7 | 9.6 |
| 平谷区 | 1127 | 313 | 189 | 1613.7 | 1613.6 | |
| 密云区 | 1159 | 302 | 304 | 1968.2 | 1935.7 | 30.1 |
| 延庆区 | 883 | 259 | 226 | 1288.6 | 1251.5 | 15.4 |

资料来源：北京市卫生健康委员会。

# 3-55 社会组织情况

单位：个

| 各区 | 2021 | 2020 |
|---|---|---|
| **全市** | **12893** | **13016** |
| **市本级** | **4447** | **4448** |
| 东城区 | 626 | 699 |
| 西城区 | 566 | 701 |
| 朝阳区 | 1056 | 1057 |
| 丰台区 | 480 | 493 |
| 石景山区 | 334 | 318 |
| 海淀区 | 921 | 945 |
| 门头沟区 | 176 | 189 |
| 房山区 | 555 | 549 |
| 通州区 | 518 | 496 |
| 顺义区 | 417 | 401 |
| 昌平区 | 564 | 566 |
| 大兴区 | 667 | 620 |
| 怀柔区 | 479 | 484 |
| 平谷区 | 432 | 421 |
| 密云区 | 383 | 376 |
| 延庆区 | 272 | 253 |

注：社会组织包含社会团体、民办非企业单位、基金会。

资料来源：中共北京市委社会工作委员会北京市民政局。

## 3-56 体育场地情况（2013年）

单位：个

| 各　区 | 体育场地数 | #体育场 | #体育馆 | #游泳场馆 | #各种训练房 |
|---|---|---|---|---|---|
| **全　市** | **20075** | **131** | **70** | **590** | **2836** |
| 东城区 | 698 | 3 | 2 | 57 | 197 |
| 西城区 | 1058 | 7 | 4 | 47 | 170 |
| 朝阳区 | 2600 | 9 | 7 | 188 | 408 |
| 丰台区 | 1275 | 4 | 3 | 31 | 192 |
| 石景山区 | 213 | 2 | 5 | 12 | 27 |
| 海淀区 | 2399 | 36 | 22 | 59 | 170 |
| 门头沟区 | 464 |  | 1 | 3 | 63 |
| 房山区 | 1545 | 9 | 4 | 11 | 86 |
| 通州区 | 950 | 14 | 5 | 18 | 53 |
| 顺义区 | 2285 | 10 | 5 | 51 | 567 |
| 昌平区 | 2143 | 10 | 5 | 72 | 465 |
| 大兴区 | 1449 | 20 |  | 24 | 179 |
| 怀柔区 | 757 | 2 | 1 | 6 | 90 |
| 平谷区 | 794 | 1 | 1 | 3 | 96 |
| 密云区 | 770 | 1 | 4 | 3 | 42 |
| 延庆区 | 675 | 3 | 1 | 5 | 31 |

注：本表数据为第六次全国体育场地普查数据（时点为2013年12月31日）。自2013年起，体育场地数据不再按年度进行统计，数据将于第七次体育场地普查结束后更新。

资料来源：北京市体育局。

# 3-57 北京地区社会保险情况（2021年）

单位：人

| 各　区 | 参加企业职工基本养老保险人数 | #参加企业职工基本养老保险职工人数 | 参加职工基本医疗保险人数 | #参加职工基本医疗保险职工人数 | 参加失业保险人数 |
|---|---|---|---|---|---|
| **全　市** | **17250795** | **14440302** | **14860477** | **11655070** | **13590157** |
| 东 城 区 | 1560773 | 1258540 | 1280473 | 888173 | 1177293 |
| 西 城 区 | 1955471 | 1529589 | 1687819 | 1164742 | 1449791 |
| 朝 阳 区 | 3845070 | 3284929 | 3154580 | 2546854 | 2980184 |
| 丰 台 区 | 1111742 | 834291 | 1073942 | 749819 | 788457 |
| 石景山区 | 484681 | 349591 | 456072 | 308282 | 330441 |
| 海 淀 区 | 3171883 | 2805219 | 2783441 | 2324906 | 2677701 |
| 门头沟区 | 255884 | 194702 | 240486 | 173600 | 182967 |
| 房 山 区 | 452210 | 346853 | 478202 | 358930 | 365265 |
| 通 州 区 | 655107 | 558548 | 660189 | 548999 | 539713 |
| 顺 义 区 | 729046 | 652637 | 614998 | 525648 | 594061 |
| 昌 平 区 | 584496 | 498969 | 575575 | 474274 | 469885 |
| 大 兴 区 | 604517 | 529498 | 519967 | 429074 | 481116 |
| 怀 柔 区 | 252365 | 226436 | 245263 | 209877 | 215710 |
| 平 谷 区 | 241921 | 203526 | 235841 | 187767 | 192671 |
| 密 云 区 | 243846 | 208534 | 247264 | 201462 | 200221 |
| 延 庆 区 | 110782 | 87757 | 131329 | 99605 | 93372 |
| 北京经济技术开发区 | 534491 | 524073 | 475036 | 463058 | 455472 |
| 其　他 | 456510 | 346610 | | | 395837 |

注：表中“其他”分组指社会保险代办机构。

资料来源：北京市人力资源和社会保障局、北京市医疗保障局。

# 3-58 收养性单位、社区服务情况（2021年）

| 各区 | 收养性单位数（个） | 收养性单位床位数（张） | 社区服务机构数（个） | |
|---|---|---|---|---|
| | | | | #社区服务中心数 |
| **全　市** | **609** | **116451** | **9799** | **183** |
| **市本级** | **19** | **10057** | **1** | |
| 东城区 | 18 | 967 | 327 | 17 |
| 西城区 | 40 | 3911 | 458 | 15 |
| 朝阳区 | 75 | 17974 | 930 | 38 |
| 丰台区 | 46 | 10326 | 608 | 18 |
| 石景山区 | 16 | 3382 | 255 | 9 |
| 海淀区 | 62 | 11299 | 894 | 23 |
| 门头沟区 | 12 | 1727 | 356 | 5 |
| 房山区 | 57 | 9458 | 856 | 1 |
| 通州区 | 25 | 5924 | 765 | 6 |
| 顺义区 | 23 | 4009 | 772 | 25 |
| 昌平区 | 55 | 15901 | 695 | 8 |
| 大兴区 | 49 | 7543 | 893 | 7 |
| 怀柔区 | 22 | 2185 | 495 | |
| 平谷区 | 39 | 4615 | 396 | 6 |
| 密云区 | 33 | 4561 | 603 | 2 |
| 延庆区 | 18 | 2612 | 495 | 3 |

资料来源：中共北京市委社会工作委员会北京市民政局。

## 3-59 社会救助对象情况（2021年）

单位：人

| 各区 | 社会救助对象总人数 | 城市居民最低生活保障人数 | 农村居民最低生活保障人数 | 城市特困集中供养人数 | 农村特困集中供养人数 | 城市特困分散供养人数 | 农村特困分散供养人数 |
|---|---|---|---|---|---|---|---|
| **全市** | **116364** | **70828** | **38851** | **764** | **1699** | **614** | **3608** |
| 东城区 | 10279 | 9994 | | 136 | | 149 | |
| 西城区 | 14172 | 14018 | | 110 | | 44 | |
| 朝阳区 | 11588 | 11285 | 244 | 45 | 8 | 6 | |
| 丰台区 | 9467 | 9207 | 119 | 73 | 17 | 50 | 1 |
| 石景山区 | 7439 | 7341 | | 52 | | 46 | |
| 海淀区 | 5532 | 5332 | 12 | 92 | 24 | 72 | |
| 门头沟区 | 7558 | 5237 | 1863 | 41 | 98 | 81 | 238 |
| 房山区 | 6837 | 1680 | 4496 | 27 | 204 | 31 | 399 |
| 通州区 | 5667 | 1561 | 3621 | 40 | 126 | 39 | 280 |
| 顺义区 | 4156 | 521 | 3336 | 49 | 105 | 13 | 132 |
| 昌平区 | 2675 | 772 | 1791 | 19 | 58 | 9 | 26 |
| 大兴区 | 2481 | 913 | 1406 | 35 | 69 | 10 | 48 |
| 怀柔区 | 4985 | 606 | 3104 | 11 | 223 | 35 | 1006 |
| 平谷区 | 5285 | 617 | 4379 | 6 | 157 | 6 | 120 |
| 密云区 | 13800 | 1328 | 11414 | 19 | 487 | 16 | 536 |
| 延庆区 | 4443 | 416 | 3066 | 9 | 123 | 7 | 822 |

资料来源：中共北京市委社会工作委员会北京市民政局。

# 3-60 婚姻登记情况

| 各区 | 登记结婚人数（人） | | 初婚人数（人） | | 再婚人数（人） | | #女性 | | 离婚登记对数（对） | |
|---|---|---|---|---|---|---|---|---|---|---|
| | 2021 | 2020 | 2021 | 2020 | 2021 | 2020 | 2021 | 2020 | 2021 | 2020 |
| **全市** | **206720** | **227580** | **136303** | **124281** | **70417** | **103299** | **34428** | **50857** | **44582** | **76134** |
| 东城区 | 16580 | 16508 | 10869 | 10423 | 5711 | 6085 | 2701 | 2910 | 3166 | 4952 |
| 西城区 | 24046 | 24908 | 22706 | 14635 | 1340 | 10273 | 670 | 4952 | 4719 | 7745 |
| 朝阳区 | 30920 | 34110 | 18968 | 19339 | 11952 | 14771 | 5640 | 7087 | 6694 | 11318 |
| 丰台区 | 14834 | 16064 | 8684 | 7851 | 6150 | 8213 | 2993 | 4015 | 3355 | 6415 |
| 石景山区 | 6878 | 6918 | 6434 | 3352 | 444 | 3566 | 222 | 1739 | 1626 | 2632 |
| 海淀区 | 38974 | 40788 | 26329 | 25670 | 12645 | 15118 | 6043 | 7299 | 7459 | 12387 |
| 门头沟区 | 3446 | 3812 | 1772 | 1963 | 1674 | 1849 | 829 | 915 | 760 | 1288 |
| 房山区 | 11284 | 13222 | 5943 | 6366 | 5341 | 6856 | 2715 | 3492 | 2450 | 4203 |
| 通州区 | 11378 | 12896 | 6240 | 6656 | 5138 | 6240 | 2532 | 3096 | 2573 | 4237 |
| 顺义区 | 9138 | 11772 | 4834 | 5677 | 4304 | 6095 | 2138 | 3055 | 2283 | 4363 |
| 昌平区 | 9036 | 10548 | 4845 | 4810 | 4191 | 5738 | 2055 | 2862 | 2168 | 4310 |
| 大兴区 | 10928 | 12432 | 8508 | 6498 | 2420 | 5934 | 1203 | 2923 | 2605 | 4294 |
| 怀柔区 | 3958 | 4366 | 2289 | 2315 | 1669 | 2051 | 842 | 1047 | 834 | 1338 |
| 平谷区 | 5542 | 7344 | 2874 | 3366 | 2668 | 3978 | 1385 | 2062 | 1438 | 2610 |
| 密云区 | 6244 | 7842 | 3013 | 3275 | 3231 | 4567 | 1649 | 2379 | 1719 | 2830 |
| 延庆区 | 3534 | 4050 | 1995 | 2085 | 1539 | 1965 | 811 | 1024 | 733 | 1212 |

注：离婚登记对数不含法院调离或判离数。

资料来源：中共北京市委社会工作委员会北京市民政局。

# 3-61 基层法律服务所主要工作情况

| 各区 | 担任法律顾问（家） | | 代理诉讼事务（件） | | 代理非诉讼事务（件） | | 解答法律询问（人次） | |
|---|---|---|---|---|---|---|---|---|
| | 2021 | 2020 | 2021 | 2020 | 2021 | 2020 | 2021 | 2020 |
| **全　市** | **159** | **213** | **5351** | **3425** | **224** | **521** | **12645** | **11190** |
| 东城区 | 16 | 13 | 59 | 93 | 36 | 98 | 586 | 182 |
| 西城区 | 20 | 17 | 134 | 73 | 18 | 55 | 2057 | 44 |
| 朝阳区 | 31 | 22 | 65 | 89 | 22 | 2 | 45 | 44 |
| 丰台区 | | | 170 | 85 | | | 836 | 37 |
| 石景山区 | 1 | 3 | 28 | 34 | 5 | 2 | 27 | 307 |
| 海淀区 | 23 | 15 | 282 | 48 | 21 | 25 | 729 | 180 |
| 门头沟区 | 2 | | 88 | 50 | | 2 | | |
| 房山区 | 23 | 29 | 280 | 232 | 12 | 44 | 535 | 434 |
| 通州区 | 16 | 78 | 459 | 427 | | | | |
| 顺义区 | 2 | 2 | 60 | 72 | 2 | 13 | 183 | 379 |
| 昌平区 | 10 | 7 | 133 | 94 | 1 | 8 | 85 | 248 |
| 大兴区 | 2 | 14 | 40 | 9 | 32 | 15 | 411 | 129 |
| 怀柔区 | | | 375 | 273 | | | 654 | 683 |
| 平谷区 | 13 | 13 | 168 | 121 | 23 | 14 | 301 | 481 |
| 密云区 | | | | | | | | |
| 延庆区 | | | 3010 | 1725 | 52 | 243 | 6196 | 8042 |

资料来源：北京市司法局。

# 3-62 公证处总办证量情况（2021年）

单位：件

| 各　区 | 总办证量 | 国内公证业务 | 涉外公证业务 | 涉港澳公证业务 | 涉台公证业务 |
|---|---|---|---|---|---|
| **全　市** | **539284** | **376901** | **158549** | **2574** | **1260** |
| 东城区 | 232452 | 143999 | 85665 | 1528 | 1260 |
| 西城区 | 147305 | 127237 | 19618 | 450 | |
| 朝阳区 | 16686 | 11290 | 5293 | 103 | |
| 丰台区 | 8701 | 5769 | 2894 | 38 | |
| 石景山区 | 7987 | 4129 | 3858 | | |
| 海淀区 | 83401 | 50075 | 32974 | 352 | |
| 门头沟区 | 1718 | 1490 | 228 | | |
| 房山区 | 5777 | 4679 | 1084 | 14 | |
| 通州区 | 11726 | 9461 | 2223 | 42 | |
| 顺义区 | 4609 | 3525 | 1045 | 39 | |
| 昌平区 | 2838 | 2353 | 479 | 6 | |
| 大兴区 | 10138 | 7860 | 2278 | | |
| 怀柔区 | 2901 | 2562 | 339 | | |
| 平谷区 | 2053 | 1654 | 399 | | |
| 密云区 | 794 | 663 | 129 | 2 | |
| 延庆区 | 198 | 155 | 43 | | |

资料来源：北京市司法局。

# 3-63　刑事案件立案及破案情况

单位：起

| 各　区 | 刑事案件立案数 | | 刑事案件破案数 | |
|---|---|---|---|---|
| | 2021 | 2020 | 2021 | 2020 |
| **全　市** | **144711** | **137728** | **81966** | **80559** |
| 东 城 区 | 5360 | 4973 | 3037 | 2819 |
| 西 城 区 | 5953 | 5114 | 3238 | 3016 |
| 朝 阳 区 | 31877 | 32565 | 20628 | 20621 |
| 丰 台 区 | 14742 | 12559 | 7559 | 6517 |
| 石景山区 | 2879 | 2883 | 1477 | 1582 |
| 海 淀 区 | 15658 | 24439 | 8941 | 17260 |
| 门头沟区 | 1584 | 1403 | 643 | 596 |
| 房 山 区 | 6867 | 6410 | 3371 | 3731 |
| 通 州 区 | 11667 | 9599 | 6166 | 4500 |
| 顺 义 区 | 9955 | 9060 | 5029 | 4483 |
| 昌 平 区 | 15051 | 11356 | 7507 | 4198 |
| 大 兴 区 | 11502 | 8532 | 5672 | 4758 |
| 怀 柔 区 | 1380 | 1250 | 825 | 913 |
| 平 谷 区 | 2066 | 1608 | 1070 | 748 |
| 密 云 区 | 1862 | 1573 | 1214 | 1244 |
| 延 庆 区 | 1098 | 975 | 649 | 477 |
| 其　他 | 5210 | 3429 | 4940 | 3096 |

资料来源：北京市公安局。

## 3-64　交通事故情况（2021年）

| 各　区 | 交通事故起数（起） | 交通事故死亡人数（人） | 交通事故直接经济损失（万元） |
|---|---|---|---|
| **全　市** | **5362** | **1112** | **5291.9** |
| 东 城 区 | 180 | 11 | 35.6 |
| 西 城 区 | 158 | 18 | 112.0 |
| 朝 阳 区 | 682 | 116 | 199.4 |
| 丰 台 区 | 482 | 64 | 340.8 |
| 石景山区 | 161 | 15 | 358.4 |
| 海 淀 区 | 435 | 59 | 311.5 |
| 门头沟区 | 82 | 20 | 42.2 |
| 房 山 区 | 522 | 94 | 136.0 |
| 通 州 区 | 577 | 144 | 506.7 |
| 顺 义 区 | 467 | 127 | 2295.5 |
| 昌 平 区 | 491 | 85 | 235.6 |
| 大 兴 区 | 409 | 128 | 125.4 |
| 怀 柔 区 | 148 | 62 | 63.7 |
| 平 谷 区 | 138 | 54 | 99.0 |
| 密 云 区 | 214 | 71 | 321.4 |
| 延 庆 区 | 88 | 30 | 58.9 |
| 其　他 | 128 | 14 | 49.8 |

资料来源：北京市公安局公安交通管理局。

# 3-65　工矿商贸生产安全死亡事故情况（2021年）

| 各　区 | 事故数（起） | 死亡人数（人） |
| --- | --- | --- |
| **全　市** | **83** | **93** |
| 东 城 区 | 3 | 3 |
| 西 城 区 | 4 | 4 |
| 朝 阳 区 | 7 | 10 |
| 丰 台 区 | 6 | 7 |
| 石景山区 | 6 | 7 |
| 海 淀 区 | 17 | 19 |
| 门头沟区 | 4 | 4 |
| 房 山 区 | 4 | 5 |
| 通 州 区 | 4 | 4 |
| 顺 义 区 | 1 | 1 |
| 昌 平 区 | 7 | 7 |
| 大 兴 区 | 11 | 13 |
| 怀 柔 区 | | |
| 平 谷 区 | 4 | 4 |
| 密 云 区 | 3 | 3 |
| 延 庆 区 | | |
| 北京经济技术开发区 | 2 | 2 |

资料来源：北京市应急管理局。

# 3-66　污水处理情况（2021年）

| 各　区 | 污水处理厂（站）数（座） | 污水排放量（万立方米） | 污水处理量（万立方米） |
|---|---|---|---|
| **全　市** | **1196** | **225737** | **216270** |
| **城六区** | **62** | **146086** | **145356** |
| 门头沟区 | 153 | 2178 | 1986 |
| 房 山 区 | 108 | 10181 | 8866 |
| 通 州 区 | 117 | 14522 | 12575 |
| 顺 义 区 | 86 | 11946 | 10461 |
| 昌 平 区 | 112 | 14272 | 12972 |
| 大 兴 区 | 26 | 9333 | 8105 |
| 怀 柔 区 | 174 | 3631 | 3233 |
| 平 谷 区 | 97 | 3088 | 2766 |
| 密 云 区 | 185 | 2375 | 1989 |
| 延 庆 区 | 73 | 2038 | 1874 |
| 北京经济技术开发区 | 3 | 6086 | 6086 |

资料来源：北京市水务局。

# 3-67 空气质量基本情况（2021年）

| 各　区 | 二氧化硫（$SO_2$）年平均浓度值（微克/立方米） | 二氧化氮（$NO_2$）年平均浓度值（微克/立方米） | 可吸入颗粒物（$PM_{10}$）年平均浓度值（微克/立方米） | 细颗粒物（$PM_{2.5}$）年平均浓度值（微克/立方米） |
|---|---|---|---|---|
| **全　市** | **3** | **26** | **55** | **33** |
| 东城区 | 3 | 30 | 55 | 34 |
| 西城区 | 3 | 33 | 56 | 34 |
| 朝阳区 | 3 | 34 | 58 | 34 |
| 丰台区 | 3 | 28 | 62 | 34 |
| 石景山区 | 3 | 30 | 61 | 33 |
| 海淀区 | 3 | 31 | 54 | 33 |
| 门头沟区 | 3 | 25 | 57 | 32 |
| 房山区 | 3 | 26 | 58 | 34 |
| 通州区 | 3 | 33 | 66 | 36 |
| 顺义区 | 3 | 25 | 55 | 33 |
| 昌平区 | 3 | 22 | 53 | 31 |
| 大兴区 | 3 | 31 | 59 | 34 |
| 怀柔区 | 3 | 17 | 46 | 30 |
| 平谷区 | 3 | 17 | 51 | 33 |
| 密云区 | 3 | 20 | 49 | 30 |
| 延庆区 | 3 | 18 | 47 | 29 |

资料来源：北京市生态环境局。

## 3-68　园林绿化基本情况（2021年）

| 各　区 | 绿地面积（公顷） | 人均公园绿地面积（平方米） | 绿化覆盖率（%） |
|---|---|---|---|
| **全　市** | **93127** | **16.6** | **49.3** |
| 东 城 区 | 1111 | 9.1 | 35.5 |
| 西 城 区 | 1102 | 5.0 | 31.8 |
| 朝 阳 区 | 16080 | 18.5 | 48.0 |
| 丰 台 区 | 7744 | 12.1 | 47.4 |
| 石景山区 | 4424 | 24.2 | 53.8 |
| 海 淀 区 | 13703 | 14.6 | 51.4 |
| 门头沟区 | 2195 | 26.3 | 50.7 |
| 房 山 区 | 8366 | 13.4 | 49.9 |
| 通 州 区 | 7569 | 18.1 | 50.5 |
| 顺 义 区 | 7626 | 23.1 | 56.2 |
| 昌 平 区 | 5881 | 17.0 | 49.1 |
| 大 兴 区 | 9514 | 14.0 | 46.1 |
| 怀 柔 区 | 2409 | 28.3 | 52.5 |
| 平 谷 区 | 1765 | 20.9 | 50.6 |
| 密 云 区 | 1886 | 15.2 | 57.1 |
| 延 庆 区 | 1751 | 45.5 | 53.2 |

资料来源：北京市园林绿化局。

# 3–69 垃圾处理情况（2021年）

| 各　区 | 垃圾无害化处理场（厂）个数（个） | 生活垃圾转运站个数（个） | 生活垃圾无害化处理量（万吨） | 生活垃圾无害化处理率（按垃圾清运量计算）（%） |
|---|---|---|---|---|
| **全　市** | **43** | **9** | **784.22** | **100.00** |
| 东城区 | | | 34.24 | 100.00 |
| 西城区 | | | 44.22 | 100.00 |
| 朝阳区 | 4 | 2 | 173.83 | 100.00 |
| 丰台区 | 3 | 2 | 86.91 | 100.00 |
| 石景山区 | | 1 | 18.61 | 100.00 |
| 海淀区 | 3 | 1 | 90.38 | 100.00 |
| 门头沟区 | 3 | 1 | 10.20 | 100.00 |
| 房山区 | 3 | 1 | 32.98 | 100.00 |
| 通州区 | 4 | 1 | 64.67 | 100.00 |
| 顺义区 | 3 | | 50.70 | 100.00 |
| 昌平区 | 4 | | 63.88 | 100.00 |
| 大兴区 | 4 | | 59.12 | 100.00 |
| 怀柔区 | 4 | | 14.10 | 100.00 |
| 平谷区 | 2 | | 15.50 | 100.00 |
| 密云区 | 3 | | 16.62 | 100.00 |
| 延庆区 | 3 | | 8.27 | 100.00 |

资料来源：北京市城市管理委员会。

# 3–70 民用汽车拥有量（2021年）

单位：辆

| 各　区 | 民用汽车拥有量 | #私人汽车 |
|---|---|---|
| **全　市** | **6143057** | **5211275** |
| 东城区 | 547468 | 423925 |
| 西城区 | 495974 | 431527 |
| 朝阳区 | 1058254 | 909693 |
| 丰台区 | 569245 | 496570 |
| 石景山区 | 156769 | 135673 |
| 海淀区 | 964855 | 858812 |
| 门头沟区 | 77958 | 64693 |
| 房山区 | 308136 | 258425 |
| 通州区 | 395351 | 328843 |
| 顺义区 | 314065 | 253360 |
| 昌平区 | 424987 | 376598 |
| 大兴区 | 400392 | 323740 |
| 怀柔区 | 115047 | 95049 |
| 平谷区 | 112234 | 86120 |
| 密云区 | 122378 | 101367 |
| 延庆区 | 79944 | 66880 |

资料来源：北京市公安局公安交通管理局。

# 3-71 备案停车场情况（2021年）

单位：个

| 各　区 | 备案停车场个数 | 备案停车场车位总数 |
| --- | --- | --- |
| **全　市** | **3103** | **786266** |
| 东城区 | 291 | 40939 |
| 西城区 | 264 | 51648 |
| 朝阳区 | 604 | 183696 |
| 丰台区 | 414 | 89176 |
| 石景山区 | 101 | 27164 |
| 海淀区 | 531 | 129672 |
| 门头沟区 | 83 | 18228 |
| 房山区 | 161 | 29028 |
| 通州区 | 159 | 54560 |
| 顺义区 | 88 | 27876 |
| 昌平区 | 54 | 17027 |
| 大兴区 | 110 | 39788 |
| 怀柔区 | 43 | 13570 |
| 平谷区 | 32 | 8441 |
| 密云区 | 42 | 11541 |
| 延庆区 | 44 | 12979 |
| 北京经济技术开发区 | 82 | 30933 |

资料来源：北京市交通委员会。

2022

北京区域统计年鉴

BEIJING AREA
STATISTICAL YEARBOOK

# 开发区主要数据

# 简要说明

**一、本章资料的主要内容**

本章资料包括3个国家级开发区及16个北京市级开发区的规划面积、产值、利润、从业人员等主要指标情况。

**二、本章资料的数据来源**

本章资料主要由北京市统计局提供，4-2表由北京经济技术开发区经济发展局、经济社会调查队提供。

**三、本章资料的统计范围情况**

本章资料包括 3 个国家级开发区（北京经济技术开发区、中关村国家自主创新示范区、北京天竺综合保税区）和 16 个北京市级开发区的主要情况。

2012 年底，国务院批复了中关村国家自主创新示范区空间规模和布局调整的方案，自 2013 年起，中关村国家自主创新示范区中部分园区的空间规模和布局进行了扩大调整，其中，昌平园和西城园规划面积变化较大，平谷园、门头沟园、房山园、顺义园、密云园、怀柔园和延庆园 7 个园区纳入中关村国家自主创新示范区统计范围。

# 北京市开发区情况框架图

|  |  |  |
|---|---|---|
| 开发区 | 国家级（3个） | 北京经济技术开发区 |
| | | 中关村国家自主创新示范区 |
| | | 中关村国家自主创新示范区海淀园 |
| | | 中关村国家自主创新示范区丰台园 |
| | | 中关村国家自主创新示范区昌平园 |
| | | 中关村国家自主创新示范区朝阳园 |
| | | 中关村国家自主创新示范区亦庄园 |
| | | 中关村国家自主创新示范区西城园 |
| | | 中关村国家自主创新示范区东城园 |
| | | 中关村国家自主创新示范区石景山园 |
| | | 中关村国家自主创新示范区通州园 |
| | | 中关村国家自主创新示范区大兴园 |
| | | 中关村国家自主创新示范区平谷园 |
| | | 中关村国家自主创新示范区门头沟园 |
| | | 中关村国家自主创新示范区房山园 |
| | | 中关村国家自主创新示范区顺义园 |
| | | 中关村国家自主创新示范区密云园 |
| | | 中关村国家自主创新示范区怀柔园 |
| | | 中关村国家自主创新示范区延庆园 |
| | | 北京天竺综合保税区 |
| | 市级（16个） | 北京石龙经济开发区 |
| | | 北京良乡经济开发区 |
| | | 北京大兴经济开发区 |
| | | 北京通州经济开发区 |
| | | 北京雁栖经济开发区 |
| | | 北京兴谷经济开发区 |
| | | 北京密云经济开发区 |
| | | 北京八达岭经济开发区 |
| | | 北京永乐经济开发区 |
| | | 北京延庆经济开发区 |
| | | 北京昌平小汤山工业园区 |
| | | 北京采育经济开发区 |
| | | 北京房山工业园区 |
| | | 北京马坊工业园区 |
| | | 北京临空经济核心区 |
| | | 北京顺义科技创新产业功能区 |

注：1. 开发区情况截止到2021年末。

2. 自2018年起，市级开发区统计范围取消“北京林河经济开发区”和“北京天竺空港经济开发区”，增加“北京临空经济核心区”和“北京顺义科技创新产业功能区”。

# 4-1 开发区基本情况（2021年）

| 项　　目 | | 国家级 | 市　级 |
|---|---|---|---|
| 开发区个数 | （个） | 3 | 16 |
| 区规划总面积 | （公顷） | 46583.3 | 10462.0 |
| 累计已开发土地面积 | （公顷） | 41950.9 | 7648.4 |
| 累计已供应土地面积 | （公顷） | 29993.2 | 6026.4 |
| 累计已建成城镇建设用地面积 | （公顷） | 26969.6 | 5564.0 |
| 累计招商项目企业个数 | （个） | 140916 | 36097 |
| 累计招商项目总投资 | （亿元） | 32922.4 | 9507.2 |
| 累计招商项目注册资本 | （亿元） | 50460.1 | 12001.5 |
| #三资企业 | （亿元） | 9825.3 | 858.6 |
| 累计招商项目合同外资金额 | （亿美元） | 1150.6 | 90.8 |
| 累计招商项目外商实际投资 | （亿美元） | 908.3 | 69.1 |
| 总收入 | （亿元） | 102581.7 | 7852.8 |
| 工业总产值 | （亿元） | 19350.6 | 1569.3 |
| 利润总额 | （亿元） | 9051.6 | 740.1 |
| 应缴税金 | （亿元） | 2848.3 | 200.2 |

注：1. 本表中的开发区包括国家级及北京市市级开发区情况。

2. 表内“累计”指自开始至年末的累计数。

3. 本表市级开发区“总收入”“工业总产值”“利润总额”和“应缴税金”数据的统计范围为注册在开发区内的规模（限额）以上法人单位。

# 4-2 北京经济技术开发区主要指标

| 项目 | | 2021 | 2020 |
|---|---|---|---|
| 规划面积 | （公顷） | 5960.0 | 5960.0 |
| 开发区生产总值 | （亿元） | 2666.0 | 2040.3 |
| 工业总产值 （当年价格） | （亿元） | 5712.1 | 4467.9 |
| #高新技术产业 | （亿元） | 4767.1 | 3731.8 |
| 销售（营业）收入 | （亿元） | 19914.3 | 15759.7 |
| 利润总额 | （亿元） | 1696.4 | 701.3 |
| 进出口总值 | （亿美元） | 315.4 | 202.8 |
| 出　口 | （亿美元） | 127.7 | 58.6 |
| 进　口 | （亿美元） | 187.6 | 144.2 |
| 一般公共预算收入 | （亿元） | 333.2 | 321.9 |
| 实际利用外商直接投资 | （亿美元） | 3.6 | 3.1 |
| 固定资产投资（不含农户）增速 | （%） | 17.1 | 25.4 |
| 从业人员期末人数 | （人） | 442005 | 384850 |

注：1. 本表中工业总产值、销售（营业）收入和利润总额指标的统计范围为规模（限额）以上法人单位。
2. 一般公共预算收入为地方级口径。
3. 2021年，投资性公司投资不再纳入实际利用外商直接投资数据，并同时调整2020年数据。

# 4-3 中关村国家自主创新示范区主要指标

| 项目 | | 2021 | 2020 |
|---|---|---|---|
| **土地开发情况** | | | |
| 规划总面积 | （公顷） | 46036.7 | 42803.9 |
| 累计已开发土地面积 | （公顷） | 41525.9 | 31009.9 |
| 累计已供应土地面积 | （公顷） | 25069.2 | 25518.4 |
| 累计已建成城镇建设用地 | （公顷） | 22568.6 | 25183.2 |
| **投产、入资情况** | | | |
| 投产（开业）企业个数 | （个） | 24055 | 27487 |
| #高新技术企业 | （个） | 15790 | 16980 |
| #工业企业 | （个） | 2492 | 2818 |
| #三资企业 | （个） | 673 | 866 |
| 注册资本 | （亿元） | 5006.5 | 3484.5 |
| 合同外资金额 | （亿美元） | 523.8 | 75.7 |
| 外商实际投资 | （亿美元） | 438.2 | 83.4 |
| **企业经营活动情况** | | | |
| 工业总产值 | （亿元） | 15369.1 | 12461.0 |
| 总收入 | （亿元） | 84402.3 | 72276.4 |
| #技术收入 | （亿元） | 20419.4 | 16027.4 |
| 利润总额 | （亿元） | 7725.3 | 6344.7 |
| #高新技术企业 | （亿元） | 5123.9 | 3375.7 |
| 应缴税金总额 | （亿元） | 2436.0 | 2038.0 |
| 从业人员期末人数 | （人） | 2849075 | 2900099 |

# 4-3 续表

| 项　　目 | | 2021 | 2020 |
|---|---|---|---|
| **研究开发活动情况** | | | |
| 研究开发人员合计 | （人） | 978381 | 901109 |
| #全职人员 | （人） | 894831 | 848128 |
| 研究开发费用合计 | （亿元） | 4600.2 | 3785.4 |
| #人员人工费用 | （亿元） | 2530.6 | 2118.5 |
| 委托外部研究开发费用 | （亿元） | 635.8 | 440.0 |
| #委托境外机构 | （亿元） | 13.0 | 11.2 |
| **研究开发产出情况** | | | |
| **专利情况** | | | |
| 期末有效发明专利数 | （件） | 206767 | 186511 |
| 当年专利授权数 | （件） | 90434 | 74928 |
| **论文、著作情况** | | | |
| 发表科技论文 | （篇） | 18972 | 19489 |
| **技术改造和技术获取情况** | | | |
| 技术改造经费支出 | （亿元） | 11.1 | 13.7 |
| 引进境外技术经费支出 | （亿元） | 8.0 | 12.6 |
| 引进境外技术的消化吸收经费支出 | （亿元） | 0.1 | 0.2 |
| 购买境内技术经费支出 | （亿元） | 7.4 | 7.7 |

# 4-3 续表1 海淀园主要指标

| 项　　目 | | 2021 | 2020 |
|---|---|---|---|
| 规划总面积 | （公顷） | 17430.6 | 17430.6 |
| 累计已开发土地面积 | （公顷） | 28036.0 | 14593.5 |
| 累计已供应土地面积 | （公顷） | 14037.7 | 14296.8 |
| 累计已建成城镇建设用地 | （公顷） | 13640.7 | 13818.1 |
| 投产（开业）企业个数 | （个） | 10769 | 13726 |
| #高新技术企业 | （个） | 7087 | 8472 |
| #工业企业 | （个） | 510 | 628 |
| #三资企业 | （个） | 270 | 380 |
| 注册资本 | （万元） | 9847908.0 | 16159728.0 |
| 合同外资金额 | （万美元） | 1481687.0 | 490297.0 |
| 外商实际投资 | （万美元） | 624331.0 | 566015.0 |
| 工业总产值 | （亿元） | 3181.6 | 2536.3 |
| 总收入 | （亿元） | 35197.0 | 29496.3 |
| #技术收入 | （亿元） | 11901.3 | 8676.4 |
| 利润总额 | （亿元） | 2119.9 | 1870.9 |
| #高新技术企业 | （亿元） | 1563.1 | 1289.0 |
| 应缴税金总额 | （亿元） | 757.9 | 624.2 |
| 从业人员期末人数 | （人） | 1238031 | 1342080 |
| 研究开发人员合计 | （人） | 523380 | 492141 |
| 研究开发费用合计 | （亿元） | 2392.9 | 1987.1 |
| 当年专利授权数 | （个） | 39534 | 33275 |

注：海淀园注册资本、合同外资金额和外商实际投资数据为全区数据。

# 4-3　续表2　丰台园主要指标

| 项　　目 | | 2021 | 2020 |
|---|---|---|---|
| 规划总面积 | （公顷） | 818.0 | 818.0 |
| 累计已开发土地面积 | （公顷） | 470.0 | 470.0 |
| 累计已供应土地面积 | （公顷） | 441.9 | 441.9 |
| 累计已建成城镇建设用地 | （公顷） | 434.8 | 424.6 |
| 投产（开业）企业个数 | （个） | 1857 | 2045 |
| #高新技术企业 | （个） | 1107 | 1071 |
| #工业企业 | （个） | 165 | 193 |
| #三资企业 | （个） | 26 | 33 |
| 注册资本 | （万元） | 2739900.0 | 4930194.4 |
| 合同外资金额 | （万美元） | | |
| 外商实际投资 | （万美元） | 1000.0 | 900.0 |
| 工业总产值 | （亿元） | 291.1 | 283.3 |
| 总收入 | （亿元） | 7310.2 | 6648.7 |
| #技术收入 | （亿元） | 712.2 | 655.3 |
| 利润总额 | （亿元） | 497.6 | 444.5 |
| #高新技术企业 | （亿元） | 234.4 | 176.2 |
| 应缴税金总额 | （亿元） | 152.4 | 148.8 |
| 从业人员期末人数 | （人） | 195349 | 182185 |
| 研究开发人员合计 | （人） | 50670 | 45137 |
| 研究开发费用合计 | （亿元） | 210.3 | 161.9 |
| 当年专利授权数 | （个） | 6090 | 4562 |

# 4-3 续表3 昌平园主要指标

| 项　　目 | | 2021 | 2020 |
|---|---|---|---|
| 规划总面积 | （公顷） | 5140.3 | 5140.3 |
| 累计已开发土地面积 | （公顷） | 2776.1 | 2748.7 |
| 累计已供应土地面积 | （公顷） | 2011.8 | 1956.3 |
| 累计已建成城镇建设用地 | （公顷） | 1863.1 | 1851.4 |
| 投产（开业）企业个数 | （个） | 2461 | 2762 |
| #高新技术企业 | （个） | 1399 | 1447 |
| #工业企业 | （个） | 436 | 509 |
| #三资企业 | （个） | 65 | 68 |
| 注册资本 | （万元） | 336772.3 | 858069.0 |
| 合同外资金额 | （万美元） | 346.2 | 275.0 |
| 外商实际投资 | （万美元） | 346.2 | 275.0 |
| 工业总产值 | （亿元） | 1090.1 | 1432.8 |
| 总收入 | （亿元） | 5382.7 | 4803.1 |
| #技术收入 | （亿元） | 529.8 | 431.9 |
| 利润总额 | （亿元） | 303.4 | 367.9 |
| #高新技术企业 | （亿元） | 98.3 | 163.0 |
| 应缴税金总额 | （亿元） | 168.1 | 162.6 |
| 从业人员期末人数 | （人） | 172059 | 178179 |
| 研究开发人员合计 | （人） | 58632 | 54240 |
| 研究开发费用合计 | （亿元） | 257.8 | 215.9 |
| 当年专利授权数 | （个） | 5742 | 4984 |

# 4-3 续表4 朝阳园主要指标

| 项 目 | | 2021 | 2020 |
|---|---|---|---|
| 规划总面积 | （公顷） | 2610.0 | 2610.0 |
| 累计已开发土地面积 | （公顷） | 1471.9 | 1471.9 |
| 累计已供应土地面积 | （公顷） | 1447.1 | 1447.1 |
| 累计已建成城镇建设用地 | （公顷） | 1067.4 | 1067.4 |
| 投产（开业）企业个数 | （个） | 2191 | 2064 |
| #高新技术企业 | （个） | 1634 | 1506 |
| #工业企业 | （个） | 109 | 117 |
| #三资企业 | （个） | 86 | 114 |
| 注册资本 | （万元） | 8304769.7 | 4670495.1 |
| 合同外资金额 | （万美元） | 388560.0 | 77463.3 |
| 外商实际投资 | （万美元） | 388560.0 | 77463.3 |
| 工业总产值 | （亿元） | 494.3 | 478.7 |
| 总收入 | （亿元） | 9429.5 | 8391.0 |
| #技术收入 | （亿元） | 3048.3 | 2586.1 |
| 利润总额 | （亿元） | 531.2 | 944.5 |
| #高新技术企业 | （亿元） | 407.2 | 687.3 |
| 应缴税金总额 | （亿元） | 271.7 | 252.6 |
| 从业人员期末人数 | （人） | 322924 | 285167 |
| 研究开发人员合计 | （人） | 109009 | 91759 |
| 研究开发费用合计 | （亿元） | 508.1 | 465.6 |
| 当年专利授权数 | （个） | 12699 | 10274 |

# 4-3 续表5 亦庄园主要指标

| 项 目 | | 2021 | 2020 |
|---|---|---|---|
| 规划总面积 | （公顷） | 2678.0 | 2678.0 |
| 累计已开发土地面积 | （公顷） | 2678.0 | 2678.0 |
| 累计已供应土地面积 | （公顷） | 64.7 | |
| 累计已建成城镇建设用地 | （公顷） | 2678.0 | 2678.0 |
| 投产（开业）企业个数 | （个） | 1152 | 1219 |
| #高新技术企业 | （个） | 773 | 791 |
| #工业企业 | （个） | 271 | 311 |
| #三资企业 | （个） | 67 | 90 |
| 注册资本 | （万元） | | |
| 合同外资金额 | （万美元） | | |
| 外商实际投资 | （万美元） | | |
| 工业总产值 | （亿元） | 4767.1 | 3731.8 |
| 总收入 | （亿元） | 9034.2 | 7559.8 |
| #技术收入 | （亿元） | 615.9 | 501.7 |
| 利润总额 | （亿元） | 1401.6 | 525.7 |
| #高新技术企业 | （亿元） | 1036.9 | 190.7 |
| 应缴税金总额 | （亿元） | 499.4 | 371.5 |
| 从业人员期末人数 | （人） | 193394 | 196447 |
| 研究开发人员合计 | （人） | 54297 | 50941 |
| 研究开发费用合计 | （亿元） | 326.5 | 238.4 |
| 当年专利授权数 | （个） | 6850 | 6192 |

# 4-3　续表6　西城园主要指标

| 项　　目 | | 2021 | 2020 |
| --- | --- | --- | --- |
| 规划总面积 | （公顷） | 1000.0 | 1000.0 |
| 累计已开发土地面积 | （公顷） | 1000.0 | 1000.0 |
| 累计已供应土地面积 | （公顷） | 1000.0 | 1000.0 |
| 累计已建成城镇建设用地 | （公顷） | 1000.0 | 1000.0 |
| 投产（开业）企业个数 | （个） | 968 | 1038 |
| #高新技术企业 | （个） | 580 | 580 |
| #工业企业 | （个） | 30 | 37 |
| #三资企业 | （个） | 16 | 19 |
| 注册资本 | （万元） | 25341692.0 | 1486821.0 |
| 合同外资金额 | （万美元） | 3306628.1 | 24778.8 |
| 外商实际投资 | （万美元） | 3306628.1 | 24778.8 |
| 工业总产值 | （亿元） | 1340.7 | 1190.7 |
| 总收入 | （亿元） | 3834.1 | 3481.0 |
| #技术收入 | （亿元） | 675.3 | 455.6 |
| 利润总额 | （亿元） | 685.0 | 1104.0 |
| #高新技术企业 | （亿元） | 100.3 | 99.7 |
| 应缴税金总额 | （亿元） | -50.2 | 89.7 |
| 从业人员期末人数 | （人） | 141362 | 128923 |
| 研究开发人员合计 | （人） | 41830 | 36036 |
| 研究开发费用合计 | （亿元） | 206.2 | 162.5 |
| 当年专利授权数 | （个） | 3538 | 3274 |

# 4-3 续表7 东城园主要指标

| 项　　目 | | 2021 | 2020 |
|---|---|---|---|
| 规划总面积 | （公顷） | 603.0 | 603.0 |
| 累计已开发土地面积 | （公顷） | 288.8 | 288.8 |
| 累计已供应土地面积 | （公顷） | | |
| 累计已建成城镇建设用地 | （公顷） | 288.8 | 288.8 |
| 投产（开业）企业个数 | （个） | 447 | 527 |
| #高新技术企业 | （个） | 298 | 322 |
| #工业企业 | （个） | 9 | 14 |
| #三资企业 | （个） | 16 | 12 |
| 注册资本 | （万元） | | 1050742.9 |
| 合同外资金额 | （万美元） | | |
| 外商实际投资 | （万美元） | | |
| 工业总产值 | （亿元） | 8.7 | 15.3 |
| 总收入 | （亿元） | 3005.9 | 2913.6 |
| #技术收入 | （亿元） | 1020.9 | 1107.0 |
| 利润总额 | （亿元） | 264.8 | 280.5 |
| #高新技术企业 | （亿元） | 73.4 | 63.6 |
| 应缴税金总额 | （亿元） | 65.4 | 65.5 |
| 从业人员期末人数 | （人） | 92852 | 94093 |
| 研究开发人员合计 | （人） | 21500 | 22619 |
| 研究开发费用合计 | （亿元） | 106.8 | 109.6 |
| 当年专利授权数 | （个） | 2228 | 1191 |

# 4-3 续表8 石景山园主要指标

| 项 目 | | 2021 | 2020 |
|---|---|---|---|
| 规划总面积 | （公顷） | 1334.0 | 1334.0 |
| 累计已开发土地面积 | （公顷） | 459.6 | 402.8 |
| 累计已供应土地面积 | （公顷） | 459.6 | 402.8 |
| 累计已建成城镇建设用地 | （公顷） | 339.6 | |
| 投产（开业）企业个数 | （个） | 843 | 989 |
| #高新技术企业 | （个） | 492 | 539 |
| #工业企业 | （个） | 32 | 42 |
| #三资企业 | （个） | 17 | 17 |
| 注册资本 | （万元） | 376100.6 | 1982611.7 |
| 合同外资金额 | （万美元） | 2400.0 | 8000.0 |
| 外商实际投资 | （万美元） | 2400.0 | 8000.0 |
| 工业总产值 | （亿元） | 112.8 | 97.2 |
| 总收入 | （亿元） | 3644.7 | 3169.0 |
| #技术收入 | （亿元） | 945.7 | 780.9 |
| 利润总额 | （亿元） | 455.0 | 404.4 |
| #高新技术企业 | （亿元） | 214.2 | 245.9 |
| 应缴税金总额 | （亿元） | 145.3 | 97.2 |
| 从业人员期末人数 | （人） | 105935 | 104094 |
| 研究开发人员合计 | （人） | 34533 | 29537 |
| 研究开发费用合计 | （亿元） | 215.8 | 159.5 |
| 当年专利授权数 | （个） | 2858 | 1915 |

# 4-3 续表9 通州园主要指标

| 项　　目 | | 2021 | 2020 |
|---|---|---|---|
| 规划总面积 | （公顷） | 3434.6 | 3434.6 |
| 累计已开发土地面积 | （公顷） | 2342.3 | 2323.4 |
| 累计已供应土地面积 | （公顷） | 1992.8 | 1973.9 |
| 累计已建成城镇建设用地 | （公顷） | 1292.9 | 1284.6 |
| 投产（开业）企业个数 | （个） | 466 | 446 |
| #高新技术企业 | （个） | 359 | 356 |
| #工业企业 | （个） | 159 | 166 |
| #三资企业 | （个） | 20 | 28 |
| 注册资本 | （万元） | 1635843.1 | 296465.9 |
| 合同外资金额 | （万美元） | 58643.3 | 2968.7 |
| 外商实际投资 | （万美元） | 58643.3 | 1497.5 |
| 工业总产值 | （亿元） | 289.6 | 284.2 |
| 总收入 | （亿元） | 1114.5 | 1005.9 |
| #技术收入 | （亿元） | 340.0 | 293.5 |
| 利润总额 | （亿元） | 74.8 | 83.9 |
| #高新技术企业 | （亿元） | 76.5 | 85.8 |
| 应缴税金总额 | （亿元） | 37.3 | 35.1 |
| 从业人员期末人数 | （人） | 50611 | 50732 |
| 研究开发人员合计 | （人） | 12468 | 11855 |
| 研究开发费用合计 | （亿元） | 60.9 | 55.5 |
| 当年专利授权数 | （个） | 2355 | 1665 |

# 4–3 续表10 大兴园主要指标

| 项 目 | | 2021 | 2020 |
|---|---|---|---|
| 规划总面积 | （公顷） | 2025.1 | 2074.3 |
| 累计已开发土地面积 | （公顷） | 849.0 | 842.8 |
| 累计已供应土地面积 | （公顷） | 595.3 | 583.4 |
| 累计已建成城镇建设用地 | （公顷） | 476.7 | 459.7 |
| 投产（开业）企业个数 | （个） | 499 | 473 |
| #高新技术企业 | （个） | 358 | 332 |
| #工业企业 | （个） | 170 | 178 |
| #三资企业 | （个） | 11 | 17 |
| 注册资本 | （万元） | 81054.0 | 82209.0 |
| 合同外资金额 | （万美元） | | 4051.0 |
| 外商实际投资 | （万美元） | | 4051.0 |
| 工业总产值 | （亿元） | 1774.4 | 392.6 |
| 总收入 | （亿元） | 1942.5 | 706.3 |
| #技术收入 | （亿元） | 70.3 | 63.5 |
| 利润总额 | （亿元） | 1157.3 | 48.5 |
| #高新技术企业 | （亿元） | 1157.1 | 46.7 |
| 应缴税金总额 | （亿元） | 221.3 | 30.8 |
| 从业人员期末人数 | （人） | 48297 | 47856 |
| 研究开发人员合计 | （人） | 11523 | 10089 |
| 研究开发费用合计 | （亿元） | 85.5 | 31.9 |
| 当年专利授权数 | （个） | 1397 | 989 |

# 4-3 续表11 平谷园主要指标

| 项　　目 | | 2021 | 2020 |
|---|---|---|---|
| 规划总面积 | （公顷） | 508.0 | 508.0 |
| 累计已开发土地面积 | （公顷） | 227.7 | 227.7 |
| 累计已供应土地面积 | （公顷） | 109.4 | 106.4 |
| 累计已建成城镇建设用地 | （公顷） | 85.2 | 85.2 |
| 投产（开业）企业个数 | （个） | 180 | 173 |
| #高新技术企业 | （个） | 137 | 123 |
| #工业企业 | （个） | 68 | 62 |
| #三资企业 | （个） | 11 | 8 |
| 注册资本 | （万元） | 44921.0 | 42700.0 |
| 合同外资金额 | （万美元） | | 1674.0 |
| 外商实际投资 | （万美元） | | 720.0 |
| 工业总产值 | （亿元） | 76.2 | 59.5 |
| 总收入 | （亿元） | 212.8 | 169.1 |
| #技术收入 | （亿元） | 38.6 | 29.8 |
| 利润总额 | （亿元） | 9.7 | 9.5 |
| #高新技术企业 | （亿元） | 8.0 | 9.1 |
| 应缴税金总额 | （亿元） | 10.3 | 7.7 |
| 从业人员期末人数 | （人） | 19556 | 16928 |
| 研究开发人员合计 | （人） | 3721 | 3286 |
| 研究开发费用合计 | （亿元） | 10.4 | 8.3 |
| 当年专利授权数 | （个） | 511 | 317 |

# 4-3 续表12 门头沟园主要指标

| 项 目 | | 2021 | 2020 |
|---|---|---|---|
| 规划总面积 | （公顷） | 189.0 | 189.0 |
| 累计已开发土地面积 | （公顷） | 120.0 | 120.0 |
| 累计已供应土地面积 | （公顷） | 120.0 | 120.0 |
| 累计已建成城镇建设用地 | （公顷） | | |
| 投产（开业）企业个数 | （个） | 280 | 281 |
| #高新技术企业 | （个） | 167 | 174 |
| #工业企业 | （个） | 27 | 35 |
| #三资企业 | （个） | 3 | 3 |
| 注册资本 | （万元） | 2800.0 | 106708.5 |
| 合同外资金额 | （万美元） | | |
| 外商实际投资 | （万美元） | | |
| 工业总产值 | （亿元） | 46.4 | 48.2 |
| 总收入 | （亿元） | 477.9 | 414.9 |
| #技术收入 | （亿元） | 63.3 | 48.8 |
| 利润总额 | （亿元） | -0.1 | 19.1 |
| #高新技术企业 | （亿元） | 3.0 | 5.3 |
| 应缴税金总额 | （亿元） | 8.4 | 7.9 |
| 从业人员期末人数 | （人） | 18074 | 18634 |
| 研究开发人员合计 | （人） | 4764 | 4683 |
| 研究开发费用合计 | （亿元） | 15.1 | 13.3 |
| 当年专利授权数 | （个） | 400 | 452 |

# 4–3 续表13 房山园主要指标

| 项 目 | | 2021 | 2020 |
|---|---|---|---|
| 规划总面积 | （公顷） | 1572.6 | 1572.6 |
| 累计已开发土地面积 | （公顷） | 869.7 | 1214.0 |
| 累计已供应土地面积 | （公顷） | 685.7 | 1082.0 |
| 累计已建成城镇建设用地 | （公顷） | 625.7 | 767.9 |
| 投产（开业）企业个数 | （个） | 518 | 457 |
| #高新技术企业 | （个） | 349 | 341 |
| #工业企业 | （个） | 114 | 112 |
| #三资企业 | （个） | 7 | 7 |
| 注册资本 | （万元） | 336185.0 | 583214.0 |
| 合同外资金额 | （万美元） | | |
| 外商实际投资 | （万美元） | | |
| 工业总产值 | （亿元） | 275.1 | 228.2 |
| 总收入 | （亿元） | 614.5 | 486.2 |
| #技术收入 | （亿元） | 86.5 | 61.4 |
| 利润总额 | （亿元） | 28.9 | 19.7 |
| #高新技术企业 | （亿元） | 27.2 | 19.9 |
| 应缴税金总额 | （亿元） | 37.8 | 20.0 |
| 从业人员期末人数 | （人） | 82158 | 80721 |
| 研究开发人员合计 | （人） | 9982 | 9040 |
| 研究开发费用合计 | （亿元） | 30.4 | 25.2 |
| 当年专利授权数 | （个） | 1182 | 859 |

# 4-3 续表14 顺义园主要指标

| 项 目 | | 2021 | 2020 |
|---|---|---|---|
| 规划总面积 | （公顷） | 1208.5 | 1208.5 |
| 累计已开发土地面积 | （公顷） | 898.8 | 912.4 |
| 累计已供应土地面积 | （公顷） | 580.5 | 599.5 |
| 累计已建成城镇建设用地 | （公顷） | 404.8 | 412.2 |
| 投产（开业）企业个数 | （个） | 731 | 595 |
| #高新技术企业 | （个） | 608 | 487 |
| #工业企业 | （个） | 192 | 200 |
| #三资企业 | （个） | 34 | 41 |
| 注册资本 | （万元） | 799072.2 | 1346702.8 |
| 合同外资金额 | （万美元） | | 147388.8 |
| 外商实际投资 | （万美元） | | 147388.8 |
| 工业总产值 | （亿元） | 883.0 | 848.9 |
| 总收入 | （亿元） | 1911.0 | 1742.5 |
| #技术收入 | （亿元） | 242.1 | 276.5 |
| 利润总额 | （亿元） | 140.2 | 179.2 |
| #高新技术企业 | （亿元） | 73.5 | 233.2 |
| 应缴税金总额 | （亿元） | 72.7 | 76.3 |
| 从业人员期末人数 | （人） | 100318 | 102663 |
| 研究开发人员合计 | （人） | 26352 | 24167 |
| 研究开发费用合计 | （亿元） | 116.4 | 96.2 |
| 当年专利授权数 | （个） | 3289 | 3326 |

# 4-3　续表15　密云园主要指标

| 项　　目 | | 2021 | 2020 |
| --- | --- | --- | --- |
| 规划总面积 | （公顷） | 1000.8 | 1000.8 |
| 累计已开发土地面积 | （公顷） | 699.3 | 699.3 |
| 累计已供应土地面积 | （公顷） | 633.7 | 619.3 |
| 累计已建成城镇建设用地 | （公顷） | 466.0 | 462.4 |
| 投产（开业）企业个数 | （个） | 220 | 187 |
| #高新技术企业 | （个） | 167 | 139 |
| #工业企业 | （个） | 85 | 87 |
| #三资企业 | （个） | 5 | 6 |
| 注册资本 | （万元） | 125332.0 | 127524.0 |
| 合同外资金额 | （万美元） | | |
| 外商实际投资 | （万美元） | | 2708.4 |
| 工业总产值 | （亿元） | 167.8 | 165.0 |
| 总收入 | （亿元） | 425.9 | 384.3 |
| #技术收入 | （亿元） | 51.4 | 24.2 |
| 利润总额 | （亿元） | 9.3 | -9.1 |
| #高新技术企业 | （亿元） | 9.2 | 0.1 |
| 应缴税金总额 | （亿元） | 14.3 | 17.1 |
| 从业人员期末人数 | （人） | 29207 | 30611 |
| 研究开发人员合计 | （人） | 6035 | 5914 |
| 研究开发费用合计 | （亿元） | 21.0 | 20.5 |
| 当年专利授权数 | （个） | 800 | 764 |

# 4-3 续表16 怀柔园主要指标

| 项 目 | | 2021 | 2020 |
|---|---|---|---|
| 规划总面积 | （公顷） | 711.0 | 711.0 |
| 累计已开发土地面积 | （公顷） | 693.1 | 693.1 |
| 累计已供应土地面积 | （公顷） | 664.3 | 664.3 |
| 累计已建成城镇建设用地 | （公顷） | 359.2 | 359.2 |
| 投产（开业）企业个数 | （个） | 233 | 235 |
| #高新技术企业 | （个） | 163 | 181 |
| #工业企业 | （个） | 73 | 78 |
| #三资企业 | （个） | 18 | 21 |
| 注册资本 | （万元） | 93061.4 | 194557.2 |
| 合同外资金额 | （万美元） | | |
| 外商实际投资 | （万美元） | | |
| 工业总产值 | （亿元） | 451.1 | 539.6 |
| 总收入 | （亿元） | 642.7 | 707.6 |
| #技术收入 | （亿元） | 24.1 | 21.6 |
| 利润总额 | （亿元） | 30.8 | 46.1 |
| #高新技术企业 | （亿元） | 33.2 | 48.7 |
| 应缴税金总额 | （亿元） | 17.1 | 22.8 |
| 从业人员期末人数 | （人） | 28489 | 30336 |
| 研究开发人员合计 | （人） | 7037 | 6904 |
| 研究开发费用合计 | （亿元） | 28.4 | 25.7 |
| 当年专利授权数 | （个） | 655 | 609 |

# 4-3 续表17 延庆园主要指标

| 项　　目 | | 2021 | 2020 |
|---|---|---|---|
| 规划总面积 | （公顷） | 491.2 | 491.2 |
| 累计已开发土地面积 | （公顷） | 323.7 | 323.7 |
| 累计已供应土地面积 | （公顷） | 224.7 | 224.7 |
| 累计已建成城镇建设用地 | （公顷） | 223.8 | 223.8 |
| 投产（开业）企业个数 | （个） | 240 | 270 |
| #高新技术企业 | （个） | 112 | 119 |
| #工业企业 | （个） | 42 | 49 |
| #三资企业 | （个） | 1 | 2 |
| 注册资本 | （万元） | | 926305.2 |
| 合同外资金额 | （万美元） | | |
| 外商实际投资 | （万美元） | | |
| 工业总产值 | （亿元） | 119.1 | 128.6 |
| 总收入 | （亿元） | 222.3 | 197.4 |
| #技术收入 | （亿元） | 53.7 | 12.9 |
| 利润总额 | （亿元） | 16.2 | 5.2 |
| #高新技术企业 | （亿元） | 8.5 | 11.7 |
| 应缴税金总额 | （亿元） | 6.8 | 8.2 |
| 从业人员期末人数 | （人） | 10459 | 10450 |
| 研究开发人员合计 | （人） | 2648 | 2761 |
| 研究开发费用合计 | （亿元） | 7.7 | 8.4 |
| 当年专利授权数 | （个） | 306 | 280 |

# 4-4　北京天竺综合保税区主要指标

| 项　　目 | | 2021 | 2020 |
| --- | --- | --- | --- |
| 规划总面积 | （公顷） | 546.6 | 546.6 |
| 累计已开发土地面积 | （公顷） | 425.0 | 349.5 |
| 累计已供应土地面积 | （公顷） | 399.8 | 323.7 |
| 累计已建成城镇建设用地 | （公顷） | 276.1 | 258.5 |
| 投产（开业）企业个数 | （个） | 103 | 79 |
| #高新技术企业 | （个） | 19 | 17 |
| #工业企业 | （个） | 7 | 6 |
| #三资企业 | （个） | 15 | 10 |
| 注册资本 | （万元） | 373796.7 | 711189.0 |
| 合同外资金额 | （万美元） | 1172.3 | 1747.0 |
| 外商实际投资 | （万美元） | 7976.7 | |
| 工业总产值 | （亿元） | 30.6 | 22.5 |
| 总收入 | （亿元） | 669.4 | 533.3 |
| 利润总额 | （亿元） | 48.9 | 42.8 |
| #高新技术企业 | （亿元） | 9.1 | 7.8 |
| 应缴税金总额 | （亿元） | 20.7 | 18.4 |
| 从业人员平均人数 | （人） | 22468 | 20711 |

注：1. 北京天竺综合保税区为国家级综合保税区，范围包括北京天竺出口加工区和北京空港保税物流中心。
2. 本表“投产（开业）企业个数”“工业总产值”“工业销售产值”“总收入”“利润总额”“应缴税金总额”“从业人员平均人数”的统计范围为注册在开发区内的规模（限额）以上法人单位。

# 4-5　北京市级开发区主要指标（2021年）

| 项　目 | 规　划<br>总面积<br>（公顷） | 累计已开发<br>土地面积<br>（公顷） | 累计已供应<br>土地面积<br>（公顷） | 累计已建成<br>城镇建设用地<br>（公顷） |
|---|---|---|---|---|
| **市级开发区合计** | **10462.0** | **7648.4** | **6026.4** | **5564.0** |
| 北京石龙经济开发区 | 189.0 | 120.0 | 120.0 | |
| 北京良乡经济开发区 | 240.9 | 136.1 | 132.7 | 117.4 |
| 北京大兴经济开发区 | 416.0 | 249.8 | 249.8 | 239.9 |
| 北京通州经济开发区 | 1947.6 | 781.3 | 805.0 | 637.3 |
| 北京雁栖经济开发区 | 1096.0 | 1096.0 | 722.2 | 637.6 |
| 北京兴谷经济开发区 | 503.2 | 571.7 | 424.6 | 596.0 |
| 北京密云经济开发区 | 1249.5 | 1249.5 | 1041.9 | 913.6 |
| 北京八达岭经济开发区 | 491.2 | 323.7 | 224.7 | 223.8 |
| 北京永乐经济开发区 | 459.8 | 219.3 | 137.1 | 137.1 |
| 北京延庆经济开发区 | | | | |
| 北京昌平小汤山工业园区 | 257.3 | 23.5 | 23.5 | 45.3 |
| 北京采育经济开发区 | 355.0 | 327.1 | 319.7 | 291.0 |
| 北京房山工业园区 | 218.5 | 159.5 | 150.7 | 122.8 |
| 北京马坊工业园区 | 345.6 | 202.5 | 141.3 | 105.2 |
| 北京临空经济核心区 | 1360.4 | 1245.9 | 700.0 | 673.9 |
| 北京顺义科技创新产业功能区 | 1332.0 | 942.6 | 833.2 | 823.2 |

注：北京八达岭经济开发区包括北京延庆经济开发区数据。

# 4-5 续表

| 项　　目 | 投产（开业）企业个数（个） | 总投资（万元） | 总收入（万元） | 利润总额（万元） | 从业人员平均人数（人） |
|---|---|---|---|---|---|
| **市级开发区合计** | **1863** | **5527515** | **78527887** | **7401409** | **392841** |
| 北京石龙经济开发区 | 15 | 1436107 | 2567267 | 16075 | 7583 |
| 北京良乡经济开发区 | 172 | | 4619518 | 16723 | 17697 |
| 北京大兴经济开发区 | 230 | 1694844 | 5332612 | 213364 | 27532 |
| 北京通州经济开发区 | 60 | | 1959033 | 280437 | 15255 |
| 北京雁栖经济开发区 | 158 | | 4971493 | 469103 | 24053 |
| 北京兴谷经济开发区 | 156 | 639429 | 2365166 | 72623 | 17494 |
| 北京密云经济开发区 | 209 | 86000 | 4955626 | 285291 | 28385 |
| 北京八达岭经济开发区 | 144 | | 8957266 | 4499578 | 12780 |
| 北京永乐经济开发区 | 21 | 3134 | 1621518 | 1064 | 7071 |
| 北京延庆经济开发区 | | | | | |
| 北京昌平小汤山工业园区 | 3 | | 56811 | 452 | 213 |
| 北京采育经济开发区 | 32 | | 2486712 | 190603 | 22610 |
| 北京房山工业园区 | 28 | 2199 | 564600 | 33676 | 2448 |
| 北京马坊工业园区 | 46 | 9100 | 804592 | 69513 | 6138 |
| 北京临空经济核心区 | 383 | 1656702 | 23832908 | 100906 | 150031 |
| 北京顺义科技创新产业功能区 | 206 | | 13432766 | 1152002 | 53551 |

注：本表“投产（开业）企业个数”“总收入”“利润总额”和“从业人员平均人数”的统计范围为注册在开发区内的规模（限额）以上法人单位。

2022
北京区域统计年鉴

BEIJING AREA
STATISTICAL YEARBOOK

# 特色功能区主要数据

# 简要说明

## 一、本章资料的主要内容

本章资料包括首都功能核心区、中心城区、城市副中心、平原新城、生态涵养区等城市空间新格局特色功能区和中关村国家自主创新示范区、金融街、北京商务中心区、北京经济技术开发区、首都机场临空经济示范区、奥林匹克中心区等高端产业功能区主要指标数据。

## 二、有关统计标准和数据调整说明

《北京城市总体规划（2016 年-2035 年）》提出要在北京市域范围内形成“一核一主一副、两轴多点一区”的城市空间结构。其中，“一核”指首都功能核心区；“一主”指中心城区；“一副”指北京城市副中心；“多点”指 5 个位于平原的新城；“一区”指生态涵养区。

高端产业功能区中的中关村国家自主创新示范区按注册地统计，其他功能区按经营地统计，因此，中关村国家自主创新示范区与其他 5 个功能区的单位有重复，在核算高端产业功能区合计时剔除了重复部分，所以分功能区数据相加不等于功能区合计。

## 三、本章资料的数据来源

本章资料中财政收支数据来自北京市财政局，其他数据均来自北京市统计局。

# 5-1 首都功能核心区基本情况（2016-2021年）

| 项目 | | 2016 | 2017 | 2018 | 2019 | 2020 | 2021 |
|---|---|---|---|---|---|---|---|
| 常住人口 | （万人） | 213.7 | 206.1 | 198.9 | 190.6 | 181.5 | 181.2 |
| #常住外来人口 | （万人） | 53.2 | 50.9 | 43.8 | 41.9 | 39.8 | 38.9 |
| 地区生产总值 | （亿元） | 6161.8 | 6774.0 | 7419.3 | 7917.7 | 7939.8 | 8601.2 |
| 第一产业增加值 | （亿元） | | | | | | |
| 第二产业增加值 | （亿元） | 302.0 | 322.5 | 365.3 | 363.5 | 333.7 | 367.3 |
| 工业增加值 | （亿元） | 200.1 | 206.0 | 228.8 | 225.0 | 203.5 | 225.6 |
| 建筑业增加值 | （亿元） | 102.1 | 116.6 | 136.6 | 138.6 | 130.3 | 141.9 |
| 第三产业增加值 | （亿元） | 5859.8 | 6451.5 | 7054.0 | 7554.2 | 7606.1 | 8233.8 |
| 一般公共预算收入 | （亿元） | 580.1 | 594.3 | 606.5 | 620.8 | 595.3 | 623.6 |
| 一般公共预算支出 | （亿元） | 663.6 | 674.6 | 681.3 | 687.1 | 686.7 | 697.2 |
| 固定资产投资增速 | （%） | 7.5 | 12.4 | -8.4 | -13.2 | 10.2 | -0.8 |
| 规模以上工业总产值 | （亿元） | 1291.9 | 1345.9 | 799.3 | 802.9 | 641.7 | 686.5 |
| 社会消费品零售总额 | （亿元） | 2123.8 | 2235.2 | 2310.8 | 2415.0 | 2207.0 | 2392.7 |
| 规模以上文化产业法人单位收入 | （亿元） | | | 2456.8 | 2708.6 | 2258.5 | 2378.0 |

注：1. 本表统计范围包括东城区和西城区。

2. 本表固定资产投资增速2016-2018年为全社会口径，自2019年起为不含农户口径，下表同。

## 5-2　中心城区基本情况（2016-2021年）

| 项　　目 | | 2016 | 2017 | 2018 | 2019 | 2020 | 2021 |
|---|---|---|---|---|---|---|---|
| 常住人口 | （万人） | 1264.7 | 1226.7 | 1190.1 | 1147.6 | 1098.5 | 1097.2 |
| #常住外来人口 | （万人） | 454.0 | 426.6 | 401.4 | 386.0 | 356.6 | 352.0 |
| 地区生产总值 | （亿元） | 19578.0 | 21673.4 | 23916.3 | 25626.3 | 26179.9 | 28690.3 |
| 第一产业增加值 | （亿元） | 3.1 | 3.2 | 4.6 | 5.7 | 5.1 | 5.4 |
| 第二产业增加值 | （亿元） | 1667.8 | 1762.3 | 1915.8 | 1963.5 | 1970.3 | 2208.4 |
| 工业增加值 | （亿元） | 1006.9 | 1062.3 | 1152.1 | 1180.7 | 1159.1 | 1343.9 |
| 建筑业增加值 | （亿元） | 663.4 | 702.6 | 764.4 | 783.5 | 811.8 | 865.2 |
| 第三产业增加值 | （亿元） | 17907.1 | 19907.9 | 21995.9 | 23657.1 | 24204.6 | 26476.6 |
| 一般公共预算收入 | （亿元） | 1600.1 | 1688.9 | 1769.9 | 1794.0 | 1756.3 | 1875.7 |
| 一般公共预算支出 | （亿元） | 1986.1 | 2133.1 | 2276.2 | 2411.9 | 2196.3 | 2279.8 |
| 固定资产投资增速 | （%） | 4.9 | 9.5 | -10.5 | -5.0 | -0.2 | 9.4 |
| 规模以上工业总产值 | （亿元） | 4876.9 | 5108.9 | 4733.0 | 4870.8 | 4825.5 | 5749.3 |
| 社会消费品零售总额 | （亿元） | 9625.2 | 10135.0 | 10408.8 | 10812.5 | 9865.2 | 10725.7 |
| 规模以上文化产业法人单位收入 | （亿元） | | | 9786.7 | 12244.1 | 13904.9 | 16377.7 |

注：本表统计范围包括东城区、西城区、朝阳区、丰台区、石景山区和海淀区。

# 5-3 城市副中心基本情况（2016-2021年）

| 项　　目 | | 2016 | 2017 | 2018 | 2019 | 2020 | 2021 |
|---|---|---|---|---|---|---|---|
| 常住人口 | （万人） | 145.9 | 154.5 | 163.3 | 173.2 | 184.0 | 184.3 |
| #常住外来人口 | （万人） | 67.7 | 73.2 | 83.0 | 82.9 | 90.4 | 89.9 |
| 地区生产总值 | （亿元） | 761.4 | 852.2 | 986.7 | 1059.3 | 1110.5 | 1206.3 |
| 第一产业增加值 | （亿元） | 16.6 | 16.4 | 16.1 | 12.6 | 13.1 | 13.2 |
| 第二产业增加值 | （亿元） | 303.4 | 356.5 | 384.4 | 421.0 | 426.5 | 448.7 |
| 工业增加值 | （亿元） | 210.6 | 215.7 | 212.4 | 216.6 | 206.9 | 230.3 |
| 建筑业增加值 | （亿元） | 93.4 | 141.4 | 172.7 | 205.2 | 220.4 | 219.2 |
| 第三产业增加值 | （亿元） | 441.4 | 479.3 | 586.2 | 625.7 | 670.9 | 744.4 |
| 一般公共预算收入 | （亿元） | 76.5 | 79.2 | 83.1 | 88.7 | 78.7 | 92.4 |
| 一般公共预算支出 | （亿元） | 338.4 | 320.7 | 405.4 | 359.8 | 306.9 | 330.3 |
| 固定资产投资增速 | （%） | 17.4 | 12.2 | -21.8 | 15.5 | 8.7 | -2.6 |
| 规模以上工业总产值 | （亿元） | 644.0 | 641.2 | 620.6 | 616.6 | 585.6 | 634.1 |
| 社会消费品零售总额 | （亿元） | 478.8 | 521.6 | 552.2 | 590.7 | 529.3 | 563.6 |
| 规模以上文化产业法人单位收入 | （亿元） | | | 72.3 | 289.4 | 364.8 | 392.5 |

注：本表统计范围为通州区。

# 5-4 平原新城基本情况（2016-2021年）

| 项　　目 | | 2016 | 2017 | 2018 | 2019 | 2020 | 2021 |
|---|---|---|---|---|---|---|---|
| 常住人口 | （万人） | 589.7 | 612.9 | 632.9 | 659.8 | 690.0 | 690.4 |
| #常住外来人口 | （万人） | 294.3 | 309.5 | 315.3 | 324.8 | 338.4 | 338.7 |
| 地区生产总值 | （亿元） | 5118.6 | 5636.2 | 6281.0 | 6727.0 | 6722.6 | 8309.9 |
| 第一产业增加值 | （亿元） | 61.1 | 57.1 | 52.7 | 51.8 | 51.4 | 52.0 |
| 第二产业增加值 | （亿元） | 2292.9 | 2498.2 | 2733.5 | 2792.5 | 2806.9 | 4008.8 |
| 工业增加值 | （亿元） | 2104.7 | 2285.8 | 2468.6 | 2511.0 | 2513.4 | 3688.6 |
| 建筑业增加值 | （亿元） | 228.7 | 255.6 | 313.0 | 331.1 | 338.5 | 371.3 |
| 第三产业增加值 | （亿元） | 2764.7 | 3080.8 | 3494.7 | 3882.7 | 3864.3 | 4249.1 |
| 一般公共预算收入 | （亿元） | 347.6 | 378.2 | 411.3 | 443.8 | 461.0 | 493.5 |
| 一般公共预算支出 | （亿元） | 863.0 | 874.5 | 1025.7 | 1034.9 | 1131.9 | 1084.7 |
| 固定资产投资增速 | （%） | 1.5 | -1.5 | -5.0 | -3.8 | 5.3 | 6.8 |
| 规模以上工业总产值 | （亿元） | 8265.4 | 8423.2 | 8525.7 | 8737.6 | 9122.0 | 11763.3 |
| 社会消费品零售总额 | （亿元） | 2401.4 | 2594.5 | 2731.3 | 2882.2 | 2600.7 | 2799.0 |
| 规模以上文化产业法人单位收入 | （亿元） | | | 613.9 | 735.9 | 897.4 | 1012.3 |

注：本表统计范围包括房山区、顺义区、昌平区、大兴区和北京经济技术开发区。

## 5-5 生态涵养区基本情况（2016-2021年）

| 项目 | | 2016 | 2017 | 2018 | 2019 | 2020 | 2021 |
|---|---|---|---|---|---|---|---|
| 常住人口 | （万人） | 195.1 | 200.3 | 205.4 | 209.5 | 216.5 | 216.7 |
| #常住外来人口 | （万人） | 42.8 | 46.2 | 48.5 | 49.8 | 54.2 | 54.2 |
| 地区生产总值 | （亿元） | 1120.9 | 1243.4 | 1380.4 | 1479.1 | 1499.2 | 1625.7 |
| 第一产业增加值 | （亿元） | 49.0 | 45.2 | 47.0 | 44.0 | 38.5 | 40.4 |
| 第二产业增加值 | （亿元） | 400.7 | 431.4 | 443.6 | 462.3 | 439.9 | 462.5 |
| 工业增加值 | （亿元） | 312.3 | 321.0 | 306.7 | 305.5 | 283.2 | 296.0 |
| 建筑业增加值 | （亿元） | 89.1 | 111.2 | 137.7 | 157.6 | 157.5 | 167.4 |
| 第三产业增加值 | （亿元） | 671.2 | 766.8 | 889.8 | 972.8 | 1020.8 | 1122.8 |
| 一般公共预算收入 | （亿元） | 136.2 | 146.4 | 157.6 | 159.9 | 163.2 | 167.9 |
| 一般公共预算支出 | （亿元） | 522.2 | 634.0 | 712.8 | 677.2 | 686.5 | 655.0 |
| 固定资产投资增速 | （%） | 14.5 | 5.9 | -8.1 | 3.6 | -4.5 | -11.7 |
| 规模以上工业总产值 | （亿元） | 1219.0 | 1294.2 | 1226.0 | 1179.0 | 1258.7 | 1200.8 |
| 社会消费品零售总额 | （亿元） | 629.7 | 682.7 | 729.9 | 778.2 | 721.1 | 779.4 |
| 规模以上文化产业法人单位收入 | （亿元） | | | 230.0 | 274.8 | 253.6 | 310.0 |

注：本表统计范围包括门头沟区、怀柔区、平谷区、密云区和延庆区。

## 5-6 高端产业功能区规模以上法人单位主要财务指标（2008-2021年）

单位：亿元

| 项目 | 2008 | 2009 | 2010 | 2011 | 2012 | 2013 | 2014 | 2015 |
|---|---|---|---|---|---|---|---|---|
| **高端产业功能区资产总计** | **231482.3** | **282433.8** | **326671.7** | **379132.6** | **439140.9** | **551156.0** | **631584.0** | **753426.6** |
| （剔除重复部分） | | | | | | | | |
| 中关村国家自主创新示范区 | 12049.7 | 16812.7 | 20085.8 | 25903.4 | 35287.8 | 46156.4 | 58737.7 | 73131.4 |
| 金融街 | 204394.6 | 247446.0 | 279566.7 | 321315.1 | 366544.0 | 462465.0 | 520272.5 | 620991.5 |
| 北京商务中心区 | 6103.4 | 8291.6 | 14929.8 | 18299.4 | 22017.7 | 26715.9 | 32455.1 | 39212.2 |
| 北京经济技术开发区 | 2179.2 | 2812.3 | 3691.0 | 4606.8 | 4863.5 | 5460.3 | 6364.2 | 7227.3 |
| 首都机场临空经济示范区 | 3700.3 | 4133.8 | 4831.1 | 5279.7 | 5741.2 | 6325.1 | 7930.5 | 7940.9 |
| 奥林匹克中心区 | 4585.8 | 5528.5 | 6577.4 | 6951.9 | 8643.9 | 9727.4 | 11958.6 | 12860.2 |
| **高端产业功能区收入合计** | **21641.5** | **24518.6** | **31499.2** | **37609.0** | **45451.8** | **51567.1** | **58432.2** | **63979.0** |
| （剔除重复部分） | | | | | | | | |
| 中关村国家自主创新示范区 | 9945.8 | 12747.1 | 15587.7 | 19035.7 | 24283.4 | 29655.8 | 35154.6 | 39516.6 |
| 金融街 | 5440.8 | 5627.1 | 6454.8 | 7096.3 | 8109.6 | 8093.2 | 8895.2 | 10764.0 |
| 北京商务中心区 | 2345.8 | 2480.6 | 4338.7 | 4985.4 | 5854.5 | 7018.3 | 7278.1 | 7018.3 |
| 北京经济技术开发区 | 2985.5 | 3241.3 | 3738.1 | 4136.4 | 4328.3 | 4787.3 | 5589.9 | 6670.1 |
| 首都机场临空经济示范区 | 2096.6 | 2234.4 | 3029.3 | 3488.0 | 3619.3 | 3790.8 | 4774.4 | 3986.6 |
| 奥林匹克中心区 | 1259.1 | 1465.0 | 2287.2 | 2624.6 | 2876.0 | 3041.1 | 2692.0 | 2618.8 |
| **高端产业功能区利润总额** | **2582.4** | **3112.7** | **4037.5** | **5341.4** | **6292.5** | **6941.2** | **8302.3** | **10863.7** |
| （剔除重复部分） | | | | | | | | |
| 中关村国家自主创新示范区 | 757.1 | 1137.3 | 1319.4 | 1533.1 | 1755.3 | 2247.5 | 3014.0 | 3443.3 |
| 金融街 | 1536.7 | 1449.1 | 1833.9 | 2762.1 | 3433.6 | 3513.3 | 3740.5 | 5701.8 |
| 北京商务中心区 | 166.9 | 199.2 | 451.7 | 472.6 | 556.5 | 707.2 | 1010.6 | 1134.4 |
| 北京经济技术开发区 | 274.4 | 282.1 | 329.3 | 339.7 | 212.2 | 276.5 | 249.2 | 384.6 |
| 首都机场临空经济示范区 | -13.9 | 154.7 | 265.2 | 317.9 | 257.3 | 281.9 | 385.6 | 412.9 |
| 奥林匹克中心区 | 90.9 | 167.2 | 174.2 | 228.9 | 286.1 | 199.7 | 199.9 | 195.5 |

注：1. 自2010年起，北京商务中心区的数据为东扩后的数据。
2. 自2016年起，奥林匹克中心区数据为范围调整后数据。
3. 自2018年起，原临空经济区的名称规范为首都机场临空经济示范区，数据为范围调整后数据。

# 5-6 续表

单位：亿元

| 项　目 | 2016 | 2017 | 2018 | 2019 | 2020 | 2021 |
|---|---|---|---|---|---|---|
| **高端产业功能区资产总计** | **880708.7** | **955548.8** | **980362.2** | **1055455.6** | **1152879.5** | **1257135.3** |
| （剔除重复部分） | | | | | | |
| 中关村国家自主创新示范区 | 91154.6 | 107575.0 | 118033.0 | 121480.8 | 145050.4 | 161493.8 |
| 金融街 | 720852.1 | 765117.0 | 789735.0 | 841319.9 | 906620.8 | 956095.7 |
| 北京商务中心区 | 45139.9 | 54516.1 | 44208.2 | 57884.8 | 74167.1 | 110333.8 |
| 北京经济技术开发区 | 8727.9 | 13687.4 | 14425.7 | 14389.5 | 17811.9 | 21871.7 |
| 首都机场临空经济示范区 | 8644.7 | 9687.5 | 9725.7 | 11624.1 | 13219.8 | 14224.6 |
| 奥林匹克中心区 | 16599.2 | 17740.5 | 17361.7 | 21690.5 | 21915.5 | 30279.5 |
| **高端产业功能区收入合计** | **69805.3** | **78261.8** | **85705.7** | **94040.7** | **100404.1** | **116665.8** |
| （剔除重复部分） | | | | | | |
| 中关村国家自主创新示范区 | 44326.4 | 51337.5 | 56389.1 | 63637.7 | 70412.9 | 82371.7 |
| 金融街 | 10016.0 | 10054.6 | 13023.7 | 13466.9 | 12901.7 | 13464.4 |
| 北京商务中心区 | 7201.2 | 7362.4 | 7732.8 | 7342.8 | 7955.5 | 9469.2 |
| 北京经济技术开发区 | 8065.6 | 9795.6 | 11142.1 | 13368.8 | 15756.6 | 19796.0 |
| 首都机场临空经济示范区 | 4149.0 | 4210.6 | 3794.0 | 4059.5 | 3893.7 | 4583.8 |
| 奥林匹克中心区 | 4269.9 | 4790.8 | 4340.4 | 4658.2 | 4101.8 | 5136.7 |
| **高端产业功能区利润总额** | **9872.3** | **11001.5** | **13134.8** | **13008.5** | **14755.8** | **17437.9** |
| （剔除重复部分） | | | | | | |
| 中关村国家自主创新示范区 | 3761.7 | 4357.6 | 4582.5 | 4358.5 | 6536.6 | 7895.8 |
| 金融街 | 4320.4 | 4823.7 | 6601.1 | 6840.5 | 6662.2 | 7186.7 |
| 北京商务中心区 | 1335.9 | 1363.2 | 1403.1 | 1140.7 | 1795.1 | 2156.1 |
| 北京经济技术开发区 | 399.7 | 581.5 | 635.4 | 665.4 | 701.2 | 1688.7 |
| 首都机场临空经济示范区 | 330.4 | 384.1 | 336.2 | 405.8 | 127.1 | 28.9 |
| 奥林匹克中心区 | 220.8 | 87.1 | 244.9 | 258.1 | 306.7 | 634.0 |

## 5-7　高端产业功能区规模以上法人单位主要财务指标（2021年）

| 项　　目 | 法人单位数（个） | 资产总计（亿元） | 收入合计（亿元） | 利润总额（亿元） |
|---|---|---|---|---|
| **高端产业功能区合计** | **13605** | **1257135.3** | **116665.8** | **17437.9** |
| （剔除重复部分） | | | | |
| 中关村国家自主创新示范区 | 7787 | 161493.8 | 82371.7 | 7895.8 |
| #工　业 | 1535 | 26842.6 | 17575.0 | 3148.6 |
| 信息传输、软件和信息技术服务业 | 2655 | 50327.0 | 18579.6 | 2203.4 |
| 科学研究和技术服务业 | 1425 | 14655.7 | 5484.9 | 478.9 |
| 金融街 | 522 | 956095.7 | 13464.4 | 7186.7 |
| #金融业 | 210 | 910446.1 | 11533.6 | 5737.9 |
| 批发和零售业 | 34 | 1701.9 | 610.8 | 20.3 |
| 信息传输、软件和信息技术服务业 | 23 | 27093.5 | 520.7 | 1114.8 |
| 北京商务中心区 | 2182 | 110333.8 | 9469.2 | 2156.1 |
| #租赁和商务服务业 | 684 | 5565.7 | 1407.6 | 88.9 |
| 批发和零售业 | 387 | 3195.6 | 3296.5 | 264.8 |
| 金融业 | 250 | 96163.1 | 3361.9 | 1731.4 |
| 北京经济技术开发区 | 1312 | 21871.7 | 19796.0 | 1688.7 |
| #工　业 | 358 | 9171.7 | 5953.5 | 1401.2 |
| 批发和零售业 | 285 | 4741.8 | 10901.7 | 36.9 |
| 科学研究和技术服务业 | 161 | 1205.4 | 482.7 | 59.9 |
| 首都机场临空经济示范区 | 1076 | 14224.6 | 4583.8 | 28.9 |
| #工　业 | 97 | 512.1 | 460.6 | 18.6 |
| 交通运输、仓储和邮政业 | 185 | 3862.1 | 2177.2 | -132.6 |
| 租赁和商务服务业 | 96 | 2021.3 | 158.4 | -28.4 |
| 奥林匹克中心区 | 1564 | 30279.5 | 5136.7 | 634.0 |
| #建筑业 | 88 | 900.8 | 431.9 | 7.9 |
| 批发和零售业 | 340 | 2923.3 | 2197.8 | 114.0 |
| 科学研究和技术服务业 | 230 | 1618.0 | 505.8 | 49.5 |

注：本表行业划分执行《国民经济行业分类》（GB/T 4754-2017）标准。

2022
北京区域统计年鉴

# 第六章

BEIJING AREA
STATISTICAL YEARBOOK

# 四大直辖市主要数据

# 简要说明

## 一、本章资料的主要内容

本章资料主要包括 2021 年北京、天津、上海、重庆四个直辖市的自然环境、经济发展、社会领域的主要指标数据。

## 二、本章资料的数据来源

北京市数据由北京市统计局根据相关资料整理，天津、上海、重庆数据摘自 2022 年出版的《中国统计年鉴》。

# 6-1 京津沪渝主要指标（2021年）
## —— 自然环境

| 项 目 | | 北 京 | 天 津 | 上 海 | 重 庆 |
| --- | --- | --- | --- | --- | --- |
| 平均气温 | （摄氏度） | 13.6 | 13.6 | 18.1 | 19.5 |
| 平均相对湿度 | （%） | 56 | 61 | 77 | 76 |
| 水资源总量 | （亿立方米） | 61.3 | 39.8 | 53.9 | 750.8 |
| 二氧化硫（$SO_2$）年平均浓度值 | （微克/立方米） | 3 | 8 | 6 | 9 |
| 二氧化氮（$NO_2$）年平均浓度值 | （微克/立方米） | 26 | 37 | 35 | 32 |
| 可吸入颗粒物（$PM_{10}$）年平均浓度值 | （微克/立方米） | 55 | 69 | 43 | 54 |
| 细颗粒物（$PM_{2.5}$）年平均浓度值 | （微克/立方米） | 33 | 39 | 27 | 35 |
| 国家级自然保护区个数 | （个） | 2 | 3 | 2 | 7 |
| 国家级自然保护区面积 | （万公顷） | 2.89 | 3.06 | 6.52 | 25.52 |

# 6-2 京津沪渝主要指标（2021年）
## ——经 济

| 项 目 | | 北 京 | 天 津 | 上 海 | 重 庆 |
|---|---|---|---|---|---|
| 地区生产总值 | （亿元） | 40269.6 | 15695.0 | 43214.9 | 27894.0 |
| 第一产业 | | 111.3 | 225.4 | 100.0 | 1922.0 |
| 第二产业 | | 7268.6 | 5854.3 | 11449.3 | 11184.9 |
| 第三产业 | | 32889.6 | 9615.4 | 31665.6 | 14787.1 |
| 地区生产总值构成 | （%） | | | | |
| 第一产业 | | 0.3 | 1.4 | 0.2 | 6.9 |
| 第二产业 | | 18.0 | 37.3 | 26.5 | 40.1 |
| 第三产业 | | 81.7 | 61.3 | 73.3 | 53.0 |
| 人均地区生产总值 | （元） | 183980 | 113732 | 173630 | 86879 |
| 城镇非私营单位从业人员工资总额 | （亿元） | 14810.9 | 3178.5 | 12964.3 | 3631.4 |
| 城镇非私营单位从业人员平均工资 | （元） | 194651 | 123528 | 191844 | 101670 |
| 城镇登记失业率 | （%） | 3.23 | 3.68 | 2.73 | 2.92 |
| 居民消费价格总指数（上年=100） | | 101.1 | 101.3 | 101.2 | 100.3 |
| 一般公共预算收入 | （亿元） | 5932.3 | 2141.1 | 7771.8 | 2285.5 |
| 一般公共预算支出 | （亿元） | 7205.1 | 3152.5 | 8430.9 | 4835.1 |
| 固定资产投资（不含农户）增速 | （%） | 4.9 | 4.8 | 8.0 | 6.1 |
| 社会消费品零售总额 | （亿元） | 14867.7 | 3769.8 | 18079.3 | 13967.7 |
| 地区货物进出口总值 | （亿元） | 30438.4 | 8567.7 | 40604.7 | 7999.8 |
| 金融机构（含外资）本外币存款余额 | （亿元） | 199741.5 | 35903.1 | 175831.1 | 45908.0 |
| 金融机构（含外资）本外币贷款余额 | （亿元） | 89032.9 | 41054.2 | 96032.1 | 46927.6 |

注：本表中存贷款数据来源于中国人民银行及其分支机构官方网站。

# 6-3 京津沪渝主要指标（2021年）
## ——社　会

| 项　　目 | | 北　京 | 天　津 | 上　海 | 重　庆 |
|---|---|---|---|---|---|
| 常住人口 | （万人） | 2188.6 | 1373.0 | 2489.0 | 3212.0 |
| 常住就业人口 | （万人） | 1158.0 | 641.0 | 1365.0 | 1668.0 |
| 居民人均可支配收入 | （元） | 75002 | 47449 | 78027 | 33803 |
| 城镇居民人均可支配收入 | （元） | 81518 | 51486 | 82429 | 43503 |
| 农村居民人均可支配收入 | （元） | 33303 | 27955 | 38521 | 18100 |
| 居民人均消费支出 | （元） | 43640 | 33188 | 48879 | 24598 |
| 城镇居民人均消费支出 | （元） | 46776 | 36067 | 51295 | 29850 |
| 农村居民人均消费支出 | （元） | 23574 | 19286 | 27205 | 16096 |
| 城市绿化覆盖率 | （%） | 49.3 | 38.3 | 37.7 | 42.6 |
| 研究与试验发展经费支出 | （亿元） | 2629.3 | 574.3 | 1819.8 | 603.8 |
| 专利授权量 | （件） | 198778 | 97910 | 179317 | 76206 |
| 技术市场成交额 | （亿元） | 7005.7 | 1256.8 | 2545.5 | 184.5 |
| 普通本专科在校生数 | （万人） | 59.6 | 58.3 | 54.9 | 100.3 |
| 普通高中在校生数 | （万人） | 17.6 | 19.1 | 17.4 | 64.0 |
| 小学在校生数 | （万人） | 103.7 | 75.2 | 89.3 | 203.1 |
| 公共图书馆图书总藏量 | （万册） | 7548 | 2282 | 8222 | 2341 |
| 结婚对数 | （万对） | 10.3 | 8.0 | 9.0 | 19.7 |
| 离婚对数 | （万对） | 5.3 | 4.1 | 3.6 | 9.0 |

注：本表中研究与试验发展经费支出数据来源于《2021年全国科技经费投入统计公报》。

2022 北京区域统计年鉴

BEIJING AREA STATISTICAL YEARBOOK

# 京津冀、长三角、珠三角主要数据

# 简要说明

## 一、本章资料的主要内容

本章资料内容包括全国、京津冀地区、长三角地区、珠三角地区人口、经济、就业、价格、人民生活等方面的主要指标数据。

## 二、本章资料的数据来源

北京市数据由北京市统计局根据相关资料整理，全国数据摘自2022年出版的《中国统计年鉴》，珠三角地区数据摘自2022年出版的《广东统计年鉴》，其他省市数据摘自2022年出版的《中国统计年鉴》。

# 7-1 京津冀、长三角、珠三角主要指标 ——人口、地区生产总值

<table>
<tr><th rowspan="3">地 区</th><th colspan="3" rowspan="2">常住人口（万人）</th><th colspan="4">地区生产总值（亿元）</th></tr>
<tr><th colspan="2"></th><th colspan="2">第一产业</th></tr>
<tr><th>2021</th><th>2020</th><th>增长速度（%）</th><th>2021</th><th>增长速度（%）</th><th>2021</th><th>增长速度（%）</th></tr>
<tr><td>**全 国**</td><td>**141260**</td><td>**141212**</td><td>**0.03**</td><td>**1143669.7**</td><td>**8.1**</td><td>**83085.5**</td><td>**7.1**</td></tr>
<tr><td>**京津冀地区**</td><td></td><td></td><td></td><td></td><td></td><td></td><td></td></tr>
<tr><td>北 京</td><td>2188.6</td><td>2189.0</td><td>-0.02</td><td>40269.6</td><td>8.5</td><td>111.3</td><td>2.7</td></tr>
<tr><td>天 津</td><td>1373.0</td><td>1387.0</td><td>-1.0</td><td>15695.0</td><td>6.6</td><td>225.4</td><td>2.7</td></tr>
<tr><td>河 北</td><td>7448.0</td><td>7464.0</td><td>-0.2</td><td>40391.3</td><td>6.5</td><td>4030.3</td><td>6.3</td></tr>
<tr><td>**长三角地区**</td><td></td><td></td><td></td><td></td><td></td><td></td><td></td></tr>
<tr><td>上 海</td><td>2489.0</td><td>2488.0</td><td>0.04</td><td>43214.9</td><td>8.1</td><td>100.0</td><td>-6.5</td></tr>
<tr><td>江 苏</td><td>8505.0</td><td>8477.0</td><td>0.3</td><td>116364.2</td><td>8.6</td><td>4722.4</td><td>3.1</td></tr>
<tr><td>浙 江</td><td>6540.0</td><td>6468.0</td><td>1.1</td><td>73515.8</td><td>8.5</td><td>2209.1</td><td>2.2</td></tr>
<tr><td>安 徽</td><td>6113.0</td><td>6105.0</td><td>0.1</td><td>42959.2</td><td>8.3</td><td>3360.6</td><td>7.4</td></tr>
<tr><td>**珠三角地区**</td><td></td><td></td><td></td><td></td><td></td><td></td><td></td></tr>
<tr><td>广 州</td><td>1881.1</td><td>1874.0</td><td>0.4</td><td>28232.0</td><td>8.1</td><td>306.4</td><td>5.5</td></tr>
<tr><td>深 圳</td><td>1768.2</td><td>1763.4</td><td>0.3</td><td>30664.9</td><td>6.7</td><td>26.6</td><td>5.1</td></tr>
<tr><td>珠 海</td><td>246.7</td><td>245.0</td><td>0.7</td><td>3881.8</td><td>6.9</td><td>55.0</td><td>7.1</td></tr>
<tr><td>佛 山</td><td>961.3</td><td>951.9</td><td>1.0</td><td>12156.5</td><td>8.3</td><td>210.6</td><td>9.5</td></tr>
<tr><td>惠 州</td><td>606.6</td><td>605.7</td><td>0.1</td><td>4977.4</td><td>10.1</td><td>232.5</td><td>10.2</td></tr>
<tr><td>东 莞</td><td>1053.7</td><td>1048.4</td><td>0.5</td><td>10855.3</td><td>8.2</td><td>34.7</td><td>11.8</td></tr>
<tr><td>中 山</td><td>446.7</td><td>443.1</td><td>0.8</td><td>3566.2</td><td>8.2</td><td>90.8</td><td>20.4</td></tr>
<tr><td>江 门</td><td>483.5</td><td>480.4</td><td>0.6</td><td>3601.3</td><td>8.4</td><td>294.9</td><td>9.8</td></tr>
<tr><td>肇 庆</td><td>413.0</td><td>411.7</td><td>0.3</td><td>2650.0</td><td>10.5</td><td>458.5</td><td>7.6</td></tr>
</table>

注：地区生产总值按当年价格计算，增长速度按不变价格计算。

# 7-1 续表

| 地区 | 第二产业 | | 第三产业 | | 人均地区生产总值（元） | |
|---|---|---|---|---|---|---|
| | 2021 | 增长速度（%） | 2021 | 增长速度（%） | 2021 | 增长速度（%） |
| **全国** | **450904.5** | **8.2** | **609679.7** | **8.2** | **80976** | **8.0** |
| **京津冀地区** | | | | | | |
| 北京 | 7268.6 | 23.2 | 32889.6 | 5.7 | 183980 | 8.5 |
| 天津 | 5854.3 | 6.5 | 9615.4 | 6.7 | 113732 | 7.0 |
| 河北 | 16364.2 | 4.8 | 19996.7 | 7.7 | 54172 | 6.5 |
| **长三角地区** | | | | | | |
| 上海 | 11449.3 | 9.4 | 31665.6 | 7.6 | 173630 | 7.9 |
| 江苏 | 51775.4 | 10.1 | 59866.4 | 7.7 | 137039 | 8.3 |
| 浙江 | 31188.6 | 10.2 | 40118.1 | 7.6 | 113032 | 7.1 |
| 安徽 | 17613.2 | 7.9 | 21985.4 | 8.7 | 70321 | 8.1 |
| **珠三角地区** | | | | | | |
| 广州 | 7722.7 | 8.5 | 20202.9 | 8.0 | 150366 | 6.7 |
| 深圳 | 11338.6 | 4.9 | 19299.7 | 7.8 | 173663 | 5.0 |
| 珠海 | 1627.5 | 6.5 | 2199.3 | 7.2 | 157914 | 4.0 |
| 佛山 | 6806.9 | 9.3 | 5139.0 | 7.0 | 127085 | 7.3 |
| 惠州 | 2652.8 | 14.4 | 2092.1 | 5.3 | 82113 | 9.3 |
| 东莞 | 6319.4 | 10.5 | 4501.3 | 5.1 | 103284 | 7.8 |
| 中山 | 1761.8 | 11.0 | 1713.6 | 5.0 | 80157 | 7.2 |
| 江门 | 1640.7 | 11.1 | 1665.7 | 5.7 | 74722 | 7.5 |
| 肇庆 | 1101.5 | 15.3 | 1090.0 | 7.5 | 64269 | 10.0 |

# 7-2 京津冀、长三角、珠三角主要指标
## ——财 政

单位：亿元

| 地 区 | 一般公共预算收入 | | 一般公共预算支出 | |
|---|---|---|---|---|
| | 2021 | 2020 | 2021 | 2020 |
| **全 国** | **111084.2** | **100143.2** | **210623.0** | **210583.5** |
| **京津冀地区** | | | | |
| 北 京 | 5932.3 | 5483.9 | 7205.1 | 7116.2 |
| 天 津 | 2141.1 | 1923.1 | 3152.5 | 3151.4 |
| 河 北 | 4167.6 | 3826.5 | 8848.2 | 9022.8 |
| **长三角地区** | | | | |
| 上 海 | 7771.8 | 7046.3 | 8430.9 | 8102.1 |
| 江 苏 | 10015.2 | 9059.0 | 14585.3 | 13681.6 |
| 浙 江 | 8262.6 | 7248.2 | 11014.6 | 10082.0 |
| 安 徽 | 3498.2 | 3216.0 | 7591.1 | 7473.6 |
| **珠三角地区** | | | | |
| 广 州 | 1884.3 | 1722.8 | 3021.2 | 2952.6 |
| 深 圳 | 4257.7 | 3857.5 | 4570.2 | 4178.4 |
| 珠 海 | 448.2 | 379.1 | 786.7 | 677.6 |
| 佛 山 | 808.3 | 753.6 | 1072.0 | 1003.0 |
| 惠 州 | 455.4 | 412.2 | 663.3 | 637.4 |
| 东 莞 | 769.6 | 694.8 | 882.5 | 840.3 |
| 中 山 | 316.5 | 287.6 | 472.5 | 375.6 |
| 江 门 | 279.9 | 264.0 | 460.2 | 442.4 |
| 肇 庆 | 146.5 | 124.5 | 396.8 | 430.6 |

注：全国一般公共预算收支为全国31个省（自治区、直辖市）合计数。

# 7-3 京津冀、长三角、珠三角主要指标
## ——金 融

单位：亿元

| 地 区 | 金融机构本外币存款余额 | | 金融机构本外币贷款余额 | |
|---|---|---|---|---|
| | 2021 | 2020 | 2021 | 2020 |
| **全 国** | **2386062.4** | **2183744.1** | **1985107.5** | **1784033.9** |
| **京津冀地区** | | | | |
| 北 京 | 199741.5 | 188081.6 | 89032.9 | 84308.8 |
| 天 津 | 35903.1 | 34145.0 | 41054.2 | 38859.4 |
| 河 北 | 89019.5 | 81295.3 | 67962.8 | 60993.2 |
| **长三角地区** | | | | |
| 上 海 | 175831.1 | 155865.1 | 96032.1 | 84643.0 |
| 江 苏 | 196016.3 | 177978.0 | 180538.7 | 156577.4 |
| 浙 江 | 170816.0 | 152233.5 | 165755.7 | 143611.6 |
| 安 徽 | 66868.5 | 60468.3 | 58669.8 | 52125.0 |
| **珠三角地区** | | | | |
| 广 州 | 74988.9 | 67798.8 | 61399.6 | 54387.6 |
| 深 圳 | 112545.2 | 101897.3 | 77240.8 | 68020.5 |
| 珠 海 | 10496.1 | 9604.5 | 8909.8 | 7626.3 |
| 佛 山 | 20607.0 | 19161.4 | 16474.1 | 14507.6 |
| 惠 州 | 7809.7 | 7235.6 | 8478.9 | 7183.9 |
| 东 莞 | 20315.6 | 18232.8 | 14931.2 | 12777.1 |
| 中 山 | 7332.9 | 6921.7 | 6486.5 | 5711.2 |
| 江 门 | 5864.3 | 5475.4 | 4970.3 | 4391.0 |
| 肇 庆 | 3052.7 | 2893.1 | 2639.6 | 2485.6 |

注：本表中存贷款数据来源于中国人民银行及其分支机构官方网站。

# 7-4 京津冀、长三角、珠三角主要指标——投资、消费

| 地 区 | 固定资产投资（不含农户）增速（%） | | 社会消费品零售总额（亿元） | |
|---|---|---|---|---|
| | 2021 | 2020 | 2021 | 比2020年增长（%） |
| **全 国** | **4.9** | **2.9** | **440823.2** | **12.5** |
| **京津冀地区** | | | | |
| 北 京 | 4.9 | 2.2 | 14867.7 | 8.4 |
| 天 津 | 4.8 | 3.0 | 3769.8 | 5.2 |
| 河 北 | 3.0 | 3.2 | 13509.9 | 6.3 |
| **长三角地区** | | | | |
| 上 海 | 8.0 | 10.3 | 18079.3 | 13.5 |
| 江 苏 | 5.8 | 0.3 | 42702.6 | 15.1 |
| 浙 江 | 10.8 | 5.4 | 29210.5 | 9.7 |
| 安 徽 | 9.4 | 5.1 | 21471.2 | 17.1 |
| **珠三角地区** | | | | |
| 广 州 | 11.7 | 10.0 | 10122.6 | 9.8 |
| 深 圳 | 3.7 | 8.2 | 9498.1 | 9.6 |
| 珠 海 | -3.1 | 13.1 | 1048.2 | 13.8 |
| 佛 山 | 7.6 | 0.8 | 3556.7 | 8.1 |
| 惠 州 | 21.8 | 16.0 | 1978.9 | 13.3 |
| 东 莞 | 8.2 | 13.0 | 4239.2 | 13.3 |
| 中 山 | 15.3 | 21.5 | 1530.1 | 8.7 |
| 江 门 | 1.4 | 6.9 | 1278.1 | 9.9 |
| 肇 庆 | 11.6 | 12.1 | 1160.8 | 9.3 |

# 7-5 京津冀、长三角、珠三角主要指标——对外经济贸易

单位：亿元

| 地　区 | 地区货物出口值 | | 地区货物进口值 | |
| --- | --- | --- | --- | --- |
| | 2021 | 2020 | 2021 | 2020 |
| **全　国** | **217287.4** | **179278.8** | **173634.3** | **142936.4** |
| **京津冀地区** | | | | |
| 北　京 | 6118.5 | 4654.9 | 24319.9 | 18561.0 |
| 天　津 | 3875.8 | 3074.3 | 4691.9 | 4293.6 |
| 河　北 | 3029.7 | 2520.8 | 2387.8 | 1936.0 |
| **长三角地区** | | | | |
| 上　海 | 15713.4 | 13720.9 | 24891.4 | 21151.8 |
| 江　苏 | 32526.7 | 27433.3 | 19577.8 | 17070.3 |
| 浙　江 | 30119.9 | 25169.3 | 11298.8 | 8679.1 |
| 安　徽 | 4094.2 | 3160.9 | 2819.7 | 2290.6 |
| **珠三角地区** | | | | |
| 广　州 | 6311.2 | 5423.4 | 4513.8 | 4108.6 |
| 深　圳 | 19262.6 | 16973.9 | 16174.1 | 13534.7 |
| 珠　海 | 1885.6 | 1608.5 | 1434.0 | 1124.4 |
| 佛　山 | 5007.3 | 4131.1 | 1153.9 | 929.3 |
| 惠　州 | 2132.2 | 1687.8 | 922.8 | 800.6 |
| 东　莞 | 9559.2 | 8280.9 | 5687.4 | 5022.7 |
| 中　山 | 2231.5 | 1815.0 | 463.3 | 393.9 |
| 江　门 | 1465.6 | 1125.7 | 323.7 | 303.3 |
| 肇　庆 | 272.0 | 299.9 | 133.5 | 113.3 |

注：各地区进出口数据按境内收发货人所在地统计。

# 7-6 京津冀、长三角、珠三角主要指标
## ——就 业

| 地 区 | 城镇非私营单位从业人员年末人数（万人） | | | 城镇非私营单位从业人员平均工资（元） | | |
|---|---|---|---|---|---|---|
| | 2021 | 2020 | 增长速度（%） | 2021 | 2020 | 增长速度（%） |
| **全 国** | **17014.5** | **17039.1** | **-0.1** | **106837** | **97379** | **9.7** |
| **京津冀地区** | | | | | | |
| 北 京 | 759.5 | 739.9 | 2.6 | 194651 | 178178 | 9.2 |
| 天 津 | 256.4 | 255.3 | 0.4 | 123528 | 114682 | 7.7 |
| 河 北 | 566.0 | 561.2 | 0.8 | 82526 | 77323 | 6.7 |
| **长三角地区** | | | | | | |
| 上 海 | 683.1 | 645.6 | 5.8 | 191844 | 171884 | 11.6 |
| 江 苏 | 1314.0 | 1342.5 | -2.1 | 115133 | 103621 | 11.1 |
| 浙 江 | 1034.6 | 1025.8 | 0.9 | 122309 | 108645 | 12.6 |
| 安 徽 | 563.2 | 565.6 | -0.4 | 93861 | 85854 | 9.3 |
| **珠三角地区** | | | | | | |
| 广 州 | 426.9 | 419.4 | 1.8 | 139802 | 130110 | 7.4 |
| 深 圳 | 513.6 | 505.3 | 1.6 | 153471 | 137310 | 11.8 |
| 珠 海 | 79.8 | 84.4 | -5.4 | 120162 | 105978 | 13.4 |
| 佛 山 | 154.6 | 151.3 | 2.1 | 103417 | 93502 | 10.6 |
| 惠 州 | 105.4 | 103.0 | 2.3 | 97935 | 88657 | 10.5 |
| 东 莞 | 287.3 | 286.3 | 0.3 | 88535 | 78992 | 12.1 |
| 中 山 | 78.7 | 75.3 | 4.4 | 98515 | 94529 | 4.2 |
| 江 门 | 63.7 | 58.6 | 8.7 | 91618 | 86951 | 5.4 |
| 肇 庆 | 36.8 | 36.1 | 1.9 | 90280 | 88589 | 1.9 |

# 7-7 京津冀、长三角、珠三角主要指标
## ——价 格

（上年=100）

| 地 区 | 居民消费价格指数 | | 工业生产者出厂价格指数 | | 工业生产者购进价格指数 | |
|---|---|---|---|---|---|---|
| | 2021 | 2020 | 2021 | 2020 | 2021 | 2020 |
| **全 国** | **100.9** | **102.5** | **108.1** | **98.2** | **111.0** | **97.7** |
| **京津冀地区** | | | | | | |
| 北 京 | 101.1 | 101.7 | 101.1 | 99.1 | 103.7 | 99.5 |
| 天 津 | 101.3 | 102.0 | 110.9 | 97.1 | 114.7 | 96.9 |
| 河 北 | 101.0 | 102.1 | 116.4 | 98.5 | 119.8 | 98.4 |
| **长三角地区** | | | | | | |
| 上 海 | 101.2 | 101.7 | 102.1 | 98.3 | 107.3 | 96.9 |
| 江 苏 | 101.6 | 102.5 | 106.3 | 97.8 | 113.8 | 96.5 |
| 浙 江 | 101.5 | 102.3 | 106.3 | 96.9 | 114.5 | 95.9 |
| 安 徽 | 100.9 | 102.7 | 107.7 | 99.1 | 111.5 | 98.5 |
| **珠三角地区** | | | | | | |
| 广 州 | 101.1 | 102.6 | 104.1 | 99.4 | | |
| 深 圳 | 100.9 | 102.3 | 101.9 | 99.0 | | |
| 珠 海 | 100.8 | 102.3 | 103.5 | 97.9 | | |
| 佛 山 | 101.1 | 102.7 | 104.1 | 99.0 | | |
| 惠 州 | 101.5 | 102.7 | 107.1 | 97.5 | | |
| 东 莞 | 101.1 | 102.9 | 101.8 | 99.4 | | |
| 中 山 | 101.1 | 102.6 | 102.1 | 99.1 | | |
| 江 门 | 101.2 | 103.1 | 103.7 | 98.7 | | |
| 肇 庆 | 101.0 | 102.7 | 105.8 | 99.4 | | |

# 7-8 京津冀、长三角、珠三角主要指标
## ——居民收支

| 地区 | 居民人均可支配收入（元） | | | 城镇居民人均可支配收入（元） | | | 农村居民人均可支配收入（元） | | |
|---|---|---|---|---|---|---|---|---|---|
| | 2021 | 2020 | 名义增速（%） | 2021 | 2020 | 名义增速（%） | 2021 | 2020 | 名义增速（%） |
| **全　国** | **35128** | **32189** | **9.1** | **47412** | **43834** | **8.2** | **18931** | **17131** | **10.5** |
| **京津冀地区** | | | | | | | | | |
| 北　京 | 75002 | 69434 | 8.0 | 81518 | 75602 | 7.8 | 33303 | 30126 | 10.5 |
| 天　津 | 47449 | 43854 | 8.2 | 51486 | 47659 | 8.0 | 27955 | 25691 | 8.8 |
| 河　北 | 29383 | 27136 | 8.3 | 39791 | 37286 | 6.7 | 18179 | 16467 | 10.4 |
| **长三角地区** | | | | | | | | | |
| 上　海 | 78027 | 72232 | 8.0 | 82429 | 76437 | 7.8 | 38521 | 34911 | 10.3 |
| 江　苏 | 47498 | 43390 | 9.5 | 57744 | 53102 | 8.7 | 26791 | 24198 | 10.7 |
| 浙　江 | 57541 | 52397 | 9.8 | 68487 | 62699 | 9.2 | 35247 | 31930 | 10.4 |
| 安　徽 | 30904 | 28103 | 10.0 | 43009 | 39442 | 9.0 | 18372 | 16620 | 10.5 |
| **珠三角地区** | | | | | | | | | |
| 广　州 | 68908 | 63289 | 8.9 | 74416 | 68304 | 8.9 | 34533 | 31266 | 10.4 |
| 深　圳 | 70847 | 64878 | 9.2 | 70847 | 64878 | 9.2 | | | |
| 珠　海 | 61390 | 55936 | 9.8 | 64234 | 58475 | 9.8 | 34394 | 31119 | 10.5 |
| 佛　山 | 61700 | 56245 | 9.7 | 62942 | 57445 | 9.6 | 37067 | 33440 | 10.8 |
| 惠　州 | 43351 | 39745 | 9.1 | 49243 | 45475 | 8.3 | 27580 | 24925 | 10.7 |
| 东　莞 | 62126 | 56533 | 9.9 | 63740 | 58052 | 9.8 | 43188 | 38827 | 11.2 |
| 中　山 | 57901 | 52754 | 9.8 | 60323 | 54737 | 10.2 | 41750 | 37633 | 10.9 |
| 江　门 | 37068 | 33667 | 10.1 | 43622 | 39923 | 9.3 | 23376 | 21129 | 10.6 |
| 肇　庆 | 30394 | 27496 | 10.5 | 37791 | 34752 | 8.7 | 22689 | 20627 | 10.0 |

## 7-8 续表

| 地区 | 居民人均消费支出（元） | | | 城镇居民人均消费支出（元） | | | 农村居民人均消费支出（元） | | |
|---|---|---|---|---|---|---|---|---|---|
| | 2021 | 2020 | 增长速度（%） | 2021 | 2020 | 增长速度（%） | 2021 | 2020 | 增长速度（%） |
| **全　国** | **24100** | **21210** | **13.6** | **30307** | **27007** | **12.2** | **15916** | **13713** | **16.1** |
| **京津冀地区** | | | | | | | | | |
| 北　京 | 43640 | 38903 | 12.2 | 46776 | 41726 | 12.1 | 23574 | 20913 | 12.7 |
| 天　津 | 33188 | 28461 | 16.6 | 36067 | 30895 | 16.7 | 19286 | 16844 | 14.5 |
| 河　北 | 19954 | 18037 | 10.6 | 24192 | 23167 | 4.4 | 15391 | 12644 | 21.7 |
| **长三角地区** | | | | | | | | | |
| 上　海 | 48879 | 42536 | 14.9 | 51295 | 44839 | 14.4 | 27205 | 22095 | 23.1 |
| 江　苏 | 31451 | 26225 | 19.9 | 36558 | 30882 | 18.4 | 21130 | 17022 | 24.1 |
| 浙　江 | 36668 | 31295 | 17.2 | 42194 | 36197 | 16.6 | 25415 | 21555 | 17.9 |
| 安　徽 | 21911 | 18877 | 16.1 | 26495 | 22683 | 16.8 | 17163 | 15024 | 14.2 |
| **珠三角地区** | | | | | | | | | |
| 广　州 | 44253 | 41400 | 6.9 | 47162 | 44283 | 6.5 | 26099 | 22990 | 13.5 |
| 深　圳 | 46286 | 40581 | 14.1 | 46286 | 40581 | 14.1 | | | |
| 珠　海 | 42334 | 36360 | 16.4 | 43957 | 37778 | 16.4 | 26928 | 22498 | 19.7 |
| 佛　山 | 40545 | 36936 | 9.8 | 41327 | 37664 | 9.7 | 25035 | 22259 | 12.5 |
| 惠　州 | 29176 | 26232 | 11.2 | 32431 | 29369 | 10.4 | 20463 | 18119 | 12.9 |
| 东　莞 | 39079 | 34260 | 14.1 | 39803 | 34706 | 14.7 | 30584 | 26890 | 13.7 |
| 中　山 | 37853 | 32735 | 15.6 | 39144 | 33774 | 15.9 | 29244 | 24825 | 17.8 |
| 江　门 | 24193 | 21899 | 10.5 | 27912 | 25478 | 9.6 | 16422 | 14727 | 11.5 |
| 肇　庆 | 19095 | 16777 | 13.8 | 23028 | 20990 | 9.7 | 14997 | 12789 | 17.3 |

2022

北京区域统计年鉴

BEIJING AREA

STATISTICAL YEARBOOK

# 北京与全国主要数据对比

# 简要说明

**一、本章资料的主要内容**

本章资料主要反映北京与全国主要指标数据和北京主要指标占全国比重情况，内容涵盖产业发展、财政、金融、对外贸易、人口、就业、居民收入、教育、城市建设等经济社会领域。

**二、本章资料的数据来源**

北京市数据由北京市统计局根据相关资料整理，全国数据摘自2022年出版的《中国统计年鉴》。

# 8-1 北京与全国主要指标对比
## ——经 济

| 项 目 | | 2021 | | | 2020 | | |
|---|---|---|---|---|---|---|---|
| | | 北 京 | 全 国 | 北京占全国（%） | 北 京 | 全 国 | 北京占全国（%） |
| 国内（地区）生产总值 | （亿元） | 40269.6 | 1143669.7 | 3.5 | 35943.3 | 1013567.0 | 3.5 |
| 第一产业 | （亿元） | 111.3 | 83085.5 | 0.1 | 108.3 | 78030.9 | 0.1 |
| 第二产业 | （亿元） | 7268.6 | 450904.5 | 1.6 | 5739.1 | 383562.4 | 1.5 |
| 第三产业 | （亿元） | 32889.6 | 609679.7 | 5.4 | 30095.9 | 551973.7 | 5.5 |
| 人均国内（地区）生产总值 | （元） | 183980 | 80976 | | 164158 | 71828 | |
| 一般公共预算收入 | （亿元） | 5932.3 | 111084.2 | 5.3 | 5483.9 | 100143.2 | 5.5 |
| 一般公共预算支出 | （亿元） | 7205.1 | 210623.0 | 3.4 | 7116.2 | 210583.5 | 3.4 |
| 固定资产投资（不含农户）增速 | （%） | 4.9 | 4.9 | | 2.2 | 2.9 | |
| 社会消费品零售总额 | （亿元） | 14867.7 | 440823.2 | 3.4 | 13716.4 | 391980.6 | 3.5 |
| 货物出口值 | （亿元） | 6118.5 | 217287.4 | 2.8 | 4654.9 | 179278.8 | 2.6 |
| 货物进口值 | （亿元） | 24319.9 | 173634.3 | 14.0 | 18561.0 | 142936.4 | 13.0 |
| 实际利用外商直接投资 | （亿美元） | 144.3 | 1734.8 | 8.3 | 133.9 | 1443.7 | 9.3 |
| 对外（国外）承包工程营业额 | （亿美元） | 36.8 | 1549.4 | 2.4 | 36.5 | 1559.4 | 2.3 |
| 金融机构（含外资）本外币存款余额 | （亿元） | 199741.5 | 2386062.4 | 8.4 | 188081.6 | 2183744.1 | 8.6 |
| 金融机构（含外资）本外币贷款余额 | （亿元） | 89032.9 | 1985107.5 | 4.5 | 84308.8 | 1784033.9 | 4.7 |

注：1. 全国一般公共预算收支为全国31个省（自治区、直辖市）合计数。
2. 本表中存贷款数据来源于中国人民银行及其分支机构官方网站。

# 8-2 北京与全国主要指标对比
## ——社　会

| 项　目 | | 2021 | | | 2020 | | |
|---|---|---|---|---|---|---|---|
| | | 北　京 | 全　国 | 北京占全国（%） | 北　京 | 全　国 | 北京占全国（%） |
| 年底人口数（年末常住人口） | （万人） | 2188.6 | 141260 | 1.5 | 2189.0 | 141212 | 1.6 |
| 就业人员（常住就业人口） | （万人） | 1158.0 | 74652 | 1.6 | 1163.8 | 75064 | 1.6 |
| 居民人均可支配收入 | （元） | 75002 | 35128 | | 69434 | 32189 | |
| 城镇居民人均可支配收入 | （元） | 81518 | 47412 | | 75602 | 43834 | |
| 农村居民人均可支配收入 | （元） | 33303 | 18931 | | 30126 | 17131 | |
| 居民人均消费支出 | （元） | 43640 | 24100 | | 38903 | 21210 | |
| 城镇居民人均消费支出 | （元） | 46776 | 30307 | | 41726 | 27007 | |
| 农村居民人均消费支出 | （元） | 23574 | 15916 | | 20913 | 13713 | |
| 参加职工基本医疗保险人数 | （万人） | 1486.0 | 35430.9 | 4.2 | 1741.6 | 34455.1 | 5.1 |
| 普通本专科在校生数 | （万人） | 59.6 | 3496.1 | 1.7 | 59.0 | 3285.3 | 1.8 |
| 普通中学在校生数 | （万人） | 52.6 | 7623.5 | 0.7 | 49.1 | 7408.5 | 0.7 |
| 小学在校生数 | （万人） | 103.7 | 10779.9 | 1.0 | 99.5 | 10725.4 | 0.9 |
| 专利授权量 | （万件） | 19.9 | 446.7 | 4.4 | 16.3 | 352.1 | 4.6 |
| 技术市场成交额 | （亿元） | 7005.7 | 37294.3 | 18.8 | 6316.2 | 28251.5 | 22.4 |
| 轨道交通运营里程 | （公里） | 783.0 | 8735.6 | 9.0 | 727.0 | 7354.7 | 9.9 |
| 电信业务总量 | （亿元） | 513.0 | 17197.5 | 3.0 | 3247.6 | 136763.3 | 2.4 |

注：1. 表中普通中学在校学生数范围为普通高中和普通初中。
2. 电信业务总量2020年按2015年不变价格计算，自2021年起按上年不变价格计算。

2022

北京区域统计年鉴

BEIJING AREA STATISTICAL YEARBOOK

# 指标解释

# 指标解释

## （一）法人情况

**法人单位** 指有权拥有资产、承担负债，并独立从事社会经济活动（或与其他单位进行交易）的组织。法人单位应同时具备以下条件：（1）依法成立，有自己的名称、组织机构和场所，能够独立承担民事责任；（2）独立拥有（或授权使用）资产或者经费，承担负债，有权与其他单位签订合同；（3）具有包括资产负债表在内的账户，或者能够根据需要编制账户。

## （二）人口和就业

**户籍人口** 指公民依照《中华人民共和国户口登记条例》已在其经常居住地的公安户籍管理机关登记了常住户口的人。

**常住人口** 指在某地区实际居住半年以上的人口。

**常住外来人口** 指不具有本市户籍户口，来自北京市行政区划以外的省、自治区、直辖市，且在京居住半年以上的人口。

**常住就业人口** 指在常住人口中，年满16周岁，为取得报酬或经营利润，在调查周内从事了1小时（含1小时）以上劳动的人口；或由于在职学习、休假等原因在调查周内暂时未工作的人口；或由于停工、单位不景气等原因临时未工作的人口。

**从业人员** 指在各级国家机关、党政机关、社会团体及企业、事业单位中工作，取得工资或其他形式的劳动报酬的全部人员，包括在岗职工、聘用的离退休人员，在单位中工作的港澳台及外籍人员、兼职人员、借用的外单位人员和第二职业者，不包括本单位的不在岗职工。

**在岗职工** 指在本单位工作并由单位支付工资的人员，以及有工作岗位，但由于学习、病伤产假（6个月以内）等原因暂未工作，仍由单位支付工资的人员。

**在岗职工工资总额** 与“在岗职工”指标相对应，根据1990年1月1日的国家统计局令（一号）修订，指单位在报告期内直接支付给本单位在岗职工的劳动报酬总额，包括基础工资、职务工资、级别工资、工龄工资、计件工资、奖金、各种津贴和补贴、交通补贴、洗理费、书报费、旅游费、过节费、伙食补助、住房补贴、住房提租补贴、由单位从个人工资中直接为其代扣或代缴的个人所得税、房水电费、住房公积金、社会保险基金个人缴纳部分等。

**在岗职工平均工资** 指企业、事业、机关等单位的在岗职工在一定时期内的人均劳动报酬，它表明一定时期在岗职工工资收入的高低程度，是反映在岗职工工资水平的主要指标。

## （三）国民经济核算

**地区生产总值** 指一个地区所有常住单位在一定时期内生产活动的最终成果。地区生产总值有三种表现形式：价值形态、收入形态和产品形态。从价值形态看，它是所有常住单位在一定时期内所生产的全部货物和服务价值与同期投入的全部非固定资产货物和服务价值的差额，即所有常住单位的增加值之和；从收入形态看，它是所有常住单位在一定时期内创造的各项收入之和，包括劳动者报酬、生产税净额、固定资产折旧和营业盈余；从产品形态看，它是所有常住单位在一定时期内最终使用的货物和服务价值与货物和服务净出口价值之和。在实际核算中，地区生产总值有三种计算方法，即生产法、收入法和支出法。三种方法分别从不同的方面反映地区生产总值及其构成。

**三次产业** 根据社会生产活动历史发展的顺序对产业结构的划分，产品直接取自自然界的部门称为第一产业，对初级产品进行再加工的部门称为第二产业，为生产和消费提供各种服务的部门称为第三产业。这是世界上通用的产业结构分类，但各国的划分不尽一致。三次产业分类依据国家统计局 2018 年修订的《三次产业划分规定（2012）》。第一产业是指农、林、牧、渔业（不含农、林、牧、渔专业及辅助性活动）。第二产业是指采矿业（不含开采专业及辅助性活动），制造业（不含金属制品、机械和设备修理业），电力、热力、燃气及水生产和供应业，建筑业。第三产业即服务业，是指除第一产业、第二产业以外的其他行业。

## （四）财政和税收

**一般公共预算收入** 通过一定的形式和程序，由各级财政部门组织并纳入预算管理的各项收入。

**税收收入** 包括增值税、营业税、企业所得税、个人所得税、资源税、城市维护建设税、房产税、印花税、城镇土地使用税、土地增值税、车船税、耕地占用税、契税等。

**一般公共预算支出** 指各级财政部门对集中的一般预算收入有计划地分配和使用而安排的支出。

**一般公共服务支出** 指政府提供基本公共管理与服务的支出，包括人大事务、政协事务、政府办公厅(室)及相关机构事务、发展与改革事务、统计信息事务、财政事务、税收事务、审计事务、海关事务、人力资源事务、纪检监察事务、人口与计划生育事务、 商贸事务、知识产权事务、工商行政管理事务、国土资源事务、 海洋管理事务、 测绘事务、地震事务、气象事务、民族事务、宗教事务、港澳台侨事务、档案事务、共产党事务、民主党派事务及工商联事务、群众团体事务、彩票事务等。

**教育支出** 指政府教育事务支出，包括教育行政管理、学前教育、小学教育、初中教育、普通高中教育、普通高等教育、初等职业教育、中专教育、技校教育、职业高中教育、高等职业教育、广播电视教育、留学生教育、特殊教育、干部继续教育、教育机关服务等。

**科学技术支出** 指用于科学技术方面的支出，包括科学技术管理事务、基础研究、应用研究、技术研究与开发、科技条件与服务、社会科学、科学技术普及、科技交流与合作等。

**社会保障和就业支出** 指政府在社会保障与就业方面的支出，包括社会保障和就业管理事务、民政管理事务、财政对社会保险基金的补助、补充全国社会保障基金、行政事业单位离退休、企业改革补助、就业补助、抚恤、退役安置、社会福利、残疾人事业、城市居民最低生活保障、其他城镇社会救济、农村社会救济、自然灾害生活救助、红十字事务等。

**节能环保支出** 指政府环境保护支出，包括环境保护管理事务支出、环境监测与监察支出、污染治理支出、自然生态保护支出、天然林保护工程支出、退耕还林支出、风沙荒漠治理支出、退牧还草支出、已垦草原退耕还草、能源节约利用、污染减排、可再生能源和资源综合利用等支出。

**交通运输支出** 指政府交通运输和邮政业方面的支出，包括公路运输支出、水路运输支出、铁路运输支出、民用航空运输支出、邮政业支出等。

**城乡社区支出** 指政府城乡社区事务支出，包括城乡社区管理事务支出、城乡社区规划与管理支出、城乡社区公共设施支出、城乡社区住宅支出、城乡社区环境卫生支出、建设市场管理与监督支出等。

**农林水支出** 指政府农林水事务支出，包括农业支出、林业支出、水利支出、扶贫支出、农业综合开发支出等。

## （五）投资和建筑业

**固定资产投资额** 指城镇和农村各种登记注册类型的企业、事业行政单位及城镇个体户进行的计划总投资500万元及以上的建设项目投资和房地产开发投资。

**房地产开发投资** 指自本年1月1日起至本年最后一天止，房地产开发项目中全部用于房屋建筑物、配套的服务设施、土地开发工程和土地购置的投资；不包括单纯的土地开发和交易活动。

**房屋施工面积** 指报告期内施工的全部房屋建筑面积。包括本期新开工的房屋建筑面积、上期跨入本期继续施工的房屋建筑面积、上期停缓建在本期恢复施工的房屋建筑面积、本期竣工的房屋建筑面积以及本期施工后又停缓建的房屋建筑面积。多层建筑应填各层建筑面积之和。

**房屋竣工面积** 指报告期内房屋建筑按照设计要求已全部完工，达到住人和使用条件，经验收鉴定合格（或达到竣工验收标准），可正式移交使用的各栋房屋建筑面积的总和。

**建筑业总产值** 指以货币表现的建筑业企业在一定时期内生产的建筑产品和服务的总和，包括建筑工程产值、安装工程产值、其他产值三部分内容。

**年末从业人员** 指年末最后一日24小时在本单位工作并取得劳动报酬或收入的期末实有人员数。该指标为时点指标，不包括最后一日当天及以前与单位解除劳动合同关系的人员和建筑业整建制使用的人员。

**利润总额** 指企业在一定会计期间的经营成果，是生产经营过程中各种收入扣除各种耗费后的盈余，反映企业在报告期内实现的亏盈总额。

## （六）能源、环境

**能源消费总量** 指一定地域（行政或地理区域）内，国民经济各行业和居民家庭在一定时期所消费的各种能源的总和。能源消费总量包括终端能源消费量、能源加工转换损失量、能源运输和管理过程的损失量三部分。

**生活垃圾无害化处理量** 指报告期内简易处理场和各种垃圾无害化处理场（厂）处理垃圾的总量。垃圾简易处理量指垃圾简易填埋场所处理的垃圾总量，垃圾无害化处理量指垃圾无害化处理场（厂）所处理的垃圾总量。

**生活垃圾无害化处理率** 指报告期垃圾无害化处理量与垃圾产生量的比率。在统计时，如果生活垃圾产生量不易取得，可用清运量代替。

**污水处理量** 指污水处理厂和处理装置实际处理的污水量，包括物理处理量、生物处理量和化学处理量。

## （七）农　　业

**农林牧渔业总产值** 指以货币表现的农林牧渔业的全部产品总量和对农林牧渔业生产活动进行的各种支持性服务活动的价值。

**农作物播种面积** 指本年度内收获农作物在全部土地（耕地或非耕地）上的播种或移植面积。凡是本年内收获的农作物，无论是本年还是上年播种，都算为播种面积，但不包括本年播种、下年收获的农作物面积。在播种季节基本结束后，因遭灾而重新改种和补种的农作物面积，也包括在内。

**设施农业** 指以工厂化生产方式，建造人工设施，改变气候条件，提高农作物抵御自然灾害的能力，改良生物特性，使作物实现错季或反季节生产，达到农作物均衡生产的目的。

**农业机械总动力** 指主要用于农、林、牧、渔业的各种动力机械的动力总和，包括耕作机械、排灌机械、收获机械、农用运输机械、植物保护机械、牧业机械、渔业机械和其他农用机械[内燃机按引擎马力折成瓦（特）计算，电动机按功率折成瓦（特）计算]。不包括专门用于乡、镇、村、组办工业、基本建设、非农业运输、科学实验和教学等非农业生产方面用的动力机械与作业机械。

**农用化肥施用量** 指本年度内实际用于农业生产的化学肥料数量，包括氮肥、磷肥、钾肥和复合肥。施用量要求按折纯量计算数量，即各类化学肥料的实际施用数量按其含氮、含五氧化二磷、含氧化钾的比例折成百分之百计算。

**行政村常住户数** 指长期（一年以上）居住在乡镇（不包括城关镇）行政管理区域内的住户，还包括居住在城关镇所辖行政村范围内的农村住户。户口不在本地而在本地居住一年及以上的住户也包括在本地农村住户内；有本地户口，但举家外出谋生一年以上的住户，无论是否保留承包耕地都不包括在本地农村住户范围内。不包括乡村地区内的国有经济的机关、团体、学校、企业、事业单位的集体户。

**行政村常住人口** 指行政村常住居民户数中的常住人口数，即经常在家或在家居住6个月以上，而且经济和生活与本户连成一体的人口。外出从业人员在外居住时间虽然在6个月以上，但收入主要带回家中，经济与本户连为一体，仍视为家庭常住人口；在家居住，生活和本户连成一体的国家职工、退休人员也为家庭常住人口。但是现役军人、中专及以上（走读生除外）的在校学生、常年在外（不包括探亲、看病等）且已有稳定的职业与居住场所的外出从业人员，不应当作家庭常住人口。

**行政村从业人员** 指全部行政村人口中16岁以上实际参加生产经营活动并取得实物或货币收入的人员，既包括劳动年龄内经常参加劳动的人员，也包括超过劳动年龄但经常参加劳动的人员，但不包括户口在家的在外学生、现役军人和丧失劳动能力的人，也不包括待业人员和家务劳动者。从业人员按从事主业时间最长（时间相同按收入）分为农业从业人员，工业从业人员，建筑业从业人员，交通运输仓储及邮政业从业人员，信息传输、计算机服务和软件业，批发与零售业从业人员，住宿和餐饮业从业人员及其他从业人员。

## （八）工　　业

**工业总产值** 指工业企业在报告期内生产的以货币形式表现的工业最终产品和提供工业劳务活动的总价值量，它包括：在本企业内不再进行加工，经检验、包装入库已经销售和准备销售的全部工业成品（包括半成品）价值，对外加工费收入，自制半成品、在制品期末期初差额价值。工业总产值采用“工厂法”计算，即以工业企业作为一个整体，按企业生产活动的最终成果来计算。

**轻工业** 指主要提供生活消费品和制作手工工具的工业。按其所使用的原料不同，可分为两大类：（1）以农业为原料的轻工业，是指直接或间接以农产品为基本原料的轻工业，主要包括食品制造、饮料制造、烟草加工、纺织、缝纫、皮革和毛皮制作、造纸以及印刷等工业。（2）以非农产品为原料的轻工业，是指以工业品为原料的轻工业，主要包括文教体育用品、化学药品制造、合成纤维制造、日用化学制品、日用玻璃制品、日用金属制品、手工工具制造、医疗器械制造、文化和办公用机械制造等工业。

**重工业** 指为国民经济各部门提供物质技术基础的主要生产资料的工业，按其生产性质和产品用途，可以分为下列三类：（1）采掘（伐）工业。指对自然资源的开采，包括石油开采、煤炭开采、金属矿开采、非金属矿开采和木材采伐等工业。（2）原材料工业。指向国民经济各部门提供基本材料、动力和燃料的工业，包括金属冶炼及加工、炼焦及焦炭化学、化工原料、水泥、人造板以及电力、石油和煤炭加工等工业。（3）加工工业。指对工业原材料进行再加工制造的工业，包括装备国民经济各部门的机械设备制造工业、金属结构、水泥制品等工业，以及为农业提供的生产资料如化肥、农药等工业。

根据上述划分原则，修理业中以重工业产品为修理作业对象的划为重工业，反之划为轻工业。

**工业销售产值** 指以货币形式表现的，工业企业在报告期内销售的本企业生产的工业产品或提供工业性劳务价值的总价值量。包括企业在报告期内实际销售（包括本期生产和非本期生产）的全部成品、半成品的总价值，报告期内完成的对外承接的工业品加工的加工费收入，对外工业品修理作业可获取的加工费收入和对内非工业部门提供的加工修理、设备安装等收入。已销售的成品、半成品不论是本期生产的，还是非本期生产的，只要是本期销售出去的均包括在内。企业为本单位基本建设部门、生活福利部门等提供的产品和工业性作业及自制设备也应视同销售，这部分也应作为销售统计。

**资产总计** 指企业过去的交易或者事项形成的、由企业拥有或者控制的、预期会给企业带来经济利益的资源。资产一般按流动性分为流动资产和非流动资产，其中流动资产可分为货币资金、交易性金融资产、应收票据、应收账款、预付款项、其他应收款、存货等；非流动资产可分为长期股权投资、固定资产、无形资产及其他非流动资产等。

**负债合计** 指企业过去的交易或者事项形成的、预期会导致经济利益流出企业的现时义务。负债一般按偿还期长短分为流动负债和非流动负债。

**所有者权益合计** 指企业资产扣除负债后由所有者享有的剩余权益。公司的所有者权益又称股东权益。包括实收资本、资本公积、盈余公积、未分配利润等。

**利润总额** 指企业在一定会计期间的经营成果，是生产经营过程中各种收入扣除各种耗费后的盈余，反映企业在报告期内实现的亏盈总额。

**应交增值税** 指企业按税法规定，以销售货物、服务、 无形资产或提供加工、修理修配劳务的增值额和货物进口金额为计税依据而课征的一种流转税。

## （九）商　业

**社会消费品零售总额** 指企业（单位、个体户）通过交易直接售给个人、社会集团非生产、非经营用的实物商品金额，以及提供餐饮服务所取得的收入金额。个人包括城乡居民和入境人员，社会集团包括机关、社会团体、部队、学校、企事业单位、居委会或村委会等。

**商品交易市场** 指经有关部门和组织批准设立，有固定场所、设施，有经营管理部门和监管人员，若干市场经营者入内，常年或实际开业三个月以上，集中、公开、独立地进行生活消费品、生产资料等现货商品交易以及提供相关服务的交易场所，包括各类消费品市场、生产资料市场等。

## （十）对外贸易

**货物进出口总值** 指实际进、出我国海关并能引起我国境内物质资源增加或减少的进出口货物总金额，包括我国境内法人和其他组织以一般贸易、易货贸易、加工贸易、补偿贸易、寄售代销贸易等方式进出口的货物、租赁期一年及以上的租赁进出口货物、边境小额贸易货物、国际援助物资或捐赠品、保税区和保税仓库进出口货物等的金额合计。进出口总值是观察一个国家在对外贸易方面的总规模。我国规定出口货物按离岸价格统计，进口货物按到岸价格统计。

**实际利用外商直接投资额** 指批准的合同外资金额的实际执行数，外国投资者根据批准外商投资企业的合同（章程）的规定实际缴付的出资额和企业投资总额内外国投资者以自己的境外自有资金实际直接向企业提供的贷款。

## （十一）价格指数

**居民消费价格指数** 指度量消费商品及服务项目价格水平随着时间而变动的相对数，反映一定时期内居民家庭购买的消费品及服务价格水平的变动趋势和变动程度。居民消费价格指数变动率通常被用来作为反映通货膨胀（或紧缩）程度的指标。

**工业生产者出厂价格指数** 指反映全部工业产品出厂价格总水平变动程度的相对数，其中包括工业企业售给商业、外贸、物资部门的产品，还包括售给工业和其他部门的生产资料以及直接售给居民的生活消费品。通过工业生产价格指数能观察工业产品出厂价格变动对工业总产值的影响。

**工业生产者购进价格指数** 指反映全部工业原材料、燃料、动力购进价格总水平变动程度的相对数，用以观察和研究工业企业原材料价格变动对生产的影响，以及企业对原材料涨价的消化能力和承受能力，为制定价格政策提供依据。

## （十二）居民收支

**可支配收入** 指调查户在调查期内获得的、可用于最终消费支出和储蓄的总和，即调查户可以用来自由支配的收入。可支配收入既包括现金，也包括实物收入。按照收入的来源，可支配收入包含四项，分别为：工资性收入、经营净收入、财产净收入和转移净收入。

**消费支出** 指住户用于满足家庭日常生活消费需要的全部支出，包括用于消费品的支出和用于服务性消费的支出。根据用途不同，消费支出可划分为食品烟酒、衣着、居住、生活用品及服务、交通通信、教育文化娱乐、医疗保健、其他用品及服务八大类。根据来源不同，消费支出可划分为现金消费支出、实物消费支出（含自产自用、来自单位或雇主、来自政府和其他社会组织）。

## （十三）教　　育

**毕业生数** 指上学年度具有学籍的学生完成教学计划规定课程，考试合格并且取得毕业证书的学生数。

**招生数** 指实际招收入学并完成学籍注册的新生数。

**在校生数** 指具有学籍并在本学年初进行学籍注册的学生数。

**教职工数** 指各级各类学校（机构）根据岗位聘用的全职为学校工作的人员（含在编人员和签订一年以上聘用合同

人员）。

**专任教师** 指具有《中华人民共和国教师法》《教师资格条例》规定的教师资格，学校根据相关岗位设置管理指导意见，聘用的专职从事教学工作的教师岗位人员。

## （十四）文化、科技

**公共图书馆藏书** 指各级文化部门举办的面向社会服务的独立的图书馆（不包括文化馆的图书室，也不包括文化系统以外的图书馆）藏书数量。

**专利授权量** 指企业在报告年度内获得专利行政部门授权的专利的件数。

## （十五）卫生、体育

**医疗卫生机构** 指从卫生行政部门取得《医疗机构执业许可证》，或从民政、工商行政、机构编制管理部门取得法人单位登记证书，为社会提供医疗保健、疾病控制、卫生监督服务或从事医学科研和医学在职培训等工作的单位。

**卫生技术人员** 包括执业医师、执业助理医师、注册护士、药师（士）、检验及影像技师（士）、卫生监督员和见习医（药、护、技）师（士）等卫生专业人员，包括从事临床或监督工作并同时从事管理工作的人员（如院长、书记等）。

**执业（助理）医师、注册护士** 指取得医师、护士执业证书且实际从事临床工作的人员，包括从事临床工作并同时从事管理工作的人员（如院长、书记等）。

**体育场地** 指专门用于体育训练、比赛和健身活动的，有一定投资的公益性或经营性体育建筑设施，包括必要的附属功能用房。

## （十六）社会福利

**社会救助对象总人数** 指在报告期末生活在当地规定的最低生活保障线以下的家庭人员及国家规定由民政部门救济的特殊人员和上世纪 60 年代精简退职老职工救济人员等。

**城市居民最低生活保障人数** 指报告期末家庭平均收入在当地规定的最低生活保障线以下的城镇居民数，包括“三无”对象、失业人员和在职、下岗、退休人员等。

**农村居民最低生活保障人数** 指报告期末在建立农村最低生活保障制度的地区，得到当地政府或集体给予最低生活保障的农业人口家庭人数。

**参加基本养老保险人数** 指报告期末按照国家法律、法规和有关政策规定参加基本养老保险并在社保经办机构已建立缴费记录档案的职工人数，包括中断缴费但未终止养老保险关系的职工人数和参加基本养老保险的离休、退休和退职人员的人数，不包括只登记未建立缴费记录档案的人数。

**参加基本医疗保险人数** 指报告期末按国家有关规定参加基本医疗保险的人数，包括参加保险的职工人数和退休人员数。

**参加失业保险人数** 指报告期末按照国家法律、法规和有关政策规定参加了失业保险的城镇企业事业单位的职工及地方政府规定参加失业保险的其他人员的人数；参加失业保险人数为参加失业保险的职工人数。

## （十七）开发区

**已开发土地面积**　指在规划范围内达到“七通一平”标准的，具备进行房屋建筑物施工或出让条件的土地面积。

**已供应土地面积**　指开发区内通过各种方式获得土地使用权的土地面积，包括出让、划拨、租赁等。

**总收入**　指企业全年的生产产品销售收入、技术性收入和与本企业产品相关的商品的销售收入、其他收入等各种收入的总和，总收入等于主营业务收入加上其他业务收入。总收入应按不含增值税的价格计算，不包括补贴收入、营业外收入、投资收益。

**注册资本**　指为设立经营企业在工商行政管理机关注册的资本总额。

**合同外资金额**　指批准的合同（章程）中，外商和港、澳、台商的出资额。

**外商实际投资**　指按合同规定的外方和港、澳、台方以现金、实物、工业产权及专有技术的计价实缴资本投资额。

**应缴税金总额**　指企业按国家规定应向税务机关缴纳各种税金的总额。主要包括应交增值税、应交所得税、营业税金及附加、管理费用中的税金等。